Natalia Donig / Silke Flegel /
Sarah Scholl-Schneider (Hg.)

Heimat als Erfahrung und Entwurf

Gesellschaft und Kultur
Neue Bochumer Beiträge und Studien

Herausgegeben von

Prof. Dr. Dr. h. c. Paul Gerhard Klussmann,
Dr. Dr. Sabine Meck,
Silke Flegel M. A.,
Dr. Anne Hartmann,
Dr. Frank Hoffmann
und PD Dr. Klaus W. Tofahrn

Band 7

Natalia Donig / Silke Flegel /
Sarah Scholl-Schneider (Hg.)

Heimat als Erfahrung und Entwurf

LIT

Gefördert von der Stiftung Mercator

Stiftung Mercator
IDEEN BEFLÜGELN.

Umschlagbild: © Sarah Scholl-Schneider

Bibliografische Information der Deutschen Nationalbibliothek
Die Deutsche Nationalbibliothek verzeichnet diese Publikation in der
Deutschen Nationalbibliografie; detaillierte bibliografische Daten sind
im Internet über http://dnb.d-nb.de abrufbar.

ISBN 978-3-643-10146-4

©LIT VERLAG Dr. W. Hopf Berlin 2009
Verlagskontakt:
Fresnostr. 2 D-48159 Münster
Tel. +49 (0) 2 51-620 32 22 Fax +49 (0) 2 51-922 60 99
e-Mail: lit@lit-verlag.de http://www.lit-verlag.de

Auslieferung:
Deutschland: LIT Verlag Fresnostr. 2, D-48159 Münster
Tel. +49 (0) 2 51-620 32 22, Fax +49 (0) 2 51-922 60 99, e-Mail: vertrieb@lit-verlag.de
Österreich: Medienlogistik Pichler-ÖBZ GmbH & Co KG
IZ-NÖ, Süd, Straße 1, Objekt 34, A-2355 Wiener Neudorf
Tel. +43 (0) 22 36-63 53 52 90, Fax +43 (0) 22 36-63 53 52 43, e-Mail: mlo@medien-logistik.at
Schweiz: B + M Buch- und Medienvertriebs AG
Hochstr. 357, CH-8200 Schaffhausen
Tel. +41 (0) 52-643 54 85, Fax +41 (0) 52-643 54 35, e-Mail: order@buch-medien.ch

Inhalt

Zum Geleit.. 9

Natalia Donig / Sarah Scholl-Schneider
Einleitung... 13

Marita Krauss
Heimat – eine multiperspektivische Annäherung......................... 33

I. Heimat bilden

Tomáš Kasper / Dana Kasperová
Sudetendeutsche Heimatbildung –
ein geschlossenes Erziehungskonzept aus der Zwischenkriegszeit.......... 53

Natalia Donig
Die Erfindung der „sowjetischen Heimat".
Zur Geschichte eines Ideologems... 61

Frank Hoffmann
Region oder Heimat?
Räumliche Identitäten in der DDR – das Beispiel der Museen............... 87

Anna Olshevska
Der ukrainische Weg: Im Zwiespalt beheimatet.
Das Beispiel des Popstars Verka Serdjučka................................. 111

II. Heimat verarbeiten

Natalia Kandinskaja
Flucht, Vertreibung und Heimatverlust infolge des Zweiten Weltkriegs
im Theaterprojekt *Transfer!*... 135

Miłosława Borzyszkowska-Szewczyk
Wanderungen zwischen Gestern – Heute – Morgen. Wiederbegegnungen mit der „alten" Heimat in den Reiseberichten des deutschen Adels aus Hinterpommern und Ostpreußen nach 1945................... 147

Katharina Nahlbom
Authentizität und Stabilität.
Die erträumte Heimat im Werk Reinhard Lettaus.................... 163

Julia Liderman
Bilder der Selbstreflexion für den heimischen Kinomarkt und den Beobachter von außen: Der russländische Film 2003 bis 2008.................... 173

III. Heimat versetzen

Nadežda Pazuhina
Das Leben ohne Heimat: Dogmatische und soziale Erfahrung der russisch-orthodoxen Altgläubigen in Lettland.................... 191

Karolina Novinšćak / Grazia Prontera
Neue Arbeit, neue Heimat? Politische und wirtschaftliche Hintergründe der Gastarbeiter-Anwerbeabkommen zwischen der Bundesrepublik Deutschland mit Italien (1955) und der Sozialistischen Föderativen Republik Jugoslawien (1968).................... 213

Ann-Birte Krüger
Sprache und Identität – eine Untersuchung am Beispiel von Kindern mit Migrationshintergrund.................... 237

Autorinnen und Autoren.................... 253

Zum Geleit

In dem Essay „Wieviel Heimat braucht der Mensch?" hat Jean Amery, einer der großen Heimatlosen des 20. Jahrhunderts, auf die Dialektik von Besitz, Verlust und Erkenntnis der Heimat aufmerksam gemacht: „Ich habe 28 Jahre Exil hinter mir, und meine geistigen Landsleute sind Proust, Sartre, Beckett. Nur bin ich immer noch überzeugt, dass man Landsleute in Dorf- und Stadtstraßen haben muss [...], und dass ein kultureller Internationalismus nur im Erdreich nationaler Sicherheit recht gedeiht. Man muss Heimat haben, um sie nicht nötig zu haben."

Ein wenig verblüfft die Materialität dieser Sprache vom „Erdreich"; aber gäbe es einen unverdächtigeren Zeugen für eine solche Konkretisierung der Heimat als Jean Amery, den Österreicher und Juden, dem man 1938 die Heimat raubte und ihn aus ihr vertrieb, ja ihm das Heimatrecht in einem ebenso konventionellen wie existentiellen Sinne absprach? Vielleicht bezeugt die Selbstverständlichkeit, mit der in der jüngeren Forschung Heimat oft auf das bloß Konstruktive reduziert ist, das diesem Begriff durch seine ideologische Verwendung seit langem ohne Zweifel auch wesentlich ist, wie sehr solche Verlusterfahrungen einer jüngeren oder auch schon mittleren Generation erspart geblieben sind. Sie besitzt und kennt Heimat und scheint ihrer nicht zu bedürfen. Indes haben die politischen Verwerfungen und Entgrenzungen in Europa seit 1989 auch in dieser Hinsicht ganz neue Erfahrungsräume eröffnet. Und so stellt sich das Thema Heimat jeder Generation doch ganz neu, und jede bleibt aufgefordert, es in der Spannung von realer Erfahrung und konstruktivem Entwurf für sich auszuloten.

Im aktuellen Diskurs, darüber informiert die Einleitung zu diesem Band mit dankenswerter Klarheit, ist das Thema Heimat in Wissenschaft, Kunst und Kultur allgegenwärtig. Das verwundert kaum im Zeitalter der Globalisierung und der Virtualisierung aller Räume, die uns scheinbar mühelos und simultan offen stehen. Aber der Heimat-Boom der letzten Jahre bezeugt keineswegs allein nostalgisches Erinnern oder gar regressives Klammern an Epochen, in denen Räume nur konkret und materiell, mithin unter erheblichem Einsatz von Zeit und Mühe, erschlossen werden konnten. Vielmehr hat die Gegenwart längst eigene Reduktions- oder Ersatzformen der Beheimatung gefunden. Zu den interessantesten neuen Formen gehören die viel berufenen Netzwerke. Sie leiten sich nicht nur sprachlich ab von der Zentralmetapher unserer Zeit, dem Internet, sondern sie werden auch inhaltlich von ihm bestimmt: als offene, potentiell weltumspannende Kommunikations- und Kooperationsräume. Bei aller Offenheit bedarf es aber, wie in der Heimat auch, bestimmter Regeln und Voraussetzungen zur Teilhabe. Limitiert wird diese nun freilich weniger durch Abstammungs- oder Ansiedlungsregeln, sondern durch formale Qualifikationen und materielle Bedingungen – gleichsam Heimat in der Variante des Leistungsprinzips eröffnend.

Ein wenig waren es solche Ideen und Gedanken, welche die Gestalter des 2001 begründeten *Promotionskollegs Ost-West* bewegten, also neben den Unterzeichnenden vor allem Prof. Dr. Drs. h. c. Karl Eimermacher, der Bochumer Slawist, Russland- und Kulturforscher, und die Literaturwissenschaftlerin Dr. Anne Hartmann, die als Koordinatorin das Kolleg wesentlich geprägt hat: Ihr aller Ziel war es, ein internationales Forum junger Kultur- und Geisteswissenschaftler aus ganz Europa (und darüber hinaus) zu schaffen, das Begegnung und Austausch ermöglicht, und zwar in einem nachhaltigen Sinne, also zeitlich begrenzte Kontakte zu verbinden mit dem damals noch etwas weniger alltäglichen Netzwerkgedanken, um neue Beheimatungen zu eröffnen. Dieser Impuls hat reiche Früchte getragen, weil er vielfache Unterstützung fand und attraktiv war für Forscherinnen und Forscher aus über 30 Ländern. Zwischen 2001 und 2006 haben sie in drei Gruppen – jeder Turnus organisiert rund um ein Rahmenthema – die Einladung nach Bochum angenommen und an diesem Netzwerk partizipiert. Das Kolleg bot in gemeinsamen wie in individuell zu wählenden Studienmonaten in Bochum eine Heimat auf Zeit, also einen Arbeits- und Gesprächskontext, der dank vieler Förderer nicht unbeträchtliche materielle Hilfe bereitstellte. Doch zur geistigen Heimat im Sinne der Rückerinnerung wurde dieses Netzwerk durch seine Nachhaltigkeit, durch Arbeit an Büchern und Projekten, nicht zuletzt auch durch das Wiedersehen nach Ende der einzelnen Turnuszyklen.

Erstmals im Jahr 2004, gestaltet vom „Ersten Turnus" des Kollegs (2001-2003) im rumänischen Sibiu / Hermannstadt, dann im Sommer 2006 in Wrocław / Breslau (Zweiter Turnus, 2003-2005) und zuletzt von den Teilnehmerinnen und Teilnehmern des abschließenden Dritten Turnus des *Promotionskollegs Ost-West* (2005-2006) im November 2007 in Salzburg durchgeführt, bestätigten die Folgekonferenzen die kommunikative und die inhaltliche Konzeption der Kollegidee. Denn die Tagungen, die jeweils von einer internationalen Vorbereitungsgruppe, also von den (ehemaligen) Kollegiatinnen und Kollegiaten, organisiert und gestaltet wurden, ließen sich inspirieren von den Bochumer Ideen. Und im heiteren Wettstreit mit den „Erfindern" der Kollegidee versuchten die jeweiligen Gestalter geradezu, das in Bochum erlebte und ermöglichte Angebot wissenschaftlicher Kreativität und wohliger Beheimatung auf Zeit noch zu überbieten.

Inhaltlich reagierte die Salzburger Tagung „Heimat als Erfahrung und Entwurf" implizit auf die letzte große Veranstaltung des *Promotionskollegs Ost-West* in Bochum, die im September 2006 mit über 50 Teilnehmern aus allen drei Turnusgruppen organisierte Tagung „Wissenschaft und Migration". Ging es hier um die moderne Ortlosigkeit der Wissenschaft, die Chancen und Risiken der überall mit Vehemenz geforderten Mobilität und Mobilisierung von Forscherinnen und Forschern, setzte das Heimatthema einen markanten Akzent dagegen: den Blick auf historische wie aktuelle Muster der konkreten oder virtuellen Vergegenwärtigung von Heimat(en).

Dabei wurde die Tagung beinahe selbst heimatlos und ein Opfer der genannten akademischen Mobilität, war sie doch eigentlich im Sommer 2007 in Mittelschweden geplant und sollte sie doch – wie schon die früheren Folgekonferenzen – nicht in Deutschland stattfinden. Umso dankbarer ist den Organisatorinnen Respekt zu zollen, die in Österreich in die Bresche sprangen und binnen weniger Monate eine höchst ambitionierte und gelungene Tagung in der überaus heiteren, liebenswürdigen Atmosphäre Salzburgs gestalteten: Unser Dank gilt voran Frau Mag. Sylvia Hölzl (Innsbruck), die in schwieriger Situation die Verantwortung übernahm, und in Salzburg nicht minder herzlich Frau Mag. Michaela Wagner, die vor Ort alle nötigen Türen und Tore öffnete, am Ende unterstützt von einer weiteren Kollegiatin und neuen Salzburger Kollegin, Dr. Grazia Prontera. Den Staffelstab der Organisation übernahmen, als es um die Frage der Drucklegung des Tagungsbands ging, dann wieder Natalia Donig M. A. (Konstanz / Passau) und Sarah Scholl-Schneider M. A. (Augsburg), die schon frühzeitig konzeptionell an dem Konferenzprojekt mitgewirkt hatten. Und den Kreis junger Wissenschaftlerinnen, die dieses Gesamtunternehmen stemmen, komplettiert Silke Flegel M. A., im *Promotionskolleg* langjährig erfahrene Redakteurin, Lektorin und Buchgestalterin am *Institut für Deutschlandforschung*. Ihnen allen gebührt herzlicher Dank und viel Anerkennung. Gleiches gilt für die Autorinnen und Autoren, die als Mitwirkende der Tagung ihre Beiträge überarbeitet und für den Druck oftmals erheblich erweitert haben. Auch an die weiteren Aktiven der Salzburger Tagung, die durch Moderationen, Diskussionsbeiträge und Referate, die hier nicht als Beiträge gedruckt sind, zum Gelingen der Veranstaltung beigetragen haben, denken wir mit Dankbarkeit. Ein besonderes Dankeschön geht an Prof. Dr. Marita Krauss (Augsburg). Sie hat für die Konferenz durch ihren Festvortrag ein gutes und sicheres Fundament gelegt. Ihr Beitrag in diesem Band basiert auf diesem Vortrag. Dankbar erinnern wir uns der großen Gastfreundschaft der Salzburger Universität und der Repräsentanten von Fakultät und Fachbereich, Prof. Dr. Sylvia Hahn und Prof. Dr. Robert Hoffmann, die unsere Tagung in der festlichen Aula der Universitätsbibliothek am 1. November 2007 eröffnet haben.

Und natürlich bleibt zum Ende die angenehme Pflicht, auch den Förderinstitutionen, die über fast ein Jahrzehnt dem *Promotionskolleg Ost-West* die Treue gehalten haben, neuerlich herzlichen Dank auszusprechen. Neben der VolkswagenStiftung mit Dr. Wolfgang Levermann als unserem Ansprechpartner und dem Stifterverband für die Deutsche Wissenschaft, in dem Dr. Heinz-Rudi Spiegel für die Marga und Kurt Möllgaard-Stiftung und die Sal. Oppenheim-Stiftung zur Förderung der Wissenschaften das Kolleg begleitete, gilt der Dank besonders der Stiftung Mercator und ihrem damaligen Geschäftsführer Robert Faulstich. Die Stiftung Mercator hat alle drei Folgekonferenzen, also auch die Salzburger Tagung, großzügig unterstützt, und auch die Drucklegung dieses Buchs ist nur dadurch möglich. Wir freuen uns, dass wir mit seiner Präsentation für das langjährig gewährte Vertrauen danken können.

Bochum, im März 2009

Paul Gerhard Klussmann   Frank Hoffmann

Natalia Donig / Sarah Scholl-Schneider

Einleitung

> ... Seine unendlich traurige Miene schnitt mir ins Herz. Nie würde er seine Heimat und ihre Menschen wiedersehen. Nirgendwo in England könnte er die mattsilbernen Birkenwälder und die weiten goldenen Kornfelder der russischen Landschaft finden, nicht den Schnee im Winter, nicht die „weißen Nächte" von St. Petersburg im Sommer oder den Schimmer der Ostsee unter der nördlichen Sonne. Sein Gesicht hatte den resignierten Ausdruck eines Menschen, der ohne ein Wort der Klage tiefes Leid trägt.

Mit diesen einfühlsamen Worten charakterisierte die britische Primaballerina Margot Fonteyn den russischen Klavierspieler, Ippolit Močalov, der, einst Klavierlehrer der Zarenkinder, nach der Oktoberrevolution seine Heimat verlassen und den Weg der Emigration eingeschlagen hat (Fonteyn 1981: 66). Mit seinem Lebens- und Leidensweg steht er für eine ganze Generation russischer Künstler und Intellektueller, die nach 1917 die schmerzvolle Erfahrung des Heimatverlusts erlitten haben, weil sie den bolschewistischen Entwurf des neuen Russland nicht akzeptieren konnten. Viele Jahre später, als den meisten Menschen in der Sowjetunion die Reisefreiheit längst entzogen worden war, setzte das kommunistische Regime die Ausbürgerung und Ausweisung der Unliebsamen gezielt als Machtmittel gegen die eigensinnig denkende kulturelle und intellektuelle Elite des Landes ein. So wurden Schriftsteller wie Aleksandr Solženicyn, Musiker wie Mstislav Rostropovič und seine Frau, die Sängerin Galina Višnevskaja und viele Dissidenten in den siebziger Jahren des Landes verwiesen. Den Entzug ihrer Staatsbürgerschaft erlebten die Künstler oft als Verlust ihrer (geistigen) Heimat und als schwere Verletzung einer wichtigen Quelle ihrer schöpferischen Kreativität. Kurz vor ihrer Ausreise aus der Sowjetunion, vom sowjetischen Kulturministerium euphemistisch als zweijährige Gastspielreise deklariert, begriff auch die weltberühmte Solistin des Bolschoi-Theaters Galina Višnevskaja den tragischen Moment dieser Entscheidung: „Zum ersten Mal habe ich mich plötzlich wie von einer großen Erde entwurzelt gefühlt, von meinem Volk, als ein kleines unnützes Sandkörnchen, und das Gefühl einer schrecklichen Einsamkeit ergriff meine Seele" (Višnevskaja 2007: 470).

Menschenschicksale, in denen Trennung, Entwurzelung, Flucht oder Vertreibung zu den tiefstgreifenden Lebenserfahrungen gehören, prägten das Europa des 20. Jahrhunderts. Heimat erschien dabei als wichtiger Bezugspunkt für Migranten und Vertriebene, Verstoßene und Ausgewiesene, Flüchtlinge, Aussiedler und einfache Reisende, die auf ihren Lebenswegen immer wieder und auf verschiedene Weise über Heimat reflektierten, sich in der Ferne nach ihr sehnten, sich ihrer im Exil erinnerten oder sich Visionen einer zukünftigen Heimat ausmalten. Heimat trat als Verlusterfahrung in Folge der Migration, als Instrument der Selbstvergewisserung und Identitätsstiftung, aber auch als Motor und Medium politischer Sinnstiftungsprozesse in Erscheinung. Das Bedürfnis, sich damit auseinanderzusetzen, das Geschehene wissenschaftlich, literarisch oder biografisch aufzuarbeiten, ist nach wie vor groß.[1] „Verlorene" und „wiedergewonnene Heimat", „alte" und „neue Heimat", „fremde" und „eigene Heimat" – so lauten häufig die einschlägigen Titel, denen man beim Suchen in den Bibliothekskatalogen begegnet. Die Bücher selbst erzählen von Menschen und ihren Lebenswelten, den Integrationsbemühungen und Anpassungsstrategien, von elementaren Erfahrungen wie Schmerz und Angst, Hoffnung und Freude. Es ist diese Leichtigkeit, ja die Selbstverständlichkeit, mit der das Wort „Heimat" auf die Titelseite eines Buches gesetzt wird, die Fragen aufwirft. Ist „Heimat" eine so fundamentale, so selbsterklärende Kategorie, dass ihr Gebrauch keiner näheren Erläuterung bedarf? Und handelt denn jede Erzählung, die mit „Heimat" betitelt wird, wirklich von Heimat? Das Fehlen einer Reflexion oder Explikation des Begriffs in vielen Publikationen hat seine Konsequenzen: „Heimat" fungiert oft als Aufhänger einer anderen, größeren Geschichte, wobei offensichtlich angenommen wird, dass sie im Bewusstsein der Menschen eine stabile Assoziationskette aus Raum, Zeit

---

[1] Historische Studien (vgl. zuletzt Kossert 2008) und solche, die Lebenserfahrungen und Erinnerungen der Betroffenen dokumentieren (exemplarisch Hirsch 2007; Drewniok 2007; Pietsch 2006), legen hierzu ein Zeugnis ab. Ein Großteil der Literatur – das mag eine Besonderheit des bundesrepublikanischen Buchmarktes sein – beschäftigt sich mit Heimatvorstellungen und Identitätskonzepten der Russlanddeutschen und ihrer spezifischen „Suche nach Heimat" (Retterath 2007; Sarazin 2005; Wierling 2004; Kirjuchina 2000).

und Identität,[2] Natur, Emotion und Erinnerung auszulösen vermag, die ihren selbstverständlichen Gebrauch rechtfertigt. Die Konstruktionsleistung von der „Heimat" zur erzählten Geschichte muss der Leser wohl selbst erbringen.

Der nahezu inflationäre Gebrauch von Heimat in Veröffentlichungen aller Art ist ihrer bleibenden gesellschaftlichen Relevanz gerade in Zeiten wachsender Mobilität und zunehmender Transnationalisierung von Lebensräumen geschuldet. Globalisierungsprozesse gehen mit einer Besinnung auf das „Eigene" und „Nationale" einher, ja scheinen diese Gefühle sogar zu verstärken. Vom „Verschwinden der Heimat" (Hecht 2000) kann offenbar keine Rede sein. Im Gegenteil, gerade für Deutschland, wo das Wort eine Zeit lang negativ konnotiert war,[3] wird eine Wiederkehr der Heimat postuliert (Hüppauf 2007). Die „Rehabilitierung" der Heimat in der deutschen Gegenwart ist eine Folge von Versuchen der Vergangenheitsbewältigung und der Überwindung von Tabus – eine Entwicklung, wie sie sich in der Geschichtsschreibung parallel auch mit dem ebenfalls lange Zeit tabuisierten Begriff „Raum" vollzieht (vgl. Schlögel 2002). Die politische Brisanz der Heimat wird dadurch allerdings keinesfalls gemindert. So erinnerte der frühere bayerische Ministerpräsident Edmund Stoiber immer wieder daran, dass die Vertreibung der Sudetendeutschen ein Unrecht gewesen sei, das die Tschechische Republik durch die Aufhebung der Beneš-Dekrete anerkennen müsse. Da es in Tschechien zu keiner offiziellen Verurteilung der Beneš-Dekrete kam, zweifelte Stoiber offen die „Europafähigkeit" der Tschechischen Republik an und betonte in diesem Zusammenhang in einem Interview mit der *Frankfurter All-*

---

[2] Diese drei Vokabeln weisen auf eine wichtige Deutungsdimension von Heimat hin, wie Gebhard / Geisler / Schröter 2007: 10 zu Recht betonen. Als andere Reihung, die eine nähere Bestimmung von Heimat ermöglicht, nennen sie Verlust – Distanzierung – Reflexion, vgl. ebd.: 11.

[3] Die Einengung und ideologische Besetzung des Heimatbegriffs im Nationalsozialismus führte in der Zeit des Wirtschaftswunders vor allem in politisch linken Milieus zur Diskreditierung der Heimatidee, die erst Anfang der siebziger Jahre eine neue Konjunktur erfahren hat. Vgl. zur Tabuisierung und Renaissance des Heimatbegriffs in Deutschland Korfkamp 2006: 64-75; Cremer / Klein 1990: 35-37; Neumeyer 1992: 48-63.

gemeinen Zeitung 2007, dass das „Recht auf Heimat" ein Menschenrecht sei, „das niemandem genommen werden" dürfe.[4]

Heimat ist also noch immer ein Konzept mit bedeutender gesellschaftlicher Relevanz, dessen Inhalte einem teils rapiden Wandel unterworfen sind. Zugleich ist es in den seltensten Fällen von einer politischen Programmatik befreit, wie etwa die Aufwertung des Heimatkonzepts im heutigen Russland zeigt.

Anders als in Westeuropa, wo Heimat nur in spezifischen Kontexten zu einer Rechtsfigur oder einem appellativen Begriff erhoben wird, hat die russische Regierung bereits im Februar 2001 ein „Staatliches Programm zur patriotischen Erziehung der Bürger der Russischen Föderation für die Jahre 2001-2005" verabschiedet, dessen erklärtes Ziel es war, ein umfassendes System von Maßnahmen zu entwickeln, die zur Formierung eines patriotischen Bewusstseins und zur „Erziehung einer Bürgerpersönlichkeit – des Heimatpatrioten" beitragen würden.[5] Die Realisierung des Programms versprach in den Augen des Staates der „wirtschaftlichen Desintegration, sozialen Differenzierung der Gesellschaft und dem Verfall geistiger Werte" entgegenzuwirken. Kurz, die Gesellschaft musste konsolidiert, der Staat gestärkt und die Bereitschaft der Bürger, „Interessen der Heimat" zu verteidigen, erhöht werden. Ein derart massives staatliches Eingreifen in die Werte und Heimatvorstellungen der Gesellschaft sucht in der Gegenwart seinesgleichen, wenn es auch nicht vollkommen überraschend ist für ein Land, in dem das sowjetische Erbe immer noch nachwirkt. Die Folgen dieser Entwicklung sind heute noch nicht abzuschätzen, klar ist aber, dass gegenwärtig in Russland mit Hilfe eines staatlich gelenkten Patriotismus erneut eine Umwertung der Vergangenheit und Umdeutung der Geschichte stattfinden.[6]

---

[4] „Heimatrecht darf niemandem genommen werden", in: Frankfurter Allgemeine Zeitung, Nr. 121, 26. Mai, 2007, S. 2.

[5] Der Text des Programms findet sich im Internet, vgl. etwa http://www.rg.ru/oficial/doc/postan_rf/122_1.shtm (Zugriff vom 27.10.2008). Das Programm wurde für die Jahre 2006 bis 2010 verlängert, vgl. http://www.narodru.ru/smi3349.html (Zugriff vom 27.10.2008).

[6] Im Rahmen dieses Programms sind bereits sowohl Bücher publiziert worden, die einen wissenschaftlichen Anspruch erheben, als auch Spielfilme erschienen, die an patriotische Gefühle der Bevölkerung appellieren und die öffentliche Meinung in Russland zu prägen versuchen. Vgl., um jeweils nur ein Beispiel

Ausgehend von der Beobachtung, dass das Phänomen „Heimat" in Gesellschaft, Politik und Wissenschaft bleibende Virulenz besitzt, will der vorliegende Band in einer internationalen Perspektive und aus Sicht verschiedener Fachdisziplinen einen Beitrag zu dieser Diskussion leisten. Im Zentrum der Überlegungen soll dabei weniger die klassische Frage „Was ist Heimat?" stehen, sondern viel mehr diejenige danach, welchen zusätzlichen, über die Beschäftigung mit den Bedeutungsdimensionen von Heimat hinausgehenden Erkenntnisgewinn das Denken über die Heimat für kulturwissenschaftliche Forschungen bringen kann. Angesichts der Fülle an Literatur, die sich in den vergangenen Jahren alleine in Deutschland mit Heimat auseinandergesetzt hat, wäre es an dieser Stelle auch nicht weiter erhellend zu versuchen, den Heimatbegriff einer Neuinterpretation zu unterziehen oder gar neu zu definieren. Heimat sei einfach zu komplex, zu ambivalent oder zu diffus, um ihr in einer Definition gerecht zu werden, dem Wort Heimat wohne eine begriffliche Unschärfe und Mehrdeutigkeit inne (vgl. Hüppauf 2007: 110; Körner 1997: 22f.; Cremer / Klein 1990: 34.). In der jüngeren Forschung wurde bereits die Ansicht vertreten, dass Heimat aufgrund ihrer jeweils nur individuell erfahrbaren und daher nicht fassbaren Semantik nicht als Begriff (im Sinne einer klar zu definierenden Entität), sondern allenfalls als Konzept zu handhaben ist.[7] Heimat als Konzept zu denken, eröffnet aus unserer Sicht die Möglichkeit zu neuen Fragen und bietet damit die Chance, die Faszination von Heimat in verschiedenen Zusammenhängen, sei es für das Handeln einzelner Individuen und sozialer Gruppen, für politische Regime und als Bezugspunkt von Diskursen oder für Literatur und Kunst, besser zu begreifen. Ziel dieses Bandes ist daher, empirisch zu erproben, welche analytische Kraft Heimat für eine bessere Erklärung gesellschaftlicher Entwicklungen in Vergangenheit und Gegenwart besitzt. Heimat ließe sich demnach als analytisches Konzept gebrauchen, das unser Verständnis für Wandlungsprozesse und das Funktionieren sozialer Ordnungen sensibilisiert. Der Umstand, dass sich Hei-

---

herauszugreifen, den Sammelband von Kumanev 2006, der im Grunde eine Rehabilitierung des Stalinismus darstellt, oder den patriotischen Film „1612" (2007).

[7] In diesem Sinne gebrauchen Heimat Gebhard / Geisler / Schröter 2007: 9, die sie als „Assoziationsgenerator" bezeichnen.

mat von einem sachlichen, rein ökonomischen und juristischen Begriff der Vormoderne (vgl. Lipp 1997: 56f.; Thoemmes 2005: 15; Korfkamp 2006: 28) zu einer emotionalen, durch vielfältige individuelle Empfindungen konstituierten Bezugsgröße entwickelt hat, macht sie für die Geistes- und Sozialwissenschaften so interessant. Der Band lädt somit zur Diskussion über die Frage ein, ob Heimat ein heuristisches Potential für die Untersuchung moderner und historischer Gesellschaften besitzt. Konkret ist danach zu fragen, ob und inwieweit Heimat als Analysekategorie neue Perspektiven auf Phänomene der sozialen und politischen Integration und das Entstehen von Norm- und Wertgemeinschaften eröffnen kann oder auch neue Interpretationsansätze in Literatur und Kunst ermöglicht.

Die Frage nach dem Erkenntnispotential von Heimat setzt – ohne die eben angesprochene Bedeutungsvielfalt in Frage stellen zu wollen – natürlich trotzdem die Erklärung dessen voraus, was unter Heimat in diesem Band verstanden wird, soll das Konzept für konkrete Studien operationalisierbar gemacht werden. Die Autoren der hier versammelten Beiträge gehen von einem Verständnis von Heimat als einem sozialen Konzept aus, das aus der spezifischen Beziehung eines Individuums oder einer Gruppe zu bestimmten geografischen oder imaginierten Räumen resultiert. Diese Beziehung ist aber nicht beständig, sondern einem historischen Wandel unterworfen, der selbst wiederum Gegenstand wissenschaftlicher Untersuchung sein kann. Raum ist, wie Reinhart Koselleck betont hat, ähnlich wie die Zeit ein Universalbegriff, „ohne den keine menschliche Erfahrung und keine Wissenschaft denkbar ist" (Koselleck 2002: 331). Auch Heimat besitzt sowohl eine räumliche als auch zeitliche, d. h. historische Dimension. Sie ist mit Karl Schlögel „vielleicht die intimste und zugleich am meisten dem Öffentlichen zugängliche Erfahrung" (Schlögel 2006: 246). Diese dialektische Beschaffenheit von Heimat – sie ist gleichzeitig privat und öffentlich, räumlich und zeitgebunden, Erfahrung und Entwurf – macht sie anschlussfähig für Fragestellungen und Problemlagen, welche heute die Forschung über die Grenzen der Disziplinen hinweg zunehmend beschäftigen: Raumvorstellungen, Grenzziehungen und *mental maps*.[8] Indem der Band also explizit die besondere, mit dem

---

[8] Dazu Schlögel 2006; kritisch dagegen Hard 2008.

Wort „Heimat" bezeichnete Beziehung zwischen Menschen und Räumen in den Blick nimmt, versucht er auch der viel beschworenen „Wiederkehr des Raums", wie sie vor einigen Jahren von Jürgen Osterhammel beobachtet (Osterhammel 1998) und von Karl Schlögel bezogen auf Osteuropa angewandt wurde (Schlögel 2005), Rechnung zu tragen: Die Beschäftigung mit dem Heimatkonzept stellt einen möglichen Weg dar, wie räumliche Ordnungen und ihre Bedeutung erfasst und analysiert werden können.

In der Rückbesinnung auf bestimmte geografische oder historische Räume, in der Identifikation mit manchen und Abgrenzung von anderen Orten entwickeln die Menschen eine Vorstellung von der Welt, die für sie existenzielle Bedeutung gewinnt. Erfahrungen und Entwürfe von Heimat erscheinen dabei immer wieder als Schlüssel zum Verständnis von handlungsleitenden Motiven der Akteure und ihrer Strategien, mit der Komplexität der Realität umzugehen. Mit Erfahrung ist dabei eine historische Kategorie angesprochen, welche die erlebte und erinnerte Vergangenheit zu einer Geschichte werden lässt. Entwürfe sind als Deutungsmuster sozialer Ordnung von besonderer Wichtigkeit, da sie die Dimension des Imaginären, der Denkvorstellungen und -muster erschließen. Die Beschäftigung mit Heimat als sozialer und relationaler Größe bedeutet deshalb auch eine Annäherung an Symbole, Rituale, Ideen, diskursive und kulturelle Praktiken, die diesen Raum prägen und strukturieren. Erst in der Interdependenz von vielen Faktoren, geografischen und geopolitischen Auffassungen, eigenen und fremden Wahrnehmungen und Sinnzuschreibungen wird die Bedeutungsvielfalt des Phänomens Heimat deutlich und der wissenschaftlichen Erforschung zugänglich. Ob sie nun primär als sozial konstruierte, räumlich und zeitlich erfahrbare oder emotional erlebte Kategorie thematisiert wird, hängt natürlich von den jeweiligen Erkenntnisinteressen ab. Das Spektrum der möglichen Untersuchungsfelder ist breit und kann sich von real existierenden geografischen Räumen, die als Erfahrungs- und Lebenswelten gefasst werden, über imaginierte Räume und Visionen von Heimat bis hin zur medialen Repräsentation und Konstruktion von Heimat etwa in Museen, Verbänden, Literatur und Kunst erstrecken. Nur einige Aspekte sollen hier hervorgehoben werden.

Heimat als Konzept zu begreifen, bedeutet in erster Linie, sich ihrer soziokulturellen Konstruktion bewusst zu werden, was unter anderem diskurs- und ideengeschichtliche Forschungen nahe legt. Nicht die sentimental anmutende Begriffsverwendung eines Jörg-Dieter Gauger ist damit gemeint, der „die metaphorische, in Anklängen religiös gefärbte, bildhaft anrührende und anfühlende" Sprache den „bläßlichen Begriffshülsen sozialwissenschaftlicher Theoriegestaltung" vorzieht, um Heimat zu beschreiben (Gauger 1986: 39). Gefragt ist eine konsequente Historisierung des Heimatbegriffs und seine Verortung in der politisch-sozialen Sprache einer Epoche. Gewiss ist Heimat eine ästhetische und romantische Angelegenheit, nicht weniger ist sie aber auch eine Vokabel der Politik und öffentlicher Kommunikation. Im vergangenen Jahrhundert vermochte Heimat bedeutende politische Mobilisierungsmacht zu entfalten, wie der Missbrauch des Heimatbegriffs im Nationalsozialismus und Stalinismus, die Instrumentalisierung der Heimatgefühle in Kriegssituationen und ethnischen Konflikten zeigen. Auch die Erinnerungspolitik der Vertriebenenverbände in der Bundesrepublik verweist auf das große politische Potential des Heimatbegriffs. Dieses Potential explizit zum Gegenstand der Untersuchung zu machen, kann verdeckte Wissensbestände und Denkweisen einer Gesellschaft oder ganzen Epoche[9] offen legen, zugleich Machtstrukturen aufzeigen, die einen öffentlichen Kommunikationsraum durchziehen und die Regeln des dort Sagbaren bestimmen. Die Politikgeschichte kann durch die Analyse des wechselvollen Spannungsverhältnisses, in dem sich Heimat und Politik befinden, auch soziale Dynamiken und Kräfte erfassen, die zur Integration, Stabilität und Nachhaltigkeit von symbolischen Ordnungen beitragen. Versuche, die politische Dimension von Heimat auf deren ideologische Vereinnahmung zu reduzieren, verkennen und schmälern letztlich ihre gesellschaftliche Relevanz (vgl. dazu kritisch Korfkamp 2006: 85). Der Komplexität des Heimatphänomens kann man dagegen nur gerecht werden, wenn man sich auch die Aufgabe stellt, Heimat als einen in der Vergangenheit untrennbaren Teil der Ideologien und Herrschaftsdiskurse zu dekonstruieren und sowohl Sphären des Politischen als

---

[9] So wie dies etwa Ingrid Schierle am Beispiel des russischen Begriffs *otečestvo* (Vaterland) fürs 18. Jahrhundert gezeigt hat (Schierle 2007), vgl. auch dies. 2006.

auch solche zu entdecken, wo sie als entideologisierter Raum erscheinen konnte.

Eng damit verbunden ist die Frage nach den Medien der Heimat und ihrer Rolle für die Kommunikation und Konstruktion von bestimmten (Heimat)Realitäten. Medien sind zwangsläufig der Ort, an dem Heimatbilder entworfen, Normen und Werte ausgehandelt, Helden und Identifikationsfiguren geschaffen und generell Orientierungshilfen geboten werden. Die von Medien produzierten und transportierten Bilder von Heimat bewegen sich im Spannungsfeld von Fiktion und Wirklichkeit, Ideal und Realitätssinn, Erinnerung und Geschichte und sind durchaus erklärungsbedürftig. Sie können als Spiegelung des öffentlichen Gedächtnisses und der kollektiven Identität oder als individualisierte Wahrnehmung und Versinnbildlichung von Heimat verstanden werden, als Ausdruck eines spezifischen Bedürfnisses, sich eine Heimat zu vergegenwärtigen oder aber als Versuch, sich ihrer zu bemächtigen, und werfen deshalb Fragen nach gemachten Botschaften und Deutungsangeboten auf. Zu fragen wäre außerdem nach der Funktion einzelner Medien (Fungieren sie als Erinnerungsmedium, als Mittel der Selbstversicherung und Identitätsstiftung oder als Instrument politischer Einflussnahme und Propaganda?) sowie nach ihrer Rezeption (Warum löste 1984 Edgar Reitz' Fernsehserie „Heimat" mehr Diskussionen aus als jeder andere zeitgenössische Film, mit Ausnahme von „Holocaust" von 1979?).[10] Die medientheoretische Perspektive erschöpft sich dabei nicht nur in der Frage, welche Repräsentationen und Narrationen von Heimat, vom „Eigenen" und vom „Fremden" die Medien vermitteln, sondern kann auch die Frage untersuchen, inwieweit die spezifische Beschaffenheit einzelner Medien die Entstehung bestimmter Heimatbilder prägt. Wie konstituiert sich Heimat z. B. in den zahlreichen, seit dem 19. Jahrhundert erscheinenden Heimatbüchern und was sagen sie uns über die zur Zeit ihrer Entstehung vorhandenen Heimatvorstellungen bzw. Muster und Prioritäten ihrer Darstellung und Inszenierung? Inwieweit genügen Heimatbücher den wissenschaftlichen Kriterien und welche Abweichungen sind gegenüber der Geschichtsschreibung von Fachleuten für Fachleute zu beobach-

---

[10] Zu Reitz' „Heimat" vgl. ausführlich Kaes 1989: 163-192.

ten?[11] Wie gehen Film, Literatur oder Reisebericht mit dem Thema „Heimat" um und welche Anforderungen stellen diese medialen Formen sowohl an Autoren und Produzenten als auch an ihre Rezipienten?

Das Denken über die Heimat führt schließlich, so banal dies auch klingen mag, zum Reden über Gefühle, über diese flüchtigen, fragilen, so schwer fassbaren und dennoch stets präsenten Konstanten der Heimat. Heimat ist ein Gefühl, so viel ist jedem klar, und es mangelt nicht an elaborierten Abhandlungen zu diesem Themenkomplex (Bollnow 1984; Bredow / Foltin 1981). Sich ihm in einer anderen Weise als deskriptiv zu nähern, wird dagegen nur selten versucht. Die Forschung hat bislang kaum über die Historizität der Gefühle nachgedacht wie auch generell Emotionen als Triebkräfte der Geschichte vernachlässigt.[12] Ute Freverts Verweis auf die „Geschichtsmächtigkeit von Emotionen" (Frevert 2000) ist dabei in Bezug auf Heimat von großer Bedeutung, denn Heimatgefühle sind keineswegs universell und widerspruchsfrei, auch sie, ihre Entwicklung und ihr Ausdruck sind kulturell codiert, sozial normiert und historisch wandelbar. Hier erweist sich das Heimatkonzept als ein produktives Forschungsfeld, das die Macht der Gefühle zu verdeutlichen vermag sowie im Zusammenhang mit anderen Konzepten und Kategorien, mit denen die Beziehungen zwischen Menschen und Räumen beschrieben werden können, wie etwa Vaterland, Nation oder Region, thematisiert werden kann.

Die Zahl der untersuchenswerten Fragen, die das Heimatkonzept mit sich bringt, ist natürlich breiter als es hier aufgeworfen oder in dem vorliegenden Band behandelt werden kann. Es geht uns aber auch weniger darum, eine möglichst vollständige Abhandlung des Themas „Heimat" zu präsentieren, als vielmehr um die Sensibilisierung für die Problematik des Begriffs und das Potential eines auf Heimat gerichte-

---

[11] Eine wissenschaftliche Auseinandersetzung mit dem Thema „Heimatbuch" ist noch am Anfang begriffen, vgl. den Konferenzbericht zur einschlägigen Tagung „Das Heimatbuch – Geschichte, Methodik, Wirkung", die im Oktober 2007 in Tübingen stattfand, in: H-Soz-u-Kult, 9. Januar 2008, vgl. http://hsozkult.geschichte.hu-berlin.de/tagungsberichte/id=1807 (Zugriff v. 09.01.2008).

[12] Der im Jahr 2008 am Max-Planck-Institut für Bildungsforschung eingerichtete Forschungsbereich „Geschichte der Gefühle" unter der Leitung von Ute Frevert wirkt diesem Forschungsdesiderat entgegen.

ten Erkenntnisinteresses. Die Autoren der hier versammelten Beiträge haben versucht, jeweils aus Perspektive ihrer Forschungsdisziplinen und -interessen, die verschiedenen Dimensionen des Heimatphänomens zu beleuchten und mit Hilfe von Heimat als analytischem Konzept neue Interpretationen und Deutungen der gesellschaftlichen Verhältnisse in Vergangenheit und Gegenwart anzubieten.

Sämtliche im vorliegenden Band versammelten Aufsätze basieren auf Beiträgen zu einer gleichnamigen Konferenz „Heimat als Erfahrung und Entwurf", die vom 1. bis 4. November 2007 in Salzburg stattgefunden hat. Movens für eine Konferenz über das Thema Heimat war die intensive Beschäftigung zahlreicher Beiträger dieses Bandes in ihren Dissertationsprojekten mit dem Thema der Migration. Für die Teilnehmerinnen und Teilnehmer des dritten Turnus des internationalen *Promotionskollegs Ost-West* der Ruhr-Universität Bochum unter dem Titel „Migrationen. Menschen und Ideen unterwegs im Europa der Moderne" warf die Beschäftigung mit Migration immer wieder in den unterschiedlichsten Kontexten die Frage nach Heimat auf. Die Konferenz gab die Möglichkeit, sich dem Thema Heimat nun gezielt und über die Perspektive der Migrationsprozesse hinaus zu nähern. Die Vorträge wurden für die Drucklegung zum Teil erheblich erweitert oder überarbeitet, wofür den Autorinnen und Autoren unser Dank gebührt.

So facettenreich, wie sich Heimat zeigt, wird sich ihr im ersten Beitrag dieses Bandes genähert. *Marita Krauss* thematisiert zahlreiche Lesarten der Heimat als sozialer Konstruktion. Sie öffnet damit inhaltlich ein Fenster für die folgenden Beiträge, spricht sie doch die politische Instrumentalisierung und die ausschließende Funktion von Heimat genauso an wie ihre Inspirationskraft, ihre Attraktivität und Anziehungskraft, die Sehnsucht nach ihr. Dabei wird ein ums andere Mal deutlich, in welch enger Beziehung Heimat zu Migration steht: Gerade der Verlust der Heimat ist es zumeist, der sie reflektieren lässt. An zahlreichen Beispielen von E- und Remigranten zeigt Krauss, auf welch unterschiedliche Art Heimat empfunden wird. Dieser explizit migrationshistorische Zugang zum Thema Heimat, der zunächst ein Vorherrschen der räumlichen Komponente von Heimat implizieren mag, führt Krauss jedoch zu Schlüssen, welche eben dieses territoriale Konzept in Frage stellen. Vielmehr, so ihre Argumentation, sind es kulturelle, soziale und zeitliche Dimensionen und Assoziationen wie etwa Sprache, soziale Kontakte und Erinnerungen, die Heimat (nicht nur für Migranten) erfahrbar machen.

„Heimat ist immer Heimat für jemanden und nicht ein ‚Ding für sich'. [...] Aber wie kann man denn ‚eine Heimat machen?' Man wird in eine Heimat geboren – man erlebt sie. [...] Es gibt zahlreiche Arten von erlebter Heimat", argumentierte einmal in einem Vortrag der 1981 aus der Sowjetunion ausgebürgerte und bis zu seinem Tod in Köln wirkende russische Schriftsteller und Germanist Lew Kopelew (Kopelew 1987: 52). Kopelew, dessen Name für deutsch-russische Verständigung und Menschenrechte steht, glaubte nicht an die Möglichkeit einer Machbarkeit von Heimat und trennte sie strikt vom Staat. Heimat war für ihn „eine Vielfalt von Beziehungen zu Landschaften, zu Orten, Menschen, eigenen Erinnerungen", keine Universalia also, sondern „eine Summe von Beziehungen" (Kopelew 1987: 52).

Die erste Sektion dieses Bandes, „Heimat bilden", zeigt jedoch, dass auch diese Beziehungen formbar sind, dass Heimat in spezifischen politischen und nationalen Kontexten durchaus von oben oktroyiert, diskursiv geschaffen, zur Akzeptanz verordnet werden kann. *Dana Kasperová* und *Tomáš Kasper* fokussieren in ihrem Beitrag die Entwicklung des Heimatbildungsdiskurses in sudetendeutschen Pädagogen-Fachkreisen der Tschechoslowakei der Zwischenkriegszeit. Sie zeigen, wie die Heimatbildung als Mittel zur Förderung kollektiver Identität und Mentalität genutzt wurde. Die Heimatbildungsdiskussion der zwanziger und dreißiger Jahre spiegelte die spezifische Lage der Sudetendeutschen in der Tschechoslowakei als eine „Not- und Schicksalsgemeinschaft" wider und griff zugleich auf die Traditionen der so genannten völkischen Erziehung des 19. Jahrhunderts zurück. Bei der heimatbildnerischen Diskussion handelte es sich – so die These – weit mehr um eine Debatte politisch-gesellschaftlicher Natur als um eine Diskussion, die in einer Erziehungs- oder Bildungstheorie anzusiedeln ist. Heimatbildung diente neben der Förderung von Identität einer bestimmten Gruppe vielmehr einer Exklusion der „Anderen", besaß also eine stark instrumentalisierende Rolle. *Natalia Donig* beschäftigt sich in ihrem Beitrag mit der Entstehung des Propagandakonzepts der „sowjetischen Heimat" und der Wirkungsmacht eines emotional behafteten Heimatdiskurses in der stalinistischen Sowjetunion. Heimat und Patriotismus, von den Bolschewiki zunächst als bürgerliche Werte abgelehnt, wurden in den dreißiger Jahren einerseits als effektives Integrations- und Mobilisierungsinstrument, andererseits als Mittel politischer Legitimation erkannt. Heimat erfuhr dabei eine ideologische Aufwertung, indem sie schlicht mit der sozialistischen Gesellschaftsordnung, dem Sozialismus selbst, gleichgesetzt wurde. Die rhetorische Allgegenwart der „sowjetischen Heimat" in allen Bereichen des gesellschaftlichen Lebens hatte großen Einfluss nicht nur auf das Bewusstsein der Sowjetbevölkerung, sondern auch auf ihre Gefühle und deren Ausdruck, die das stalinistische Regime zu kontrollieren und zu normieren suchte. Das Regime schuf somit „emotionale Gemeinschaften" (Rosenwein), in denen „Liebe und Treue zur sowjetischen Heimat" zu den höchsten Pflichten und Idealen des Neuen Menschen und zu einer emotionalen Norm erhoben wurden. Die so entworfene, von einem dominanten Heimatdiskurs getragene „sowjetische Heimat" stellte ein symbolisches Referenzsystem bereit, das einen verbindlichen Kanon an Denk- und Verhaltensweisen umfasste und in der Lage war, zur Stabilität der sowjetischen Ordnung auf Dauer beizutragen. Der folgende Beitrag macht die Ausstrahlungskraft der sowjetischen Konzeption von Heimat deutlich. *Frank Hoffmann* untersucht in seinem Beitrag, ob und wie in der DDR ein Weg zwischen dem Spannungsfeld „sozialistischer Internationalismus" und „Heimat" gefunden wurde. Er stellt fest, dass seit Anfang der 1950er Jahre nach und nach eine Lösung des Heimatbegriffs von jeder konkreten örtlichen Besonderheit stattgefunden hat, und belegt dies an zahlreichen Beispielen wie etwa der Abschaffung der Länderebene 1952 oder dem immer raumferner werdenden Heimatlied, das entweder die engere, kindlich-private oder naturbezogene Heimat oder aber die weitere, also gleich die ganze DDR bzw. den Sozialismus umfassende Heimat besang. Als Alternativkategorie wurde in den sechziger Jahren die „Region" eingeführt. Am Beispiel der thüringischen Stadt Gera, 1952 zur Bezirksstadt gemacht und somit herausgefordert, sich kulturell und regional zu profilieren, gleichsam eine Heimat zu werden, zeigt er die Umpolung eines traditionellen Heimatelements im sozialistischen Sinne: nämlich der Heimatmuseen. Diese wurden zwar seit den fünfziger Jahren laufend vermehrt, doch die anfangs noch heimisch grundierten Objekte wurden immer mehr durch ideologischen Zwecken dienendes

„Internationales" oder aber Allgemeines ersetzt, um die traditionelle bürgerliche Heimatkonzeption durch eine proletarische Besetzung des heimatlichen Raums abzulösen. Inwieweit diese aufgesetzte, von Raum entkernte Heimatkonzeption zum Scheitern verurteilt war, hat die Geschichte gezeigt. Und welche Kräfte für eine Neukonzeption von Heimat nach grundlegenden gesellschaftlichen Umbrüchen notwendig sind, zeigt *Anna Olshevska,* die sich in ihrem Beitrag mit der heutigen Ukraine beschäftigt. Seit der Unabhängigkeitserklärung 1991 hat dort die Herausbildung eines eigenen nationalen Selbstbewusstseins begonnen, was in erster Linie durch die (Wieder-)Einführung der ukrainischen Sprache realisiert wurde und in Abgrenzung zu Russland geschah (und geschieht). Doch konnten die alten, aus sowjetischer Zeit stammenden kulturellen Codes, die mehrere Generationen von Ukrainern geprägt haben, nicht einfach überwunden werden. Auch die Massenmedien haben dies erkannt und setzen daher die ukrainische und russische Sprache parallel ein, was einmal mehr die Zerrissenheit der Heimat deutlich macht. Als Beispiel für die Macht der Sprache in diesem Prozess dient ihr die Figur Verka Serdjučkas, geschaffen vom Künstler Andrej Danylko. Dieser setzt in der Figur Serdjučkas nicht nur zahlreiche ukrainische Kulturtraditionen wie das Burleske fort, sondern trifft mit seinem künstlerischen Schaffen zudem klare politische Aussagen, womit er zugleich Produkt wie auch Mitgestalter der aktuellen Situation des Prozesses der Neucodierung ist.

Die Sektion „Heimat verarbeiten" nähert sich dem Thema Heimat erneut multiperspektivisch. Wie wird Heimat von Kunst und Literatur verarbeitet, zum Stoff gemacht, in Szene gesetzt? Und wie verarbeiten die Menschen, um die es dabei geht, diese Heimat bzw. auch den Verlust der Heimat? Wie auch die Initiative zum vorliegenden Band zeigt, ist es nicht ausschließlich die ältere Generation, die sich auf die Suche nach Heimat macht. Die Analyse von biografischen Erzählungen mehrerer Generationen in der sonderbaren Situation auf einer Bühne steht im Beitrag von *Natalia Kandinskaja* im Mittelpunkt. Sie nimmt das deutsch-polnische Theaterprojekt *Transfer!,* welches Flucht und Vertreibung aus Breslau nach dem Zweiten Weltkrieg thematisiert, zum Anlass, Heimat vor dem Hintergrund von Heimatverlust und Zwangsmigration zu betrachten. Der polnische Regisseur und Dramatiker Jan Klata kombiniert dokumentarisches und Oral-History-

Einleitung 27

Material mit absurden Szenen der Zusammenkunft von Stalin, Roosevelt und Churchill auf der Jalta-Konferenz. Gerade die Oral History ist es, die Einblicke in die Erfahrung von Heimat zu geben vermag. In drei Generationen einer Familie von Heimatvertriebenen kommt es zu unterschiedlichen Vorstellungen und insbesondere Raumbezügen von Heimat. Diese enge Verbindung zwischen räumlicher und zeitlicher Komponente von Heimat, die hier durch Ort und Generation konstituiert wird, findet im folgenden Beitrag eine bereichernde Fortführung. *Miłosława Borzyszkowska-Szewczyk* untersucht ebenfalls eine Bearbeitung des Themas von Heimatverlust, aber diesmal mit den Vertriebenen in der Rolle der Protagonisten. In einer Analyse von Reiseberichten prominenter deutscher Adeliger aus Hinterpommern und Ostpreußen über ihre Reisen in die alte Heimat des heutigen Polens wird erneut die Relevanz der zeitlichen Dimension von Heimat deutlich: Das Schreiben dient hier als Strategie, Erinnerung und Gegenwart, Gestern und Heute zu verbinden. Sie thematisiert die Bedeutung des Familiengedächtnisses in Fragen von Flucht und Vertreibung in Bezug auf die Adeligen, welche gerade durch eine Loslösung des Gedächtnisses von konkreten topografischen Orten infolge eines stark ritual- und personengebundenen Familiengedächtnisses keine zweite Entheimatung bei ihren Besuchen erlitten. Die Texte wirken, so Borzyszkowska-Szewczyk, als identitätsstiftend auch bei der „Wiedergewinnung des Gedächtnisses" der neuen polnischen Bewohner und tragen somit zu einer aktiven Gestaltung der Zukunft bei. Heimat ist hier nicht nur der Blick zurück, sondern auch der Blick nach vorn. *Katharina Nahlbom* nähert sich in ihrem Beitrag über das Werk Reinhard Lettaus dem imaginären Charakter seiner Heimatbilder an. So erscheint Heimat im frühen erzählerischen Werk des Autors als ein symbolischer, geografisch nicht näher bestimmter Ort, der den Protagonisten existenzielle Geborgenheit und stabile Identität bietet und Manifestation im Topos des Hauses erlangt. Zwar erfährt die Heimat in Lettaus Spätwerk eine geografische Verortung in Erfurt, der Heimatstadt des Autors. Diese wird gar von ihren Bewohnern zum Mittelpunkt der Welt ernannt. Doch die Perspektive hinzukommender Fremder entlarvt auch diesen Mittelpunkt als Konstruktion, und so bleiben in der erzählten Welt auch die konkreten Orte nur ein Traumbild, fern der objektiven Realität. *Julia Liderman* beleuchtet das Phänomen Heimat unter dem Aspekt der Selbstreflexion im zeitgenössischen russischen Spielfilm. Heimat sucht sie in den thematisierten Filmen über kulturelle Codes zu begreifen, welche den Stellenwert bestimmter Territorien und ihrer Grenzen begründen könnten. Die drei Kategorien kultureller Codes leitet sie dabei aus den Filmbeispielen ab und analysiert diese als Verfahren des Erlebens des Handlungsortes einer Kinoerzählung. Sie unterscheidet zwischen historischer, poetischer sowie mythologischer Dimension und bringt dafür zahlreiche Beispiele aus den Filmen. Das poetische Erleben des Territoriums im Film wird von Liderman dabei als zeitgemäßer als die beiden anderen Dimensionen betrachtet. Heimat scheint sich dabei als ein greifbares, dokumentiertes Alltags-Jetzt zu präsentieren, welches im Gegensatz zu stereotypen und rituellen Erlebnisweisen von Heimat eine zuschauerspezifische Erlebenswelt eröffnet.

Der letzte Teil des Bandes, „Heimat versetzen", greift erneut das Thema der Migration auf und fragt nach den Umständen und Konsequenzen, die sich aus dem Verlassen der Heimat ergeben. *Nadežda Pazuhina* untersucht in ihrem Beitrag eine soziale Gruppierung – die Altgläubigen im heutigen Lettland –, die erst auf einen zweiten Blick mit Heimat in Verbindung gebracht wird. Denn statt symbolischer Ortsbezogenheit (Treinen) ist es hier eine symbolische Ortlosigkeit, angereichert allerdings durch den Rückbezug auf die Vergangenheit, die Heimat ausmacht. Heimatlosigkeit, also das Fehlen von Heimat im Sinne eines bestimmten geografischen Raums, ist eine wichtige Kategorie der Selbstreflexion und damit auch der kulturellen Identität der Altgläubigen, was sowohl in der Geschichte der altgläubigen Gemeinden wie in ihrer Jahrhunderte alten Dogmatik, ihren religiösen Riten und in ihrer Lebenswelt begründet liegt. Die Welt der Vorfahren stellt für die Altgläubigen ein utopisches Heimatbild dar. Die räumliche Versetzung der topografischen Heimat durch Zwang führt bei den Altgläubigen somit zu einem bewussten Versetzen der Heimat. Statt dem Raum wird der sozialen Gruppe Bedeutung zugemessen, der Raum wird bedeutungslos. Denken wir Heimat als Relation zwischen Raum und Mensch, so zeigt sich nicht nur in diesem Beitrag, dass mal das eine, mal das andere zu einer stärkeren Bezugsgröße wird. Die Zeit, und die durch diese sich verändernden kulturellen und sozialen Dimensionen, dienen dabei als Bindeglied und Mittel, insbesondere die empirische Erfahrung von Heimat zu behandeln. In den letzten beiden Beiträgen des Bandes werden die politisch-soziale sowie die kulturelle Dimension zu Hilfe gezogen, um sich Heimat als Erfahrung und Entwurf zu nähern. *Karolina Novinšćak* und *Grazia Prontera* betrachten die politischen und wirtschaftlichen Hintergründe von Gastarbeiterabkommen zwischen der Bundesrepublik Deutschland und Italien bzw. Jugoslawien. Sie stellen dabei politische und systembedingte Unterschiede, gleichwohl aber auch ökonomische Gemeinsamkeiten der Arbeitsmigrationsprozesse aus den beiden Ländern fest. Gemeinsam war den beiden Entsenderstaaten die Rhetorik des Prinzips der „Zeitweiligkeit" der Migrationsprozesse – doch trotz des Anwerbestopps 1973 durch die Bundesrepublik deutete sich bereits damals ein dauerhafter Verbleib sowie Familiennachzug zahlreicher Arbeitsmigranten ab. Dort setzt der nächste und letzte Beitrag an, der von der politischen zur kulturellen Dimension von Heimat überleitet.

Sprache kann als ein wesentlicher Bestandteil der kulturellen Komponente von Beheimatung betrachtet werden, wie bereits in einigen Beiträgen deutlich wurde. Wo man mich versteht (und dieses Verstehen impliziert dabei mehr als nur die Sprache), dort kann ich mich heimisch fühlen. Welche Konsequenzen wirft diese Feststellung für Mehrsprachigkeit auf? Dieser Frage nähert sich *Ann-Birte Krüger* anhand von Kindern mit Migrationshintergrund. In Interviews mit Grundschulkindern türkischer Herkunft im Elsass und in Baden geht sie Fragen von Identität und Sprachgebrauch nach. Das Phänomen der so genannten Transmigration, durchaus auch eine Konsequenz der im vorherigen Beitrag behandelten Arbeitsmigrationen, führt zu einer scheinbar selbstverständlichen parallelen und teils gar gemischten Verwendung von Mutter- und „Gastsprache". Doch wenn sich die in Frankreich und Deutschland aufgewachsenen Kinder in den Ferien in der Türkei als „Touristen" bezeichnen, muss man sich womöglich doch die Frage stellen, die sich in einigen Beiträgen dieses Bandes andeutet: Wird Heimat nicht manchmal mehr als nur in räumlicher Hinsicht „versetzt"?

Literaturverzeichnis

Bollnow, Otto Friedrich: Der Mensch braucht heimatliche Geborgenheit. Philosophische Betrachtungen, in: Wehling, Hans-Georg (Hg.): Heimat heute. Stuttgart 1984, 28-33.

Bredow, Wilfried von / Foltin, Hans-Friedrich: Zwiespältige Zufluchten. Zur Renaissance des Heimatgefühls. Berlin 1981.

Cremer, Will / Klein, Ansgar: Heimat in der Moderne, in: dies. (Hg.): Heimat. Analysen, Themen, Perspektiven, Bd. 1. Bielefeld 1990, 33-55.

Drewniok, Heinz: Zweite Heimat Sachsen. Lebenswege deutscher Flüchtlinge und Vertriebener. Dresden 2007.

Fonteyn, Margot: Die zertanzten Schuhe. Geschichte meines Lebens. München 1981.

Frevert, Ute: Angst vor Gefühlen? Zur Geschichtsmächtigkeit von Emotionen im 20. Jahrhundert, in: Nolte, Paul / Hettling, Manfred / Kuhlemann, Frank-Michael / Schmuhl, Hans-Walter (Hg.): Perspektiven der Gesellschaftsgeschichte. München 2000, 95-111.

Gauger, Jörg-Dieter: Heimat – Tradition – Geschichtsbewusstsein – Bemerkungen zu einem vermuteten Zusammenhang, in: Weigel, Klaus (Hg.): Heimat. Tradition. Geschichtsbewusstsein. Mainz 1986, 9-44.

Gebhard, Gunther / Geisler, Oliver / Schröter, Steffen: Heimatdenken: Konjunkturen und Konturen. Statt einer Einleitung, in: dies. (Hg.): Heimat. Konturen und Konjunkturen eines umstrittenen Konzepts. Bielefeld 2007, 9-56.

Hard, Gerhard: Der *Spatial Turn*, von der Geographie her beobachtet, in: Döring, Jörg / Thielmann, Tristan (Hg.): Spatial Turn. Das Raumparadigma in den Kultur- und Sozialwissenschaften. Bielefeld 2008, 263-316.

Hecht, Martin: Das Verschwinden der Heimat. Zur Gefühlslage der Nation. Leipzig 2000.

Hirsch, Helga: Entwurzelt. Vom Verlust der Heimat zwischen Oder und Bug. Hamburg 2007.

Hüppauf, Bernd: Heimat – die Wiederkehr eines verpönten Wortes. Ein Populärmythos im Zeitalter der Globalisierung, in: Gebhard, Gunther / Geisler, Oliver / Schröter, Steffen (Hg.): Heimat. Konturen und Konjunkturen eines umstrittenen Konzepts. Bielefeld 2007, 109-140.

Kaes, Anton: From *Hitler* to *Heimat*. The Return of History as Film. Cambridge, Ma. 1989.

Kirjuchina, Ljubov': Sowjetdeutsche Lyrik (1941-1989) zu den Themen „Muttersprache" und „Heimat" als narrativer Identitätsakt. Wiesbaden 2000.

Kopelew, Lew: Staat und Heimat, in: Dericum, Christa / Wambolt, Philipp (Hg.): Heimat und Heimatlosigkeit. Berlin 1987, 51-63.

Korfkamp, Jens: Die Erfindung der Heimat. Zu Geschichte, Gegenwart und politischen Implikaten einer gesellschaftlichen Konstruktion. Berlin 2006.

Körner, Hans-Michael: Heimat – Klischee, Mythos, Provokation, in: Weigand, Katharina (Hg.): Heimat. Konstanten und Wandel im 19./20. Jahrhundert. Vorstellungen und Wirklichkeiten. München 1997, 17-30.

Koselleck, Reinhart: Zeit, in: Jordan, Stefan (Hg.): Lexikon Geschichtswissenschaft. Hundert Grundbegriffe. Stuttgart 2002, 331-336.

Kossert, Andreas: Kalte Heimat. Die Geschichte der deutschen Vertriebenen nach 1945. München 2008.
Kumanev, G. A. (Hg.): Patriotizm – duchovnyj steržen' narodov Rossii. Moskau 2006.
Lipp, Wolfgang: Heimat in der Moderne. Quelle, Kampfplatz und Bühne von Identität, in: Weigand, Katharina (Hg.): Heimat. Konstanten und Wandel im 19./20. Jahrhundert. Vorstellungen und Wirklichkeiten. München 1997, 51-72.
Neumeyer, Michael: Heimat. Zu Geschichte und Begriff eines Phänomens. Kiel 1992.
Osterhammel, Jürgen: Die Wiederkehr des Raumes: Geopolitik, Geohistorie und historische Geographie, in: Neue Politische Literatur 43, 1998, 374-397.
Pietsch, Nelli: Verlorene Heimat. Flüchtlingsschicksal zwischen Deutschland und Russland. Rosenheim 2006.
Retterath, Hans-Werner: Heimatland – Wo liegt das Land der Heimat? Zum Heimat-Verständnis von Russlanddeutschen, in: Röder, Annemarie (Hg.): Heimat – Annäherungsversuche. Stuttgart 2007, 31-44.
Rosenwein, Barbara H.: Worrying about Emotions in History, in: American Historical Review 3, 2002, 821-845.
Sarazin, Paul: Fremde Heimat Deutschland. Eine diskursanalytische Studie über die nationale Identität der deutschstämmigen Spätaussiedler aus der ehemaligen Sowjetunion. Wettenberg 2005.
Schlögel, Karl: Die Wiederkehr des Raums – auch in der Osteuropakunde, in: Osteuropa 55/3, 2005, 5-16.
Schlögel, Karl: Im Raume lesen wir die Zeit. Über Zivilisationsgeschichte und Geopolitik. Frankfurt am Main 2006 (ungekürzte Ausgabe von 2003).
Schlögel, Karl: Kartenlesen, Raumdenken. Von einer Erneuerung der Geschichtsschreibung, in: Merkur. Zeitschrift für europäisches Denken 56, 2002, 308-318.
Schierle, Ingrid: „Otečestvo" – Der russische Vaterlandsbegriff im 18. Jahrhundert, in: Pietrow-Ennker, Bianka (Hg.): Kultur in der Geschichte Russlands. Räume, Medien, Identitäten, Lebenswelten. Göttingen 2007, 143-164.
Schierle, Ingrid: ‚Syn otečestva': Der ‚wahre Patriot', in: Thiergen, Peter (Hg.): Russische Begriffsgeschichte der Neuzeit. Beiträge zu einem Forschungsdesiderat. Köln u. a. 2006, 347-368.
Thoemmes, Martin: Kann noch Heimat sein?, in: Albrecht, Dietmar / Thoemmes, Martin (Hg.): Mare Balticum. Begegnungen zu Heimat, Geschichte, Kultur an der Ostsee. München 2005, 13-29.
Treinen, Heiner: Symbolische Ortsbezogenheit. Eine soziologische Untersuchung zum Heimatproblem, in: Kölner Zeitschrift für Soziologie und Sozialpsychologie 17, 1965, 5-73.
Višnevskaja, Galina: Galina. Istorija žizni. Moskau 2007 (ergänzte Auflage).
Wierling, Dorothee (Hg.): Heimat finden. Lebenswege von Deutschen, die aus Russland kommen. Dresden 2004.

Marita Krauss

Heimat – eine multiperspektivische Annäherung

Heimat ist ein höchst komplexes und schillerndes Gebilde. Noch bis vor kurzem gehörte Heimat scheinbar den ewig Gestrigen: Heimat wurde oft nostalgisch mit der guten, mit der besseren alten Zeit verbunden. Wenn Politiker mit einem gewissen Pathos von Heimat sprachen, dann schien das manchmal unmittelbar an „Vaterland" oder „Nation" einerseits, an Provinz- und Lokalpatriotismus andererseits anzugrenzen.

Doch inzwischen zeigt sich immer deutlicher, dass Heimat nicht nur Vergangenheit, sondern auch Gegenwart und Zukunft hat: Wie mit dem Fall der Grenzen ein großes Interesse an dem Thema Grenze einhergeht,[1] regen Europäisierung und Globalisierung zu einer lebhaften Diskussion über Heimat, über Lokales und Regionales an.[2] Die Lokal- und Regionalgeschichte erfindet sich zumindest auf wissenschaftlicher Ebene neu, sie dekonstruiert viele alte Muster und zieht auch junge Wissenschaftler und Wissenschaftlerinnen an. Doch diese Heimat sieht anders aus als das Bild, das uns Heimatfilm und Volksmusik vermitteln wollen.

---

[1] Als Beispiel hier Gestrich / Krauss 1998; Bauer / Rahn 1997; inzwischen beschäftigen sich Tagungen und Institute mit dem Thema, z. B. Grenzen und Grenzräume im europäischen Vergleich, 12.-13. Mai 2006, Berlin, Berliner Kolleg für Vergleichende Geschichte Europas (BKVGE), in Kooperation mit dem Deutschen Historischen Institut (DHI), Warschau und der Mission Historique Française en Allemagne (MHFA), Göttingen, vgl. http://hsozkult.geschichte.hu-berlin.de/termine/id=5402; als Forschungsinstitut das „Centre for Border Studies" der University of Glamorgan.

[2] Als Beispiele Plieninger 1995; Weigand 1997; Boa / Palfreyman 2000; Heimat Bayern – Identität mit Tradition und Zukunft (2003); Berger / Hohnhorst 2004; O'Donnell 2005; Liptay 2005. Eine schöne Rezension der „Heimat"-Welle: Applegate 2000.

Heimat als Konstruktion

Wir wissen heute, dass Heimat nichts Absolutes ist, nichts „natürlich Gewachsenes", nichts Gottgegebenes. Heimat ist, soziologisch ausgedrückt, eine soziale Konstruktion, eine Vorstellung, oft mit intensiven Gefühlen verbunden, eine Vorstellung, die ein Stück Zugehörigkeit und Identität, Sicherheit und Geborgenheit vermitteln kann. Im Zentrum steht dabei das, was Max Weber eine „geglaubte Gemeinsamkeit" nannte (Weber [5]1972); Benedict Anderson hat das im Konzept der „Imagined Communities" (Anderson [2]1991) wissenschaftlich weitergeführt und formuliert: Viele Menschen glauben fraglos an eine „natürliche" Gemeinsamkeit mit anderen, bestimmt durch gemeinsame Orte in Nachbarschaften, gemeinsame Sitten und Gebräuche, an ähnliche Lebensführung, verbindende Gepflogenheiten und gemeinsamen Dialekt. Obwohl die damit unterstellte Homogenität in der heutigen Welt der globalen Zirkulation von Menschen und Waren in keiner Weise mehr zutrifft und wohl auch in früherer Zeit nie ganz stimmte, wird das jenseits aller sichtbaren Verschiedenheiten geglaubt. Aleida Assmann nennt Heimat daher eine „Identitätsofferte", die für den Einzelnen handlungsorientierend wirken könne (Assmann 1994). Damit ist Heimat nicht nur eine soziologische, sondern auch eine psychologische Kategorie.

Heimat wird vielfach mit dem Lokalen oder der Region verbunden und ist daher meist räumlich und territorial konnotiert, wie auch vor einigen Jahrzehnten die Überlegungen von Ina-Maria Greverus zur „Territorialität des Menschen" oder von Heiner Treinen zur „symbolischen Ortsbezogenheit" zeigen (Treinen 1965; Greverus 1972: 291). Für Greverus bildet „Territorium" einen Identitätsraum, einen Aktivitätsraum, einen Sicherheitsraum. Beide versuchen also, den ominösen Begriff Heimat mit neuen Begriffsbildungen wissenschaftlich zu fassen. Doch jüngere Forscher wie Christopher Wickham plädieren dafür, gerade wegen seiner Ambiguität und Komplexität den Begriff Heimat zu verwenden (Wickham 1999: 23); das sehr deutsche Thema „Heimat" – der Begriff lässt sich nur schwer übersetzen – zieht inzwischen vielfach auch amerikanische Forscher an. Die räumliche Komponente ist in jedem Falle stark mit dem Heimatbegriff verbunden, sei es über Begrifflichkeiten wie „Geburtsort", „Ort der Zugehörigkeit",

Wohnort. In Wörterbüchern des 18. und 19. Jahrhunderts erscheint Heimat verbunden mit „Vaterland", mit Haus und Besitz, Ort oder Gebiet (Grimm). Auch in modernen Definitionen geht es bei Heimat jeweils um die Beziehung zwischen dem Ort und einem menschlichen Subjekt, das ihn als Heimat erfahren kann.

Hinzu kommt jedoch das Gefühl der inneren Zusammengehörigkeit durch Interaktionen; das kann sich auf Gruppen beziehen, auf die Familie, auf eine Dorf- oder Stadtviertelgemeinschaft, eine ganze Region, eine Sprachgemeinschaft. Das ist einer der Kerne des Konzepts der „Imagined Communities", da auf diesem Wege auch zu Menschen, die man nie gesehen hat, zu denen also keine „face to face"-Kontakte bestehen, die Gemeinschaftsgefühle bestehen oder gefördert werden können, die zur Nationsbildung notwendig sind. Es entsteht so ein „Wir", dem dann zwangsläufig ein ausschließendes „Ihr" gegenübersteht. Im Zuge der von Eric Hobsbawm untersuchten „Invention of Tradition" erhält dieses „Wir" dann ganz schnell auch eine Geschichte; es war sozusagen schon immer da, ist „natürlich" und selbstverständlich. Vielfach wird daher das zeitliche Element der Dauer für Heimatdefinitionen in Anspruch genommen, obwohl in der subjektiven Erinnerung vor allem bei Migranten Heimat oft als etwas Fragiles erscheint; dazu später noch ausführlich. Durch die Zuschreibungen von „Natürlichkeit" erhalten Traditionskonstruktionen jedenfalls schnell Glaubwürdigkeit und Stabilität, und sei es nur in der Abgrenzung gegen andere. So sehr Heimat subjektiv und mit höchst individueller Erfahrung und persönlichstem Erleben verbunden ist, so sehr kann sie auch zum Movens kollektiver Inklusion und Exklusion werden. Dazu ein Beispiel: Ich habe an einem Stammtisch im oberbayerischen Benediktbeuren mitgehört, wie ein offenbar vor fast zwanzig Jahren Zugezogener über Stunden und bis aufs Blut damit gehänselt wurde, von „drenterhalb [jenseits] der Loisach" zu stammen und daher nicht wirklich zuzugehören. Am Schluss verließ er, sicherlich nicht zum ersten Mal, genervt und tief verletzt das Wirtshaus.

Heimat ist also, wir sehen es, keineswegs harmlos. Heimat setzt auf Differenz, idealisiert und typisiert vielfach auf Kosten des Anderen, zu Lasten der Pluralität. Dabei setzt das Nachdenken über Heimat meist erst dann ein, wenn die bunte Vielfalt der Kulturen durch Kommunikation und Migration mitten im Alltag präsent ist und die Heimat nicht mehr fraglos gegeben erscheint. Die Angst vor Überfremdung und Durchmischung begleitet daher die Abgrenzungsprozesse, die mit identitärer Heimatversicherung verbunden sind. Spätestens seit dem 19. Jahrhundert mit seinen massenhaften Migrationsprozessen im Zuge von Auswanderung, Industrialisierung und Urbanisierung ist der Blick auf „Heimat" auch vielfach eine Außenperspektive. Es gibt diese Heimat für den Migranten, die Migrantin nicht mehr in dieser Form, da der Blick von außen die „alte" oder erste Heimat neu und anders erscheinen lässt, verändert sich doch diese Heimat ebenso wie der Migrierende selbst und bietet daher keinen fraglosen Identitätsraum mehr. Gleichzeitig geht es im Zuge von Migration immer um die Frage, ob es eine neue, eine zweite oder dritte Heimat geben kann. Damit schärft sich auch der Blick auf die vielleicht unwiederbringlichen Elemente einer Kindheitsheimat, die verloren ist. Daher möchte ich auf „Heimat und Migration" bzw. Heimat und Emigration im 20. Jahrhundert im Folgenden näher eingehen.

Heimat – der Begriff

Heimat, schreibt Meyers Conversations-Lexikon von 1871, ist „der Ort oder das Land, wo jemand zu Hause ist, besonders wo er im Gemeinde- oder Staatsverbande steht".[3] Der für uns höchst komplexe und schillernde Begriff erschien im 19. Jahrhundert klar als ein staatsrechtlicher Terminus: Heimat war ein Recht, das gewährt oder entzogen werden konnte. Eben mit diesem Heimatbegriff des Staates waren die Emigranten des 20. Jahrhunderts konfrontiert: Durch Ausbürgerung wurden sie von ihrem Staat des Heimatlandes verwiesen. Der Pass verlor seine Gültigkeit, die Verstoßenen konnten im Ausland keinen deutschen Konsul mehr um Hilfe bitten; sie standen nicht mehr im deutschen „Gemeinde- oder Staatsverbande". Die Heimat, geografisch und national definiert, war ihnen verschlossen. Diesem formalen Akt und damit auch der Heimatdefinition des 19. Jahrhunderts setzten die Exilierten ihren eigenen Heimatbegriff entgegen. Walter Mehring schrieb: „Die ganze Heimat und das bißchen Vaterland, die trägt der

---

[3] Meyers Conversations-Lexikon, Bd. 8, 1871: 759.

Emigrant von Mensch zu Mensch von Ort zu Ort an seinen Sohlen mit sich fort" (zitiert nach Habe 1966: 60). Heimat, suggeriert dies, ist eben kein rechtlicher Begriff; sie ist nicht an einen Staat gebunden, auch nicht an geografische Grenzen. Sie ist individuell, nicht abstrakt. Der Träger von Heimat ist der Mensch. Diese Heimat kann man daher auch nicht verlieren, sie ist ein untrennbarer Teil der Person.

Zwischen diesen beiden Polen bewegte sich daher die Diskussion: Darf ein politisches Regime, so fragten die Exilierten, so fragten die „inneren Emigranten", so fragen sich vielerorts noch heute die Menschen, kann und darf ein politisches Regime über „Heimat" verfügen? Darf es über sie rechtlich bestimmen und ihre Inhalte dekretieren? Wem „gehört" Heimat? Bereits in den ersten beiden Jahrzehnten des 20. Jahrhunderts und besonders dann in der NS-Zeit wurde „Heimat" in Deutschland und Österreich von der Rechten okkupiert: Heimatwehr, Heimatschutz, Heimatbewegung mögen dafür als Stichworte genügen. Bis heute wird Heimat gerne mit heimattümelnder Folklore verwechselt. Das Zwillingswort zu dieser Art von Heimat ist das „Volk": Die für das Oktoberfest gefertigten Pseudotrachten und die Volksmusikhitparade stehen für diese Art von Heimatkult, der sich auf die scheinbar heile Welt einer „guten alten Zeit" bezieht. Er ist ein wichtiger Zweig der Tourismusindustrie, die das Bild der Besucher von der Kultur einer Region bedienen möchte. De facto geht dieser Kult aber nur der Selbstinszenierung der Regionalfürsten im Prozess der Nationswerdung und der Staatsintegration des 19. Jahrhunderts auf den Leim: Trachtenzüge, Volksfeste, Sängertreffen waren seine klassischen Mittel. Die Grenzen zwischen solchen Inszenierungen und der Selbstwahrnehmung der Autochtonen verschwimmen heute immer mehr, wie dies auch bereits in der Folge der Propaganda des 19. Jahrhunderts der Fall war. Utz Jeggle und Gottfried Korff haben am Beispiel des Zillertals gezeigt, wie sich die Zillertaler Händler über das Bild, das sich andere von ihnen machten und das sich als verkaufsfördernd erwies, gewissermaßen selbst als „naturwüchsig" und „urtümlich" neu erfanden und diese Projektionen von außen aus ähnlichen Gründen letztlich auf das ganze Tal übertragen wurden und dort zur Selbstidentifikation mit solchen Mustern führten (Jeggle / Korff 1974). Das Fazit: Trau nie dem Bild der „guten Wilden", der scheinbaren „Urtümlichkeit", sie ist meist eine erfolgreiche Marketingstrategie, oft bereits früherer Jahrhunderte.

Sie wurde und wird jedoch bis heute vielfach blutig ernst genommen. Die Inhaber von Deutungshoheit über Heimatdefinitionen schlossen die angeblich „vaterlandslosen Gesellen", die als Internationalisten verschrieenen Linken meist von Heimat aus. Auch den Juden sprachen die Rechten den Bezug zur „Scholle" und damit zu dieser Art Heimat ab. Der Kulturphilosoph Eduard Spranger und andere postulierten in den zwanziger Jahren, eine Heimat habe der Mensch nur da, „wo er mit dem Boden und allem Naturhaft-Geistigen, das diesem Boden entsprossen ist, innerlich verwachsen ist", Heimat sei „erlebbare und erlebte Totalverbundenheit mit dem Boden ..., geistiges Wurzelgefühl" (Spranger 1964: 14). Hieran lässt sich ablesen, wie sehr Heimat mit der „Scholle" verbunden wurde und wie stark in diesem Denkmuster die Opposition zur Großstadt enthalten ist: Alle Elemente des Antimodernismus, Antiurbanismus und damit verbunden meist auch des Antiamerikanismus werden darin erkennbar (von Saldern 1996; Diner 1993). Doch sowohl die linken Gegner der Nationalsozialisten wie die verfolgten Juden liebten ihre Heimat; Arbeiterkultur ist ein Teil der Volkskultur und Juden oder Menschen jüdischer Herkunft waren genuiner Teil der hochgelobten deutschen Kultur des 19. Jahrhunderts. So einfach kann man es sich also nicht machen. Mit der Exilierung wurde jedoch zumindest die räumliche Verbindung unterbrochen. Die innere Bindung an die gefühlte und ersehnte Heimat blieb aber oft das ganze Leben lang bestehen, wechselte ihre Farbe und Stärke, wurde durch eine Landschaft, eine Gebäudesilhouette, eine Sprachfärbung oder einen Duft sehr präsent, sank wieder in die tieferen Schichten des Bewusstseins, um daraus im Alter plötzlich nahezu unversehrt empor zu tauchen.

Territorialität – Transnationalität

In der Geografie diskutierte man diese Phänomene lange unter dem Begriff der „Territorialität" des Menschen; man nahm einen existentiellen, gegebenen Bezug des Menschen auf einen geschlossenen und begrenzten Lebensraum an (Bartels 1981: 7). Auch Soziologen wie (der Remigrant) René König hoben die psychische Bindung des Menschen an einen „Satisfaktionsraum" hervor, der als die innere territoriale Projektion derjenigen sozialen Umwelt und ihrer Werte verstanden wurde, in der man sich durch die eigenen Sozialisationserfahrungen gesichert, identifiziert, bestätigt fühlt (König 1958). Diese psychische Bindung, so König, wird im Deutschen als „Heimat" bezeichnet. Der Volkskundler Hermann Bausinger nennt Heimat „nicht strikt begrenzbar, doch lokalisierbar im Raum"; damit ist auch für ihn Heimat territorial und nicht grenzüberschreitend zu denken (Bausinger 1980: 229). Ihre Assoziation als „geschichtlich gewachsen" stammt aus der eigenen Lebenserfahrung: Da es um die Projektion der Sozialumwelt geht, in der man selbst groß geworden ist, akzeptiert man leicht ältere Strukturen als gegeben, ja „natürlich". Bei näherem Hinsehen erweisen sich jedoch viele Elemente dieser „Territorialität" als Schimäre: Sie entspricht einem menschlichen Verlangen nach Geborgenheit, nach einem Ruheraum, einer überschaubaren, heilen Welt.

Doch die Mobilität, die Durchmischung der Gesellschaft, die raumübergreifenden wirtschaftlichen und gesellschaftlichen Zusammenhänge zeigen solche raumbezogenen lokalen Heimattraditionen und ihre Symbolisationen als Konstruktionen. Heutige Untersuchungen gelten stärker transnationalen Räumen und Identitäten (Osterhammel 2001; Pries 1997), die sich aus mehreren regionalen Zugehörigkeitsgefühlen zusammensetzen; die Ethnologin Andrea Klimt hat dies am Beispiel der portugiesischen Community in Hamburg und ihrer Aktions- wie Denkräume schlüssig untersucht (Klimt 2003); Heimat findet hier in mehren regionalen Bezügen statt. Wie auch etliche Emigranten der NS-Zeit definiert sich ein junger Portugiese dieser Community zunächst als Hamburger, in zweiter Linie als Portugiese, dann als Europäer, jedoch nicht als Deutscher. Die Stadt – und damit der unmittelbare Lebensraum – wird auf diese Weise zum wichtigsten Bezugsfeld, in das jedoch auch andere regionale Identitäten passen, ohne sich auszuschließen. Migration[4] ist sicherlich neben der auch ohne die

---

[4] Die Fülle an internationalen und interdisziplinären Untersuchungen und Publikationen zu diesem weltumspannenden Forschungsfeld ist enorm. Als Beispiele hier stellvertretend – jeweils mit umfänglichen Literaturangaben – Bade 2000; für Deutschland ders. 1993; international Lucassen / Lucassen [3]2005; Hoerder / Moch 1996; Hoerder 2002; Bommes / Morawska 2000.

"Bewegung von Menschen im Raum" (Ackermann 1997: 1) ständig zunehmenden weltweiten Vernetzung ein wichtiges Element für das Entstehen von Transnationalismus.

Heimat und Migration – Gegensatz und Metapher

Das Flüchtlings- und Migrantenschicksal unterliegt jeweils eigenen Regeln der Erinnerung. Denn bei allen Besonderheiten des Exils der NS-Zeit: Migration, Auswanderung und Exil begleiten die Geschichte der Menschheit und in den großen Mythen sind ihre Probleme bereits formuliert. Als Metaphern finden sich diese Bilder in den Erzählungen über Migrationserlebnisse wieder: Sie dienen der Deutung und der Sinngebung, sie betten das Individuelle in das Allgemeine ein. Die Migrationsforschung kennt darüber hinaus auch Periodisierungen der Rückbesinnung auf das Herkunftsland, die mit Lebensphasen einhergehen (Engelhardt 2001). Oft gibt es in der aktiven Arbeitsphase, die für Migranten und Migrantinnen meist auch mit hohem Assimilierungsdruck verbunden ist, keine Zeit und keinen Grund, sich auf das Vergangene zu beziehen. Mit der Pensionierung und der dadurch gewonnenen neuen Perspektive wird das eigene Leben neu justiert; dabei erhalten Jugend- und Kindheitssozialisation wieder eine andere Bedeutung. Im Alter geht manchmal sogar die neu erworbene Sprache verloren und der Wunsch nach Rückkehr zu den Wurzeln nimmt zu. Der Amerikaner deutscher Herkunft wird so wieder zu einem Deutschen in Amerika – ohne seinen Lebensraum verändert zu haben. Diese Art von mehrfachem Identitätswandel findet sich bei Emigranten der NS-Zeit häufig.

Dafür gibt es viele Beispiele: So hatte sich der emigrierte Rechtsanwalt Otto Walter nach dem Krieg von New York aus in seiner ehemaligen Heimatstadt München zunächst an einer Kanzlei beteiligt und eine kleine Wohnung genommen. Nach der Pensionierung erwogen er und seine Frau eine Rückkehr – doch in einem Brief an seinen Freund Herbert Weichmann in Hamburg stellte er fest,[5] München sei nicht mehr seine Heimat, da er dort kaum noch Freunde habe und auch die

---

[5] Staatsarchiv Hamburg, Familie Weichmann 78, Brief Otto Walter an Herbert Weichmann vom 12.11.1974.

Stadt sich zu sehr verändere. Bereits zehn Jahre vorher hatte er geschrieben:

> Ich weiß keinen Platz auf der Welt, wo ich mich wohl fühlen würde. Sowohl USA wie Deutschland haben für mich seit den mittleren 50er Jahren ständig an Reiz verloren. Vielleicht sollte ich mir auch eine Hütte kaufen in den Rockies oder den Alpen oder den Anden. Mangels Entschlußfähigkeit mache ich weiter; das ist das Einfachste.[6]

War Otto Walter ein Amerikaner? Oder Bayer? Oder beides? Und was bedeutet dies letztlich anderes als eine raumbezogen formulierte Selbstbeschreibung, eine höchst subjektive Befindlichkeitsanalyse?

Dies zeigt Heimat als ungemein persönliche Erfahrung, die meist erst durch die Entfernung, durch den Verlust wahrnehmbar wird.[7] Wer in seiner Heimat lebt, dem wird sie selbstverständlich sein. Doch eine bestimmte Art von Heimatferne kennen fast alle Menschen: Durch unser Leben entfernen wir uns immer mehr von der Mutter und von der frühen Kindheit. Die Sehnsucht nach der Kindheit und die Sehnsucht nach der Heimat haben daher vieles gemeinsam. Léon und Rebeca Grinberg beschreiben dies in ihrer „Psychoanalyse der Migration und des Exils": Metaphorisch lässt sich, so die Grinbergs, die Entwicklung eines Menschenlebens als Abfolge von „Migrationen" betrachten, durch die sich der Mensch fortschreitend von seinen Primärobjekten entfernt, beginnend mit der Geburt und dem unwiderruflichen Verlust der Versorgung durch die Nabelschnur. Die Erfahrungen mit Trennung und Individuation in Kindheit und Jugend entscheidet darüber, wie ein Migrierender später solche Erlebnisse verarbeiten kann: Die tatsächliche Migration aktiviert in hohem Maße die frühesten Kindheitsprägungen.[8] In mancher Hinsicht werden die Ereignisse um

---

[6] Ebd., Brief vom 14.11.1964.
[7] Es gibt interessante Publikationen zum Thema Heimat und Remigration, an denen sich die Problematik vertiefen lässt; vgl. z. B. Vansant 2001; Haarmann 2004. Aber auch zum Thema Heimat und Heimweh bei den Heimatvertriebenen, z. B. Fendl 2002; dies. 2006. Und zur Frage Migration und Heimat: Runblom 2000.
[8] Vgl. auch Lüthke 1989: 70-91; er beruft sich vor allem auf Balint ^{4}1994 sowie auf Margret Mahlers Individuationstheorien, die hier als den Phasen der Migration vergleichbare Stufen aufgefasst werden. Vgl. Mahler / Pine / Bergmann 1980. Diese Thesen werden jedoch durch neue Studien in Frage gestellt. Vgl. dazu Dornes 1997.

Flucht und Grenzüberschreitung als innerer und äußerer Übergang erlebt, dessen Elemente sich in der Erinnerung zu einer Passage, einem Übergang, in einen neuen Lebensabschnitt verdichten können.[9] Denn hinter dieser Grenze bleibt die Kindheit zurück, die damit zu einem unerreichbaren Land der Sehnsucht wird.

Kindheit und Heimat definieren sich, und das spricht gegen das Interpretationsmuster der Territorialität, nicht nur über einen geografischen Raum. Heimat kann eine Landschaft sein, ein See oder ein Fluss, Berge oder Meer. Es können Straßenzüge sein, Plätze, Gebäude; Innenräume einer Wohnung, der Blick aus dem Fenster; so erzählte Hans Jochen Vogel,[10] er habe als Münchner Oberbürgermeister dem emigrierten Münchner Chef von Löwenbräu, Hermann Schülein, in dessen New Yorker Wohnung die Medaille „München leuchtete" übergeben. Dabei zeigte Schülein aus dem Fenster auf die zweitürmige Kirche am Central Park und sagte, er habe diese Wohnung gemietet, weil ihn das an München erinnere. Ein kompliziertes und sehr persönliches Heimatzitat, über dessen Implikationen sich trefflich diskutieren ließe: Schülein kehrte nicht zurück, da er das Land der Täter ablehnte. Er trennte davon aber die Heimatassoziation, für die die Frauentürme in München stehen. Und diese Heimat holte er sich in New York gewissermaßen durch das Fenster in die Wohnung: Er inszenierte den Blick auf Heimat in der Fremde.

Versatzstücke

Heimat steckt aber nicht nur im Architekturzitat. Viele Versatzstücke von Heimat finden sich in der Literatur, in Erinnerungen, in Briefen; sie dienen als Wegmarken der Selbstbeschreibung, der Rückversicherung, damit aber auch der Bestätigung von Differenz: Ich bin nicht, der ich war, aber es gibt Wege, das Gestern in das Heute zu holen. Der Historiker Friedrich Prinz dekliniert in seinen Erinnerungen an seine Jugend in Böhmen unter der Überschrift „Geruch der Erinnerung" solche Düfte durch:

---

[9] Zu den „rites de passage" vgl. van Gennep 1986: 83.
[10] Gespräch der Verfasserin mit Hans-Jochen Vogel.

Unsere Sinne schlagen auch Brücken in die Vergangenheit, öffnen deren Schatzkammern oder Verliese. Als Erinnerungen können sie Kräfte unserer Lebensgeschichte werden, ganz gleich, ob wir sie willentlich abrufen oder ob sie sich ohne unser Zutun wieder aufdrängen oder uns gar überwältigen (Prinz 1995: 10).

Die Erinnerung verknüpft Heimat eng mit der Kindheit; gerade bei den aus ihrer Heimat Vertriebenen sind diese Erinnerungsmomente daher oft mit großem Schmerz über das Verlorene verbunden. Heimat wird hier, wie von den Grinbergs beschrieben, zu einem Teil des migratorischen Prozesses des eigenen Lebens.

Heimat findet sich auch in einem bestimmten Himmel, in seinen Farben und Stimmungen: *„Sehnsucht nach dem grauen Himmel Bremens"*, so ist ein Erinnerungsbuch über emigrierte Bremer Juden betitelt (Marßolek 1996). Zu Heimat gehört das Klima, mit bayerischem Föhn oder nördlichem Meerwind, mit dem Wechsel der Jahreszeiten. Die Sehnsucht nach dem deutschen Winter begleitete viele Emigranten in Israel, Südamerika oder in Kalifornien. Das Klima war häufig ein zentraler Grund der Weiterwanderung aus Israel in andere Länder oder gar zurück nach Deutschland (Kliner-Fruck 1995: 168f.). Das Klima, so eine Interpretation, bestimmt noch viel stärker als der Raum über das auf Erfahrung gründete Wohlbefinden eines Menschen mit, ist dafür doch oft die Jugendprägung bestimmend.

Heimat verbindet sich oft auch mit einem bestimmten Essen – gerade die andere Küche machte und macht es manchem Migranten schwer, sich ein neues Land buchstäblich „einzuverleiben". Selbst bei ansonsten weitgehend angepassten Familien verrät dann meist das Weihnachtsessen die Herkunft – mit Bratwurst und Sauerkraut am Weihnachtsabend, Gans, Ente oder Truthahn am ersten Feiertag. Heimat verbindet sich aber auch mit Menschen – den Eltern, Mitschülern, Freunden, Lehrern, dem Kindermädchen, dem Ladenbesitzer, den Nachbarn. Und, eng verbunden mit den Menschen: mit der Sprache, dem besonderen Dialekt. Der Dialekt wird zu einem Träger von Informationen: Im Gegensatz zur nationalsozialistischen Besetzung im Umfeld von ‚Volk' und ‚Volksgemeinschaft' stehen der Dialekt und das Regionale in vielen Erinnerungen im Gegensatz zum Nationalen; so gelingt es, die engere Heimat auch gegen ein diktatorisches Regime gewissermaßen in Schutz zu nehmen und sie für sich in das neue Leben hinüber zu retten. Die deutsche Sprache war jedoch mehr als der Dialekt: Sie war auch d a s Ausdrucksmedium der Schriftsteller und Journalisten, sie war ihr Werkzeug und ihr Beruf. Die Sprache spielte daher eine zentrale Rolle für das Gefühl der Heimatferne. Hans Habe schrieb in seinen Erinnerungen:

> Ich sehne mich, wenn ich fern bin von Europa, nach ganz Europa: aber nach Deutschland sehne ich mich am meisten. Denn ich bin nirgends zu Hause als in der deutschen und österreichischen Landschaft [...]. Ich bin, schließlich und vor allem, ein deutscher Schriftsteller. Ich kann in keiner anderen Sprache denken, fühlen und schreiben. Der Klang keiner anderen Sprache ist mir Musik. Alle Saiten meiner Violine klingen deutsch. Deutsch schrieb ich die Liebesgedichte meiner Jugend ... Ich kann Reden halten in vier Sprachen, aber meine Liebe erklären kann ich nur deutsch. Wenn ich je gegen Deutschland schrieb, schrieb ich deutsch. [...] Und ich bete deutsch (Habe 1953: 478f.).

Fremde Heimat

Die Grenzüberschreitung auf dem Weg ins Exil war oft traumatisch verlaufen und Gedanken an die ehemalige Heimat oder gar Rückkehrüberlegungen weckten daher erneut alle damit verbundenen Ängste (Krauss / Will 2006). Oft war es gar nicht die deutsche Grenze gewesen; doch an irgendeiner der auf dem Weg ins Exil zu überschreitenden Grenzen war das Gefühl der „Liminalität", wie dies Victor Turner für Lebenspassagen nennt (Turner 1992), eingetreten: Der Grenzraum zwischen dem Verlassen der Heimat und der Ankunft an einem anderen Ort wurde als Übergangsraum erlebt, der das Alte vom Neuen trennte. Ein Zurück hinter diesen Grenzraum bedeutete, sich mit den dort gemachten Erfahrungen nochmals auseinanderzusetzen. Je stärker die Grenzüberschreitung zu einer Lebenspassage geworden war, so die These, desto deutlicher war der innere Abschied von der alten Heimat vollzogen, desto schwieriger wurde die Rückkehr: Das Exil hatte sich in eine Auswanderung verwandelt, die zwar nicht freiwillig begonnen, aber freiwillig beibehalten wurde.

Dies ist für das Thema Heimat insofern wichtig, als in diesem Fall die neue Heimat die alte immer mehr überlagerte: Es entstanden neue Lebensräume, Freundschaftsgeflechte, Sprachbezüge, die mit den alten nicht mehr viel zu tun hatten. Auch die Selbstbeschreibung des oder der Betroffenen wandelte sich: Aus einem Deutschen wurde ein Deutsch-Amerikaner oder ein Amerikaner. Wieweit es sich hierbei um Assimilation handelte, oder, im Sinne der Forschungen zu „hybriden Kulturen" (Bronfen / Marius / Steffen 1997), eine neue Mischform der Selbstdefinition entstand, muss im Einzelnen geklärt werden. Doch die Begriffe Akkulturation oder Integration greifen meist zu kurz, um die genannten Prozesse und vor allem die Ergebnisse zu beschreiben.

Der Weg zurück in die alte Heimat wurde für viele Emigranten zum Abenteuer: Sie waren vertrieben worden; eine Rückkehr schien lange Jahre unwahrscheinlicher als eine Reise in die Wüste. Auch die Begrüßung in dieser Heimat lud meist nicht zum Bleiben ein: Viele Daheimgebliebene begegneten den Rückkehrern mit Abwehr und Ablehnung (Krauss 1998). Einmal Emigrant, immer Emigrant. Die Heimat war nicht einfach wieder zu gewinnen. Das „Wir"-Gefühl von Rückkehrern galt auch meist nicht mehr den Deutschen; es galt den Freunden, der Familie, der Judenheit;[11] es galt oft auch den Amerikanern, mit denen gemeinsam sie Hitler besiegt hatten. Das konnten viele Dagebliebene nicht akzeptieren, die Emigranten und Remigranten wurden erneut als Vaterlandsverräter diffamiert.

Hans Habe ging zum zweiten Mal in die Emigration. Seine Mitemigrantin Erika Mann hatte für diese Konsequenzen viel übrig. Sie schrieb an Habe:

> Deine neue Emigration halte ich für richtig. Wäre ich jemals heimgekehrt – in irgendeinem Sinne –, ich hätte längst so gehandelt. Was freilich mich betrifft, so unterscheide ich mich von dir […] vor allem darin, daß ich Deutschland nie eigentlich geliebt habe. Roosevelts Amerika, das sich dann nur zu schnell als optische Täuschung herausstellte, glaubte ich zu lieben. Und England, bei all seinen offenbaren Schwächen, liebe ich wirklich. Aber sonst? Nicht, daß ich wüßte. Ich liebe eine Reihe von Menschen, keineswegs zuletzt euch beide. Das genügt mir.[12]

Habes Verhältnis zu den Deutschen, vielfach gebrochen und gestört, war dennoch das einer großen Liebe, vielleicht einer Hassliebe, sicher

---

[11] So Georg Stefan Troller in einem Gespräch mit der Verfasserin in der Israelitischen Kultusgemeinde am 25.04.2002.
[12] Monacensia. Literaturarchiv der Landeshauptstadt München, Nachlass Erika Mann, Erika Mann an Hans Habe, 23.12.1966.

einer lebenswichtigen Beziehung. Habe schrieb zur Frage von Rückkehr und Neuanfang:

> Weil Emigranten von gestern nirgends zu Hause sind ..., sind sie überall zu Hause, wer keine Heimat hat, dessen Heimat ist die Welt ..., der Emigrant von gestern ist nicht einmal mehr fremd in der Wüste oder im Dschungel ... Weil er nirgends zu Hause ist, kann er von nirgends vertrieben werden. Er reist mit leichtem Gepäck. Er hat kein Heimweh (Habe 1973: 425f.).

Resümee

Das Nachdenken über Heimat, so ist zu resümieren, entsteht vielfach aus der Spannung. Dies kann die Spannung sein, die entsteht, wenn sich die bekannte und vertraute Heimat durch Industrialisierung, Urbanisierung, Globalisierung verändert. So hängt der besondere Charakter eines Dorfes, einer Stadt, einer Landschaft daran, dass die historische Bausubstanz erhalten bleibt und gepflegt wird. Werden charakteristische Häuser abgerissen oder durch gedankenlose Modernisierung zerstört, lassen sich immer schwerer Brücken zwischen Vergangenheit und Gegenwart schlagen – wir verlieren mit dem Heimatgefühl die Geschichte und damit auch einen wichtigen Teil unserer eigenen Verortung in der Zeit. Kommt man nach Jahren in sein Heimatdorf und findet zentrale Häuser nicht mehr, löst das Erschrecken aus. Auf Dauer geschlossene Wirtshäuser, die einst Zentren des sozialen Lebens waren, verfallende Handwerkerhäuser, aufgelassene Bäckereien oder ohne Sinn und Verstand in Ensembles hineingesetzte Neubauten – all diese Zeichen eines großen Wandels oder eines langsamen Sterbens führen zu einem besonderen Gefühl des Heimatverlustes. Es verschwinden in Deutschland mehr als zwei Prozent der Bausubstanz pro Jahr, das sind in zehn Jahren zwanzig Prozent. Damit gehen wichtige Orientierungspunkte verloren und die Veränderung dessen, was in uns als „Heimat" lebt, lässt uns darüber nachdenken, was diese Heimat war.

Ein zweiter Spannungsbogen wölbt sich zum Thema Heimatverlust durch Migration. Das Verlassen der Heimat macht sie kostbar, macht sie zu einem Objekt des Nachdenkens, der Betrachtung und des „Heimwehs". Der Rückblick kann zu einem Diaspora-Denken führen:

Die verlassene Heimat wird zum verlorenen Paradies. Gerade der Blick auf die Heimat der Migranten und Migrantinnen zeigt, wie individuell und persönlich sie ist. Es gibt niemals „die" Heimat, sondern unterschiedlichste Heimaten. Die Verbindung zwischen diesen vielen Heimaten sind die Gefühle, Wünsche und Sehnsüchte derer, die über ihre eigene Heimat nachdenken.

Literaturverzeichnis

Ackermann, Andreas: Ethnologische Migrationsforschung im Überblick, in: kea 10, 1997, 1-28.
Anderson, Benedict: Imagined Communities. Reflections on the Origin and Spread of Nationalism. London / New York ²1991.
Applegate, Celia: Heimat and the Varieties of Regional History, in: Central European History 33, 2000, 109-116.
Assmann, Aleida: Zum Problem der Identität aus kulturwissenschaftlicher Sicht, in: Lindner, Rolf (Hg.): Die Wiederkehr des Regionalen. Über neue Formen kultureller Identität. Frankfurt am Main 1994, 13-35.
Bade, Klaus J.: Europa in Bewegung. Migration vom späten 18. Jahrhundert bis zur Gegenwart. München 2000.
Bade, Klaus J. (Hg.): Deutsche im Ausland – Fremde in Deutschland. Migration in Geschichte und Gegenwart. München 1993.
Balint, Michael: Angstlust und Regression. Stuttgart ⁴1994.
Bartels, Dietrich: Menschliche Territorialität und Aufgabe der Heimatkunde, in: Riedel, Wolfgang (Hg.): Heimatbewußtsein. Erfahrungen und Gedanken. Beiträge zur Theoriebildung. Husum 1981, 7-13.
Bauer, Markus / Rahn, Thomas (Hg.): Die Grenze. Begriff und Inszenierung. Berlin 1997.
Jeggle, Utz / Korff, Gottfried: Zur Entstehung des Zillertaler Regionalcharakters. Ein Beitrag zur Kulturökonomie, in: Zeitschrift für Volkskunde 70, 1974, 39-57.
Bausinger, Hermann: Heimat und Identität, in: Mitteilungen der Gesellschaft für Kieler Stadtgeschichte 67, 1980, 229-242.
Berger, Andrea / Hohnhorst, Martin von (Hg.): Heimat. Die Wiederentdeckung einer Utopie. Blieskastel 2004.
Boa, Elizabeth / Palfreyman, Rachel: Heimat – a German Dream. Regional Loyalties and National Identity in German Culture, 1890-1990. Oxford 2000.
Bommes, Michael / Morawska, Ewa (Hg.): Reflections on Migration Research. Berkeley 2000.
Bronfen, Elisabeth / Marius, Benjamin / Steffen, Therese (Hg.): Hybride Kulturen. Beiträge zur anglo-amerikanischen Multikulturalismusdebatte. Tübingen 1997.
Diner, Dan: Verkehrte Welten. Antiamerikanismus in Deutschland. Frankfurt am Main 1993.

Dornes, Martin: Risiko- und Schutzfaktoren für die Neurosenentstehung, in: Forum der Psychoanalyse 13, 1997, 119-138.
Engelhardt, Michael von: Lebensgeschichte und Gesellschaftsgeschichte. Biographieverläufe von Heimatvertriebenen. München 2001.
Fendl, Elisabeth (Hg.): Zur Ikonographie des Heimwehs. Erinnerungskultur von Heimatvertriebenen. Freiburg 2002.
Fendl, Elisabeth (Hg.): Das Gedächtnis der Orte. Sinnstiftung und Erinnerung. Freiburg 2006.
Gennep, Arnold van: Übergangsriten. Frankfurt am Main 1986 (Les rites de passage, 1909).
Gestrich, Andreas / Krauss, Marita (Hg.): Migration und Grenze. Stuttgart 1998.
Greverus, Ina Maria: Der territoriale Mensch. Ein literaturanthropologischer Versuch zum Heimatphänomen. Frankfurt am Main 1972.
Haarmann, Hermann (Hg.): Heimat, liebe Heimat. Exil und Innere Emigration (1933-1945). Berlin 2004.
Habe, Hans: Ich stelle mich. Meine Lebensgeschichte. München 1953.
Habe, Hans: Im Jahre Null. Ein Beitrag zur Geschichte der deutschen Presse. München 1966.
Habe, Hans: Erfahrungen. Freiburg i. Br. 1973.
Heimat Bayern – Identität mit Tradition und Zukunft, in: Politische Studien 54, Sonderheft 2, 2003.
Hoerder, Dirk: Cultures in Contact. World Migrations in the second Millennium. Durham 2002.
Hoerder, Dirk / Moch, Leslie Page (Hg.): European Migrants: Global and Local Perspectives. Boston 1996.
Klimt, Andrea: Transnationale Zugehörigkeit: Portugiesen in Hamburg, in: Eder, Angelika (Hg.): „Wir sind auch da!" Über das Leben von und mit Migranten in europäischen Großstädten. München / Hamburg 2003, 211- 232.
Kliner-Fruck, Martina: „Es ging ja ums Überleben." Jüdische Frauen zwischen Nazi-Deutschland, Emigration nach Palästina und ihrer Rückkehr. Frankfurt am Main 1995.
König, René: Grundformen der Gesellschaft: Die Gemeinde. Hamburg 1958.
Krauss, Marita: Projektion statt Erinnerung. Der Umgang mit Remigranten und die deutsche Gesellschaft nach 1945, in: Exil 18, 1998, 5-16.
Krauss, Marita / Will, Herbert: Innensichten. Grenzüberschreitungen bei Emigranten der NS-Zeit in interdisziplinärer Annäherung, in: Hecker, Hans (Hg.): Grenzen. Gesellschaftliche Konstitutionen und Transfigurationen. Essen 2006, 57-72.
Liptay, Fabienne (Hg.): Heimat. Suchbild und Suchbewegung. Remscheid 2005.
Lucassen, Jan / Lucassen, Leo (Hg.): Migration, Migration History, History: Old Paradigms and New Perspectives. Bern ^{3}2005.
Lüthke, Folkert: Psychologie der Auswanderung. Weinheim 1989.
Mahler, Margret S. / Pine, Fred / Bergmann, Anni: Die psychische Geburt des Menschen. Symbiose und Individuation. Frankfurt am Main 1980.
Marßolek, Inge (Hg.): „Sehnsucht nach dem grauen Himmel Bremens." Erinnerungen Bremer Juden an ihre Heimat. Bremen 1996.
Meyers Conversations-Lexikon. Ein Nachschlagewerk des allgemeinen Wissens, Bd. 8. Leipzig 1871.

O'Donnell, Krista Elizabeth: The Heimat abroad. The Boundaries of Germanness. Ann Arbor 2005.

Osterhammel, Jürgen: Transnationale Gesellschaftsgeschichte: Erweiterung oder Alternative?, in: Geschichte und Gesellschaft 27, 2001, 464-479.

Plieninger, Konrad: „...überströmenden Herzens von der Heimat künden". „Heimat" – schillerndes Leitbild im Wandel von Schule und Gesellschaft, in: Geschichte in Wissenschaft und Unterricht 46, 1995, 699-717.

Pries, Ludger (Hg.): Transnationale Migration. Baden-Baden 1997.

Prinz, Friedrich: Szenenwechsel. Eine Jugend in Böhmen und Bayern. München 1995.

Runblom, Harald (Hg.): Migrants and the Homeland. Images, Symbols, and Realities. Upsala 2000.

Saldern, Adelheid von: Überfremdungsängste. Gegen die Amerikanisierung der deutschen Kultur in den zwanziger Jahren, in: Lüdtke, Alf / Marßolek, Inge / Saldern, Adelheid von (Hg.): Amerikanisierung. Traum und Alptraum im Deutschland des 20. Jahrhunderts. Stuttgart 1996, 213-244.

Spranger, Eduard: Der Bildungswert der Heimatkunde. Stuttgart 1964 (Erstabdruck 1923).

Treinen, Heiner: Symbolische Ortsbezogenheit. Eine soziologische Untersuchung zum Heimatproblem, in: Kölner Zeitschrift für Soziologie und Sozialpsychologie 17, 1965, 5-73.

Turner, Victor: Variations on a Theme of Liminality, in: ders.: Blazing the Trail. Way Marks in the Exploration of Symbols. Tucson 1992, 48-65.

Vansant, Jacqueline: Reclaiming Heimat. Trauma and Mourning in Memoirs by Jewish Austrian Reémigrés. Detroit 2001.

Weber, Max: Wirtschaft und Gesellschaft. Tübingen ^{5}1972.

Weigand, Katharina (Hg.): Heimat. Konstanten und Wandel im 19./20. Jahrhundert. Vorstellungen und Wirklichkeiten. München 1997.

Wickham, Christopher: Constructing Heimat in Postwar Germany. Longing and Belonging. New York 1999.

Heimat bilden

Tomáš Kasper / Dana Kasperová

**Sudetendeutsche Heimatbildung –
ein geschlossenes Erziehungskonzept aus der Zwischenkriegszeit**

Thematisiert man die Heimatbildung und Erziehungskonzepte sowie die Geschlossenheit solcher Konzepte, sollten eingangs einzelne Begriffe kurz definiert und voneinander abgegrenzt werden. Dabei geht es um die Begriffe Bildung, Heimat, Erziehung und Geschlossenheit. Der erste Teil des folgenden Beitrages widmet sich dem Begriff der Bildung und der Heimat im bildungshistorischen Kontext, anschließend wird die Heimatbildung am Beispiel des Sudetenlandes der Zwischenkriegszeit analysiert. Im letzten Teil wird erläutert, warum die Geschlossenheit des hier thematisierten Bildungs- und Erziehungskonzeptes problematisch ist.

Die Bildung gehört zu einem Schlüsselbegriff der pädagogischen Diskussion. Wie man bei Benner im *Historischen Wörterbuch der Pädagogik* (Benner / Brüggen 1989) nachlesen kann, hat sich der Begriff in der deutschen pädagogischen Diskussion spätestens seit der Mitte des 18. Jahrhunderts durchgesetzt. Seit dieser Zeit bezeichnet der Begriff im alltäglichen wie im wissenschaftlichen Sprachgebrauch sowohl den Prozess der Formung des Menschen als auch die Bestimmung, das Ziel und den Zweck des menschlichen Daseins. Die Bildung bezieht sich also auf die Frage nach dem Ziel und Zweck menschlicher Selbst- und Fremdformung. Dabei betonen Benner und Brüggen, dass der Begriff der Bildung in europäischen Traditionen auch unterschiedlich interpretiert wird: teleologisch wie auch theologisch, empirisch und funktional, mit Verweis auf die individuelle und gesellschaftliche Freiheit menschlicher Selbstformung und -deutung. Die Betonung auf Ziel und Zweck menschlicher Selbst- und Fremdformung in der Bildungsdebatte erweist sich als relevant für Heimatbildung, die in der Zwischenkriegszeit im 20. Jahrhundert eine lebhafte Phase nicht nur in der multinationalen Tschechoslowakei, sondern auch in Deutschland und in Österreich erlebte.

Bleiben wir jedoch noch kurz bei der problematischen Kategorie der Heimat und ihrer Positionierung in der Erziehungsdebatte der betreffenden Zeit. Der Begriff der Heimat gehörte am Anfang der zwanziger

Jahre des 20. Jahrhunderts zu den etablierten Begriffen nicht nur in der Erziehungsdiskussion, so etwa wie heute der Begriff Europa. Europa ist in der gegenwärtigen pädagogischen Terminologie zu einem Schlagwort ersten Ranges geworden. Die Themen europäischer Erziehung und europäischer Bildung werden von den EU-Bildungsprogrammen vehement unterstützt. Im *Brockhaus* aus dem Jahre 2000 (Brockhaus 2000: 1228-1247) werden auf 19 Seiten genau 77 Stichworte zum Thema Europa erklärt. Beginnend von der Fläche, Vegetation, Tierwelt und Geschichte Europas über etwa Europabrücke, Europa der Regionen, Europaflagge, Europahymne, europäische Einigungsbewegung, europäischer Wirtschaftsraum etc. bis zu den Europaschulen. Der *Große Brockhaus* aus dem Jahre 1930 (Brockhaus 1930: 736-738) thematisierte dagegen Europa auf gerade einmal zwei Seiten. Zur Sprache kamen die Lage, Fläche, das Klima, die Geschichte, die Völker, die Staaten, die Rassen und die Religionen. Beim Adjektiv europäisch wurden nur europäische Cholera, europäisches Gleichgewicht, Mittelmeer und Nordmeer abgehandelt.

Was also an Gewicht und Intensität heute Europa bedeutet, dem entsprachen in den dreißiger Jahren die Begriffe der Heimat und des Volkes. Das Wort Heim bedeutete ursprünglich den Ort, wo man sich niederließ, und war emotional stark gefärbt. Heimat wurde einzeln oder kollektiv von Gruppen, Stämmen, Völkern oder Nationen als eine territoriale und kulturelle Einheit erlebt. Dieses Erlebnis bzw. Wahrnehmungsmuster bezog sich auf ein Gefühl enger Verbundenheit, das sich in der gemeinsamen Identität, Mentalität, den Weltauffassungen und den gemeinsamen Einstellungen der Gruppenmitglieder abspielte. Die Heimatbildung kann man in diesem Sinne als eine Selbst- und Fremdformung mit dem Ziel der Unterstützung der kollektiven Identität und Mentalität verstehen, die auf Heimatbildern und Heimatwerten basiert. Wie schon erwähnt, kann Heimat sowohl vom Volk als auch von der politischen Nation erlebt werden. Im Falle der sudetendeutschen Heimatbildung werden wir mit einem spezifischen Konzept konfrontiert, das sich hauptsächlich auf den so genannten „sudetendeutschen Stamm" bezog. Damit stand die Heimatbildung im krassen Gegensatz zum bürgerlichen Konzept der nationalen Erziehung, die sowohl von deutschen als auch tschechischen liberalen Kreisen propagiert wurde und vom tschechoslowakischen Staat im Gesetz über die staatsbürgerliche Erziehung aus dem Jahre 1921 ihre rechtliche Verankerung fand.

Das Konzept der Heimatbildung wurde gleich nach 1919 konstruiert und fand bald große Resonanz in breiten sudetendeutschen pädagogischen Fachkreisen. Es bezog sich nicht nur auf die Schulausbildung und auf die Jugenderziehung, sondern auch auf die Volkserziehung. Die sudetendeutsche Heimatbildung etablierte sich in vielen sudetendeutschen Korporationen und Vereinen, und ihr Konzept wurde in zahlreichen Periodika und Bücherreihen entwickelt. Die Heimatbildung sollte eng mit der Heimatforschung, mit der Heimaterkundung, mit dem Heimatschutz und der Heimatpflege verbunden sein.

Zu den repräsentativsten Quellen, die für die Heimatbildungsdiskussion in der Tschechoslowakei besonders charakteristisch sind, gehört die Zeitschrift *Heimatbildung* (erschienen von 1919 bis 1927), geleitet vom führenden Kopf der Heimatbildungsbewegung und Mitbegründer der Gesellschaft für deutsche Volksbildung in Reichenberg, Emil Lehmann (1880-1964). Für die vorliegende Untersuchung wurden jedoch noch weitere Materialien und Quellen herangezogen, vor allem die Schriften der sudetendeutschen konservativ orientierten Volkserzieher aus dem Kreise der so genannten Böhmerlandbewegung, wo neben Emil Lehmann auch der Professor für Germanistik an der Karlsuniversität Prag und später in München lehrende Erich Gierach, der Privatdozent für Erziehungswissenschaften Rudolf Lochner, aber auch zahlreiche Mittelschul- und Volksschullehrer aktiv waren.

Analysiert man die so genannte heimatbildnerische Diskussion, kann man feststellen, dass es sich bei diesem Konzept in keinem Fall um eine grundlegend neue Erziehungs- bzw. Bildungstheorie handelt. Vielmehr war diese Diskussion durch die neue politisch-gesellschaftliche Lage der Sudetendeutschen in der neu entstandenen Tschechoslowakei bedingt. Besser gesagt, die Prämissen der Heimatbildungsdiskussion wurden von den herrschenden Selbst- und Fremdwahrnehmungsbildern der betreffenden sudetendeutschen Erzieher und Ausbilder gekennzeichnet. Diese Konzeption wurde nicht in den damals herrschenden Pedozentrismus eingebaut, sie sollte nicht dem pädagogischen Individualismus dienen. Sie grenzte sich auch vom herrschenden pädagogischen Pragmatismus und Behaviorismus ab und lehnte die empirisch orientierten pädagogischen Forschungsmethoden ab. Vielmehr stützte sie sich auf die Paradigmen der organischen Volksgemeinschaft – des Volksgeistes – Begriffe, die aus der Erziehungsdiskussion des 19. Jahrhunderts transportiert wurden. Dies zeigt auch ein Zitat aus Lehmanns Buch *Sudetendeutsche Front* aus dem Jahre 1933, in dem er zu einer einheitlichen sudetendeutschen Front aufruft:

> Die Gemeinschaft ist uns nicht mehr lediglich eine Summe von einzelnen. Und der Einzelne gilt uns nicht mehr als der alleinige Träger der Wirklichkeit. Wir verlangen von der Gemeinschaft mehr, als daß sie nur in der Beziehung jedes Einzelnen zum Ganzen bestehe. Wir erkennen auch der Gemeinschaft den Charakter der Wirklichkeit zu und sehen von da aus in den Einzelwesen Ausgliederung des Ganzen. [...] Wir sehen jedenfalls, daß die mechanistische, atomistische Volks- und Staatsauffassung einer neuen weichen musste, die man gern organisch nennt. [...] Man könnte auch sagen, es sei keine neue Auffassung, welche die alte liberal-individualistische abgelöst hat, vielmehr war diese frühere Auffassung noch überhaupt kein Weg zur Erfassung des Gemeinschaftslebens (Lehmann 1933: 21).

Die sudetendeutsche Heimatbildungsdiskussion wurde vor allem von zwei Säulen getragen. Bei der ersten handelte es sich um die spezifische Rezeption der sozialen, kulturellen und politischen Situation der Sudetendeutschen in der Tschechoslowakei, die stark in Krisenbildern situiert wurde. Sudetendeutsche wurden als eine Schicksals- und Notgemeinschaft empfunden und instrumentalisiert. Die Gründung der Tschechoslowakei wurde als höchste Bedrohung des sudetendeutschen Stammes wahrgenommen und interpretiert. Die Tschechen wurden im heimatbildnerischen Konzept selbstverständlich als Gegner positioniert. Jedoch nicht nur sie, sondern auch die linksorientierten und international gesinnten Sudetendeutschen sowie die liberal orientierten sudetendeutschen Freiheitsdenker wurden, abgesehen von den deutsch-jüdischen Stimmen, als Verräter der Volkssache bezeichnet. Aus dieser Position heraus hatten diese Gruppen nämlich zur so genannten Zersplitterung der sudetendeutschen Volksgemeinschaft beigetragen und die Zielerreichung einer totalen sudetendeutschen Volksgemeinschaft und Volksvereinigung bedroht. Das zeigt sich in allen repräsentativen Äußerungen der Heimatbildner, wie etwa bei Lehmann im Jahre 1921:

> Da über uns alles zusammengestürzt war, mehr noch als den Brüdern im Reiche, wandten wir unsere ganze Herzens- und Liebeskraft dem letzten Gebiet

freier Bildungspflege, um von da aus alles zu erneuern. Mit dem Worte Heimatbildung begannen wir ein neues Bildungswerk, das in allgemeinmenschlicher Anknüpfung an die Heimaterde und die Heimatliebe alle Deutschen einen sollte (Lehmann 1921: 45).

Die Heimatbildner konstruierten eine überparteiliche Heimatgemeinschaft, eine harmonische Volkseinheit mit gemeinsamer, starker und sogar freudiger Volksgesinnung, wie es Josef Blau als wichtiger Vertreter der Heimatbildungsdiskussion im Jahre 1925 betonte:

Das wesentliche an der Staatskunde ist die Volkskunde, denn den Staat bilden Menschen, der Staat ist eine Menschen und keine bloße Berg- und Tal- und Wassergemeinschaft, eine Blutsgemeinschaft ist er! Er ist die Vereinigung der Menschen eines bestimmten Volkes oder Geistes zum Zwecke der Pflege der allgemeinen Wohlfahrt (Blau 1925: 125).

Die zweite Säule des analysierten Konzeptes bestand aus Rastern älterer erzieherischer Konzepte der so genannten völkischen Erziehung des 19. Jahrhunderts. Das völkische Gedankengut bildete den Grundstock der deutschnationalen Bewegung im letzten Drittel des 19. Jahrhunderts im alten Österreich. Im Begriff des Völkischen artikulierte sich die ‚Verdeutschung' des Wortes ‚National' im Sinne eines auf dem Rassengedanken begründeten und daher antisemitischen, aber auch antislawischen Nationalismus. Das Volk wurde demnach als Einheit der Menschen gleicher Abstammung, Kultur und Sprache aufgefasst, die auch die gleichstämmigen Auslandsvolksgruppen umfasste. Das Leben des Volkes sollte auf seinen Charakteristika basieren. Solche auf Blutsverwandtschaft und Geistesgemeinschaft beruhende ‚Arteigenheit' eines Volkes sollte sich in einem ganz bestimmten Volkstum – einem Begriff von Turnvater Friedrich Ludwig Jahn[1] –

---

[1] Friedrich Ludwig Jahn (1777-1852) studierte in den Jahren 1796 bis 1802 Theologie und Philologie in Halle, Göttingen und in Greifswald. Danach bereiste er verschiedene Regionen Deutschlands, um vor allem Sprachforschungen zu betreiben. 1810 wurde er Lehrer am Gymnasium und an der Lehreranstalt in Berlin. In den napoleonischen Kriegen konnte er sich mit der Situation Deutschlands nicht zufrieden geben und setzte sich für die Belebung des deutschen „volkstümlichen Geistes" ein. Das beste Mittel zur Wiederbelebung der „Volkskraft" fand er in der Turnkunst. 1811 eröffnete er den ersten Turnplatz und veröffentlichte 1810 die Schriften *Deutsches Volkstum* und 1816 *Deutsche Turnkunst*. 1835 folgten die *Denknisse eines Deutschen*. F. L. Jahn wollte das deutsche Volk nicht nur in der Deutschen Turnerschaft als Turnvater retten,

äußern. Das Volkstum – seine Erforschung und seine Implementierung in die Heimatbildungsinhalte und -strategien – wurde zum Leitmotiv der Heimatbildneraktivitäten, wie es treffend nochmals Emil Lehmann in seinen *Schriften über das Sudetendeutschtum* aus dem Jahre 1930 definierte:

> Die Heimatbildung hat dem Volkstum zu dienen, hat an seiner Erhaltung mitzuarbeiten. Deshalb konnte nicht die Einstellung auf den Staat, nicht eine staatsbürgerliche Erziehung, wie es die Volksbildungsgesetze wollten, die Richtschnur abgeben. Es mußte mehr das Volk selbst zum Zielbegriff der Volksbildung werden (Lehmann 1930: 5).

Wenn der völkische Gedanke im 19. Jahrhundert die Basis der so genannten nationalen Schutzarbeit bildete, wurde er in der Zwischenkriegszeit zum Grundstock der Heimatbildung, die wiederum das Instrument der sudetendeutschen Einheitsbewegung sein sollte. Die völkische Erziehung sollte im Konzept der Heimatbildung der staatsbürgerlichen übergeordnet sein, um der Gefahr zu entgehen, den organischen Volksgeist der so genannten kalten, mechanistischen, rationalisierten Idee der Nation im aufgeklärten Sinne zu opfern.

Man kann kurz zusammenfassen, dass die Heimatbildung ein verbreitetes und in konservativen sudetendeutschen erzieherischen Kreisen anerkanntes Erziehungskonzept war. Es sollte die Sudetendeutschen, die als bedrohte Schicksalsgemeinschaft empfunden wurden, retten. Dabei wollte sie keine neuen Identitätsmuster liefern, sondern vielmehr auf die älteren völkischen Konzepte zurückgreifen und sie verbreiten. Der so genannte zerschlissene sudetendeutsche Volkskörper sollte auf dem Weg zu einer totalen Einheit und Volksgemeinschaft gerade mit dem Mittel der Heimatbildung vereinigt werden.

---

sondern auch als Politiker, als er im Frühling 1848 in die Deutsche Nationalversammlung gewählt wurde.
Den Begriff Volkstum benutzte der Turnvater Friedrich Ludwig Jahn zum ersten Mal im Jahre 1810 in seiner Schrift *Deutsches Volkstum* sowie in seinen späteren Vorlesungen aus Berlin *Über das deutsche Volkstum* (1817/18). Das Volkstum definierte er als Summe von Lebensäußerungen eines Volkes, die durch gleiche rassische Zugehörigkeit und gleiche Geistesrichtung (was er als so genannte „Volkheit" bezeichnete) geprägt wurde. Das Volkstum habe seinen Ausdruck zumeist in Sprache, Sitten, Kunst, Politik gefunden und habe sich im Laufe der Geschichte entfaltet.

Abschließend soll kurz erläutert werden, warum das heimatbildnerische Konzept als geschlossen angesehen wird. Dabei wird auf die Methoden der allgemeinen Erziehungswissenschaft zurückgegriffen. Die systematische erziehungswissenschaftliche Analyse fragt nach bestimmten Zusammenhängen, die zwischen den Erziehungszielen, Erziehungsbedingungen (die innerer oder äußerer Art sein können), verschiedenen Erziehungsmitteln und schließlich auch den Prozessergebnissen entstehen können. Weil alle diese Kategorien von sehr individuellen Handlungssituationen bedingt werden, bildet die moderne Erziehungswissenschaft sehr offene Erziehungssysteme, die immer den individuellen, personellen und situationsbedingten Kontext berücksichtigen.

Die Heimatbildungskonzeption wurde dagegen apriorisch nur von den Zielen abgeleitet und ließ sowohl in der Reflexion als auch in der Handlung keinen freien Raum für die Dynamik des Systems. Sie ließ keine Kommunikationschancen für die Handlungsakteure, bestimmte ganz streng die Bildungs- und Kulturinhalte, versagte jede Diskussion über das Wahrnehmen und Interpretieren ihrer Erziehungsbedingungen. In einer solchen Situation war die Welt zwar klar lesbar, harmonisch, eindeutig und übersehbar, jedoch dogmatisch. Der Preis für ein solches Dogma war hoch.

Die deutsch-tschechisch-jüdische Kulturbegegnung musste als Verrat der Heimatsache abgestempelt werden, der innersudetendeutsche Dialog wurde als Schwächung des eigenes Volksstammes oder Volkskörpers denunziert. Nicht nur der tschechoslowakische Staat und die Staatsidee selbst, sondern auch jede nicht-völkische Staatsauffassung wurde in diesem Konzept abgelehnt. Wenn sich die tschechische und sudetendeutsche pädagogische Diskussion und die Erziehungs- und Ausbildungspraxis während der ganzen Zwischenkriegszeit in einem komplizierten Spannungsfeld zwischen Staat und Volksgruppe befanden, wie Wolfgang Mitter treffend charakterisierte (Mitter 1988), dann setzte die Heimatbildung auf die Vereinfachung der Realität in einem Bild, das die Geschlossenheit der Welt voraussetzte. Hans Lemberg machte am Beispiel des Prager Pädagogen des 19. Jahrhunderts Josef Heinrich ganz deutlich, dass alle Arten von geschlossenen Kommunikationsstrukturen, die die Welt polarisieren und nationale Barrikaden aufbauen, nur zur Katastrophe führen können, weil sie jeden Dialog, jede Würdigung und Achtung des Partners ausschließen (vgl. Lemberg 1988). Trotzdem oder gerade deshalb, so Lemberg, solle man sich die Mühe geben, die Haltungen und Phänomene zu untersuchen, die in der national geschlossenen Welt auf beiden Seiten die Offenheit, das gegenseitige Kennenlernen pflegten. Das gilt auch für die bildungshistorische bzw. erziehungswissenschaftliche Diskussion.

Literaturverzeichnis

Benner, Dietrich / Brüggen, Friedhelm: Bildsamkeit, Bildung, in: Oelkers, Jürgen / Benner, Dietrich (Hg.): Historisches Wörterbuch der Pädagogik. Weinheim 1989, 174-215.
Blau, Joseph (1925): Volksgemeinschaft, Volkskunde und Staat, in: Heimatbildung 6, 1925, 125.
Der Große Brockhaus. Leipzig 1930, 736-738.
Großer Brockhaus. Bd. 2. Leipzig / Mannheim 2000, 1228-1247.
Lehmann, Emil: Zur Heimatgemeinschaft, in: Heimatbildung 3, 1921, 45.
Lehmann, Emil: Schriften über das Sudetendeutschtum. Reichenberg 1930.
Lehmann, Emil: Sudetendeutsche Front. Reichenberg 1933.
Lemberg, Hans: Verräter oder Vorkämpfer der Verständigung? Der Prager Politiker und Pädagoge Josef Heinrich (1837-1908), in: Lemberg, Hans / Litsch, Karel / Plaschka, R. / Ránki, G. (Hg.): Bildungsgeschichte, Bevölkerungsgeschichte, Gesellschaftsgeschichte in den böhmischen Ländern und in Europa. Wien 1988, 307-323.
Mitter, Wolfgang: Das deutschsprachige Schulwesen in der CSR, in: Lemberg, Hans / Litsch, Karel / Plaschka, R. / Ránki, G. (Hg.): Bildungsgeschichte, Bevölkerungsgeschichte, Gesellschaftsgeschichte in den böhmischen Ländern und in Europa. Wien 1988, 82-94.

Natalia Donig

**Die Erfindung der „sowjetischen Heimat".
Zur Geschichte eines Ideologems**

Das bolschewistische Regime, das 1917 in Russland an die Macht kam, legte von Anfang an großen Wert auf die Sprache. Sie war nicht einfach nur Medium der Kommunikation, sondern vor allem auch ein zentrales Herrschaftsinstrument, das zur Sinnregulierung und Normdurchsetzung, Inklusion oder Exklusion eingesetzt werden konnte. Die russische Sprache, wie Stalin in seinem 1950 in der Parteizeitung *Pravda* erschienenen Artikel *Über den Marxismus in der Sprachwissenschaft* konstatierte, habe sich seit der Oktoberrevolution verändert. Ihr Wortbestand sei nicht nur beträchtlich erweitert worden, auch habe sich „der Sinn einer Reihe von Wörtern und Ausdrücken [verändert], die eine neue Bedeutung erhalten haben" (zitiert nach Stalin 1952: 6f). Hinter dieser Feststellung steht mehr als eine natürliche Sprachentwicklung; sie verweist auf eine wichtige Besonderheit der kommunistischen Mobilisierungsdiktatur, die darin besteht, dass sie eine eigene Sprache ausbildete, die von ganz neuen Sets an sprachlichen Codes geprägt war. Nicht nur Bedeutungsverschiebungen einzelner Begriffe fanden statt, sondern ganze Kommunikationsformen und -praktiken bildeten sich heraus, deren ritualisierter Charakter der Reduktion von Komplexität und Unsicherheit in der neuen sozialistischen Gesellschaft diente. Mit der gezielten Verwendung bestimmter Begriffe und der Tabuisierung anderer wurden die Grenzen des Denk- und Sagbaren in der Sowjetunion eng gezogen. Die strukturierte, zu Diskursen verdichtete Kommunikation generierte und stabilisierte Machtverhältnisse und trug in entscheidender Weise zur Disziplinierung der Gesellschaft bei.

Die Sprache der Heimat gehört zu diesem kommunistischen *Newspeak* und besteht, wenn man der Slawistin Irina Sandomirskaja folgt, aus „abgedroschenen, platten, billigen Allgemeinplätzen" und „klischeehaften Metaphern" (Sandomirskaja 2003: 396; dies. 2001: 8).[1] Eine solche Sicht ist natürlich unhistorisch, denn ihre Zeitgenos-

---

[1] Zum kommunistischen *Newspeak* vgl. auch Thom: 1989.

sen oder gar Produzenten mögen in der sowjetischen Heimatrhetorik über das Pathos hinaus Bedeutung und Sinn gefunden haben. Der Schlüssel zur sowjetischen Wirklichkeit liegt daher in einer Historisierung ihrer Sprache und somit auch in der Kontextualisierung ihrer diskursiven Praktiken. Der Blick in die Quellen zeigt deutlich, wie sorgfältig (Um)Deutungen sowjetischer Realität auf sprachlicher Ebene stattfanden und wie wichtig es nicht zuletzt erschien, auch das lange Zeit verfemte Heimatkonzept in Einklang mit den Grundsätzen des Marxismus-Leninismus zu bringen.

Der vorliegende Beitrag untersucht, welchen Sinn der Begriff „Heimat" in der Sowjetunion erlangte und wie das Reden von der „sowjetischen Heimat" zu einem der zentralen Themen des sowjetischen Herrschaftsdiskurses wurde. Das Heimatkonzept erwies sich als eine erfolgreiche Integrationsstrategie, die das riesige Vielvölkerreich Sowjetunion lange Zeit zusammenzuhalten und seine Bevölkerung bei Bedarf zu mobilisieren vermochte. Die Stabilität und Wirkmächtigkeit des Heimatdiskurses, der die siebzigjährige Sowjetgeschichte fast unverändert überstanden hat, lässt sich, so die These dieses Beitrags, aus der Macht der Gefühle erklären, die im Konzept der „sowjetischen Heimat" verankert waren und an die das Sowjetregime bewusst und zielgerichtet appellierte. Der Aufsatz versteht sich somit ebenso als einen Beitrag zur Propaganda- und Diskursgeschichte wie insbesondere zur *emotions history,* die in letzter Zeit zunehmend in den Blick der Historiker gerückt ist.[2]

Der russische Heimatbegriff *rodina* gehört ohne Zweifel zu denjenigen Vokabeln, die im Laufe weniger Jahre den von Stalin angesprochenen Bedeutungswandel erlebt haben. Aufgrund seiner Emotionalität, Entdifferenzierung und Allgegenwärtigkeit im sowjetischen Sprachgebrauch kann *rodina* als eine besonders erfolgreiche Vokabel des sowjetischen *Newspeak* gelten. Allerdings kam die große Stunde der „sowjetischen Heimat" nicht 1917, wie es die Bolschewiki rückblickend glauben machen wollten, sondern erst später, in der Mitte der dreißiger Jahre. Lange vor der Machtübernahme glaubten die Bol-

---

[2] Die Feststellung von Ute Frevert, dass eine Geschichtsschreibung Deutschlands im 20. Jahrhundert ohne Berücksichtigung der prägenden Kraft der Gefühle unzureichend bleiben wird (Frevert 2000: 105f.), gilt meines Erachtens ebenso für die Sowjetunion.

schewiki im Patriotismus und in der Heimatliebe Normen der bourgeoisen Gesellschaft zu erkennen und distanzierten sich entsprechend von beiden Konzepten.[3] Auch nach dem Oktoberumsturz und in den zwanziger Jahren hatte „Heimat" als Ideologem keine Existenz, es war ein diffuser, sogar verpönter Begriff. Heimatliebe und Patriotismus galten in dieser Zeit als „eine extrem reaktionäre Ideologie", die den Interessen der Bourgeoisie und ihren Eroberungszielen diene und das Klassenbewusstsein des Proletariats einschläfere, wie es in der sowjetischen „Enzyklopädie für Staat und Recht" noch 1927 hieß.[4] Grundlage dieser Sichtweise bildete eine Losung von Marx und Engels aus dem *Kommunistischen Manifest:* „Die Arbeiter haben kein Vaterland", die in Verbindung mit ihrem anderen berühmten Aufruf „Proletarier aller Länder vereinigt euch!" die Priorität des Internationalismus und der Weltrevolution für die Arbeiterbewegung festschrieb.[5] Ein Heimatkonzept im Sinne eines national-patriotischen Arbeiter- und Bauernstaates stand also im Widerspruch zur Lehre des Marxismus, auf dem das Gemeinwesen der Bolschewiki fußte.

Man kann daher von einer radikalen Wende seit spätestens 1934 sprechen, als im öffentlichen Diskurs der Sowjetunion nicht nur der verpönte Begriff „Heimat" auftauchte, sondern vor allem auch die Rede von einem „neuen, höheren Typ des Patriotismus" war. Wie kam es dazu, dass im bolschewistischen Russland der dreißiger Jahre eine Rückbesinnung auf Heimat erfolgte und wie ließ sich diese neue ideologische Ausrichtung mit der geltenden Lehre des Marxismus-Leninismus vereinbaren?

Die Ursachen für die Modifizierung des internationalistischen Kurses lagen nicht so sehr in der innenpolitischen Entwicklung der Sowjetunion begründet, als viel mehr in der als bedrohlich wahrgenommenen internationalen Situation. Es war vor allem die ernüchternde Erkenntnis, dass es in absehbarer Zeit keine anderen revolutionären Umbrüche in Europa geben würde, die zur Wiederentdeckung der „Heimatliebe" und Erhebung des Sowjetpatriotismus zu einer neuen Leit-

---

[3] Vgl. die Kritik an der antipatriotischen Haltung vieler Sozialisten bei Fenomenov 1917.
[4] Patriotizm, in: Ènciklopedija gosudarstva i prava, Bd. 3. Moskva 1927: 252-254, zitiert nach Oberländer 1967: 56.
[5] Marks / Èngel's 1970: 44 und 61. Vgl. dazu auch Oberländer 1967: 16.

idee führte. Die Erfindung der „sowjetischen Heimat" steht somit im direkten Zusammenhang mit der These vom „Aufbau des Sozialismus in einem Land", die zwar eine Abweichung von der Lehre Marx' darstellte, allgemein jedoch als eine „geniale" Erweiterung des Marxismus durch Lenin und Stalin anerkannt wurde. Die Möglichkeit des Aufbaus des Sozialismus in einem Land hatte Stalin bereits 1924 bekräftigt, doch erst zehn Jahre später erreichte die Propagierung der „sowjetischen Heimat" das Ausmaß einer breit angelegten Kampagne. Der Kurswechsel des Jahres 1934 wird in der Forschung darauf zurückgeführt, dass die sowjetische Führung, die sich nun durch die so genannte „kapitalistische Einkreisung" bedroht fühlte, zu diesem Zeitpunkt fest mit einem Krieg rechnete und die Sowjetbevölkerung deshalb auf die Verteidigung des Landes vorzubereiten suchte (Hoffmann 2003: 164; Oberländer 1990: 83; ders. 1967: 22f.). Das Motiv der Verteidigung der sozialistischen Heimat zieht sich wie ein roter Faden durch zahlreiche Publikationen von 1934 und der darauf folgenden Jahre (Hoffmann 2003: 165).[6] Das Bedürfnis nach Sicherheit und der Bereitschaft der sowjetischen Bevölkerung, die „sozialistischen Errungenschaften" zu verteidigen, wurde noch stärker, als das nationalsozialistische Regime in Deutschland immer mehr an Festigkeit gewann, zumal Hitler 1934 einen Nichtangriffspakt mit dem antisowjetisch gestimmten Polen schloss. Besonders dieses Ereignis dürfte Stalin zur Korrektur der bisher betriebenen Politik veranlasst haben (Oberländer 1967: 23; Golczewski / Pickhan 1998: 70). Die diskursiven Veränderungen sollten jedoch keinesfalls als eine willkürliche Entscheidung oder gar eine Abkehr vom Marxismus erscheinen, schöpften die Bolschewiki ihre Legitimität doch gerade daraus, dass sie sich auf die „wissenschaftliche Weltanschauung" und die marxistisch-leninistische Theorie berufen konnten.

Doch Marx und Engels lieferten in dieser Frage, wie oben gezeigt, keine passablen Ansätze für eine Legitimation. Auch Lenin war bis zu seinem Tod dem proletarischen Internationalismus treu geblieben und stellte die Interessen des Weltsozialismus über die nationalen (von Rauch 1951: 94). Er war überzeugt, dass die Überlebenschancen des

---

[6] Vgl. stellvertretend für viele in diesen Jahren erschienene Publikationen den programmatischen Artikel von Kujbyšev „Zaščita socialističeskoj rodiny" (1937).

ersten sozialistischen Staates unmittelbar mit dem Sieg der bevorstehenden proletarischen Revolutionen in anderen Ländern zusammenhingen und appellierte weniger an die patriotischen Emotionen denn an den internationalen Kampf des Proletariats. Nichtsdestotrotz erwiesen sich Lenins Schriften als durchaus brauchbar zur Rechtfertigung eines neuen Heimatbewusstseins und zur ideologischen Begründung des seit den dreißiger Jahren propagierten Sowjetpatriotismus. Dies gelang vor allem dadurch, dass man Lenins Zitate aus ihrem Entstehungskontext und Textzusammenhang herauslöste, um so den Beweis einer positiven Einstellung Lenins gegenüber dem Heimatkonzept zu erbringen.

Einer der ersten Texte, der die „scheinbaren" Widersprüche in der Lehre des Marxismus in der Frage des Verhältnisses des Proletariats zum Vaterland zu beseitigen suchte, erschien 1934 in der kommunistischen Kampfzeitschrift *Bol'ševik*. Es handelt sich dabei um den Artikel eines Ugarov *Über die sozialistische Heimat* (Ugarov 1934). Dieser argumentiert auf der Grundlage von Leninzitaten, dass das Verhältnis des Proletariats zum Vaterland vor der Diktatur des Proletariats ein völlig anderes sei als nach der Machterlangung. Da das Vaterland laut Lenin einen Klassencharakter aufweise, der durch die Klassenstruktur der Gesellschaft bestimmt werde, sei es nur konsequent, dass die Heimat der Arbeiter ihrem Klassencharakter nach sozialistisch sei (Ugarov 1934: 60). Deshalb könne das Proletariat gar kein anderes Vaterland haben als das sozialistische (Ugarov 1934: 66). Mit der einfachen Konstruktion, das „bourgeoise Vaterland" vom „sozialistischen" zu trennen, wird der Beweis für die Richtigkeit der Formel von Marx und Engels geführt. Diese trifft somit zu, weil sie sich nur auf das bürgerliche Vaterland bezieht: Die Arbeiter, so auch schon die *Pravda* im Sommer 1934, hätten in einer bürgerlichen Gesellschaft keine Heimat, weil die Bourgeoisie sie dieser beraube.[7] Erst mit der Ergreifung der politischen Macht bekomme die Arbeiterklasse ihre Heimat, ihr Vaterland (Ugarov 1934: 59). Auch der Sinn der unter den Sozialisten viel umstrittenen „Heimatliebe" und „Vaterlandsverteidigung" ändere sich in dieser neuen Situation grundlegend, führte Ugarov unter Bezug auf Lenins Schriften aus dem Jahr 1918 aus: „Wir

---

[7] O rodine, in: Pravda Nr. 216, 7. August 1934, zitiert nach Oberländer 1967: 60.

sind jetzt", schrieb damals Lenin, „seit dem 25. Oktober 1917, Vaterlandsverteidiger, wir sind seit diesem Tage für die Verteidigung des Vaterlandes". Der Krieg, den das Proletariat von nun an führen müsse, sei nach Lenin ein „Krieg für das sozialistische Vaterland" bzw. „für den Sozialismus als Vaterland" (Ugarov 1934: 59).[8]

Der Begriff „Vaterland" ist bei Lenin also eindeutig an die sozialistische Ordnung gebunden; ist „das sozialistische Vaterland in Gefahr", wie er 1918 in seinem berühmten Dekret anlässlich des deutschen Vormarsches ausrief,[9] heißt es, dass die bolschewistische Revolution in Gefahr ist, und diese muss selbstverständlich verteidigt werden. In der sowjetischen Propaganda wurde dabei gerne übersehen, dass Lenin klar zwischen dem Patriotismus einer großen Masse der Bevölkerung, dessen Kraft ihm wohl bewusst war, und jenem der kleinen Gruppe unterschied, die immer auf das Endziel – die Weltrevolution – hinarbeiten sollte (vgl. Oberländer 1967: 18).

So trug Lenin, obwohl er der patriotischen Gesinnung des Proletariats gegenüber seinen internationalen Aufgaben nie den Vorrang eingeräumt hatte, zur Rehabilitierung der Heimat bei.[10] Bereits in den dreißiger Jahren wurde er zum geistigen Vater des „sozialistischen Vaterlandes" stilisiert, später gar zum Schöpfer der „Heimat der Heimaten" *(rodina rodin)* erklärt – so der Bestandteil des Titels eines Buches von 1970, das Gedichte internationaler Dichter über Lenin versammelte (Sluckij 1970). Diese interessante Wortschöpfung drückt sowohl den Exklusivitätsanspruch wie auch die Vorreiterrolle aus, die der Sowjetunion im Zusammenhang mit der Idee des „sozialistischen Vaterlandes" zukam. In den dreißiger Jahren konnte mit Hilfe dieses Konstrukts der unerwartete Umstand, dass die Sowjetunion 1934 immer

---

[8] Deutsche Übersetzung von Lenins Aussagen zitiert nach Oberländer 1967: 60f. Genauso argumentiert Osipov 1941: 35f. Bemerkenswert ist, dass in den sechziger Jahren in der Sowjetunion eine Kollage aus Lenins Reden und Aufsätzen erschien, in denen er sich für „die Verteidigung des sozialistischen Vaterlandes" aussprach (Lenin 1968). Entsprechende Ausgaben wurden später auch in deutscher, englischer und anderen Sprachen herausgebracht.

[9] Socialističeskoe otečestvo v opasnosti!, in: Izvestija und Pravda vom 22. (9.) Februar 1918, zitiert nach Oberländer 1967: 55f.

[10] Die Behauptung, dass Lenin niemals die Begründung eines proletarischen Patriotismus im Sinn hatte, wurde inzwischen in Frage gestellt. Vgl. Golczewski / Pickhan 1998: 69.

noch als der einzige sozialistische Staat dastand, nicht als Versagen der marxistisch-leninistischen Ideologie, sondern als Einzigartigkeit der Sowjetunion herausgestellt werden. Sie wurde nun zur „einzigen sozialistischen Heimat der internationalen Arbeiterklasse" erhoben, zum „Vaterland des Weltproletariats", seiner „wahren Heimat" (Ugarov 1934: 66). Dieses Postulat erlaubte den sowjetischen Ideologen sogar den proletarischen Internationalismus mit dem sowjetischen Patriotismus und der Heimattreue zu versöhnen: Da die Sowjetunion die Interessen der Werktätigen der ganzen Welt verkörpere und repräsentiere, beinhalte auch der proletarische Internationalismus der neuen Epoche in erster Linie die Verteidigung der UdSSR (Kammari 1940: 32, 34). Widerstände gegen diese Auffassung wurden damit überwunden, dass den Kritikern ihre Rolle als Internationalisten und Sozialisten abgesprochen und sie zu Anhängern des Imperialismus erklärt wurden (Kammari 1940: 32).

Die (marxistisch) theoretische Verankerung des „sozialistischen Vaterlandes" beseitigte aber noch keineswegs die Probleme, die sich aus der Abstraktheit eines solchen Konstrukts ergaben. Schon der Autor unseres programmatischen *Bol'ševik*-Artikels bemühte sich darum, dem Gedankengebilde eine konkrete Gestalt zu verleihen: „Das sozialistische Vaterland hängt nicht in der Luft; es ist nicht etwa irgendeine abstrakte Idee oder ein abstraktes Prinzip. Das sozialistische Vaterland existiert in bestimmten staatlich-territorialen Grenzen" (Ugarov 1934: 64).

Trotz all der Leninexegese, die den Sowjetideologen auch in den fünfziger und sechziger Jahren immer noch neue Impulse für die theoretische Untermauerung des Vaterlandskonzepts zu bieten schien, sahen sie sich dennoch mit dem Problem konfrontiert zu beweisen, dass „Heimat im Sozialismus keine abstrakte soziologische Kategorie" ist (Kravcev 1965: 143).[11] Einer von ihnen – Kravcev – vertrat beispielsweise in seinem Buch die These, dass der Sozialismus selbst als gesellschaftliche Ordnung die Rolle des Vaterlandes übernehme (Kravcev 1965: 143). Obwohl dieser Gedanke an sich, wie wir an Lenins Zitaten gesehen haben, nicht neu ist, bemerkte der Autor dazu recht

---

[11] Vgl. aus der Vielzahl der sowjetpatriotischen Literatur z. B. auch Česnokov 1950; Matjuškin 1952; Fedoseev 1954; Gubanov 1960.

euphorisch: „Noch nie gab es in der Geschichte einen solchen Inhalt der Heimat und konnte ihn auch gar nicht geben. Noch nie gab es eine Gesellschaftsordnung, die in der Rolle des Vaterlandes auftritt" (Kravcev 1965: 149). Die Konsequenzen, die er aus dieser Beobachtung zieht, stellen eine Wiederholung der bekannten Propagandaparolen der vierziger und fünfziger Jahre dar: Daraus folgere nämlich, dass für alle Sowjetmenschen die „Liebe zur Heimat" in erster Linie „die Liebe zum Sozialismus" bedeute und dass sie sich deshalb ihre Heimat ohne den Sozialismus nicht vorstellen könnten (Kravcev 1965: 151).[12] Kravcev ist auch einer der wenigen Autoren, der um eine inhaltliche Differenzierung der Begriffe „Heimat" und „Vaterland" bemüht ist, die in der sowjetpatriotischen Propaganda oft nebeneinander bzw. synonym gebraucht wurden:

> Aus philosophischer, theoretischer Perspektive sind die Begriffe „Heimat" und „Vaterland" gleichbedeutend. Sie sind im Grunde ein und dasselbe. Beide dienen als Quelle des Patriotismus. Aber in der konkreten Ausprägung, im Alltag, in Nuancen hat jeder dieser Begriffe *seine Spezifika*, seine Besonderheiten. Zwischen diesen kann man Unterschiede finden. In einem konkreten, ganz bestimmten Sinn verhalten sich die Begriffe „Heimat" und „Vaterland" zueinander *wie Teil und Ganzes,* wie das Besondere und das Allgemeine, *wie allgemeine Wahrheit und ihre konkrete Ausprägung* (Kravcev 1965: 151f., Hervorhebung im Original).

Jeder, fährt der Autor fort, habe seine konkrete Heimat, „d. h. eine Stadt, ein Dorf, eine Straße, wo der Mensch geboren und aufgewachsen ist". Die „konkreten Heimaten" der „konkreten Menschen" seien diejenigen Bestandteile, aus denen der „große und mächtige Begriff des ‚Vaterlandes'" bestehe. Im Grunde unterscheiden sich „Heimat" und „Vaterland" alleine darin voneinander:

> Zwischen den Begriffen „sowjetische Heimat" [sovetskaja rodina], „sozialistisches Vaterland" [socialističeskoe otečestvo], „sowjetisches Heimatland" [sovetskaja otčizna] machen wir keinen Unterschied, denn sie sind identisch, drücken ein und dasselbe aus, haben einen und denselben Inhalt (Kravcev 1965: 152).

Allerdings darf der Versuch des Autors, den Sinn des Begriffs „Heimat" als den Geburtsort oder als ein für Menschen mit persönli-

---

[12] Ähnliche Formulierungen finden sich in: Vospityvat' sovetskich ljudej v duche kommunističeskoj morali. Peredovaja 1947: 4; Vyšinskij 1947: 29; Matjuškin 1952: 113.

chen Empfindungen, Erfahrungen oder Erinnerungen verbundenes Territorium zu bestimmen, nicht darüber hinwegtäuschen, dass es ihm dabei nur um die engste Bedeutung dieses Begriffs geht, um die so genannte „kleine Heimat" *(malaja rodina)*. Dagegen, betont er, sei mit den Begriffen „Heimat" und „Vaterland" das Land als Ganzes, vor allem aber seine Gesellschaftsordnung gemeint: „Gerade darin besteht *der soziale Sinn der Heimat*, derjenige erhabene Bedeutungsgehalt, der die Menschen leidenschaftlich zu heroischen Taten im Namen des Vaterlandes *[vo imja otečestva]* aufruft" (Kravcev 1965: 157, Hervorhebung im Original).

Im Gegensatz zur „kleinen Heimat" war die „große sowjetische Heimat" *(velikaja sovetskaja rodina)* natürlich mehr als ein geografisches Gebilde, das in den Grenzen der UdSSR existierte. „Sowjetische Heimat" umfasste ein ganzes symbolisches System mit seinen Ritualen, Praktiken, Diskursen, emotionalen Codes und ausgebauten Kontrollmechanismen. Für die sowjetische Bevölkerung stellte diese Heimat in der Tat kein abstraktes Produkt der geistigen Phantasie einiger Parteitheoretiker dar, denn sie lernte schnell, mit der „sowjetischen Heimat" ganz konkrete Symbole, Werte und Normen zu verbinden. Insofern war Heimat keine natürliche, dem Menschen angeborene Eigenschaft (Sandomirskaja 2003: 395), viel mehr implizierte sie eine geistige Haltung, eine besondere Bewusstseinslage, zu der vorzudringen die oberste Priorität eines jeden sowjetischen Menschen war. Nicht zuletzt stellte sie ein gemeinsames Referenzfeld bereit, das den Menschen in der Sowjetunion half, sich in der vom Regime neu errichteten symbolischen Ordnung zurechtzufinden.

Der öffentliche Heimatdiskurs, d. h. derjenige, der über die Selbstverständigung der politischen Eliten und der Diskursproduzenten selbst hinausging, formierte sich um einige zentrale Narrative. Diese waren, wie Irina Sandomirskaja herausgearbeitet hat, vor allem drei: die Liebe zur Heimat *(ljubov' k rodine)*, die Größe der Heimat *(veličie rodiny)* und die Pflicht gegenüber der Heimat *(dolg pered rodinoj)* (Sandomirskaja 2001: 53-114). Diese allgemeine Gültigkeit beanspruchenden Deutungen der sowjetischen Wirklichkeit etablierten sich in der sowjetischen Gesellschaft als feste Kategorien, die das Denken der sowjetischen Menschen strukturierten und ihren Alltag und ihre Lebenswelten dominierten. Die Liebe zur Heimat, die Anerkennung ihrer

Größe und das Pflichtbewusstsein gegenüber der Heimat wurden zu den höchsten Werten des Neuen Menschen hochstilisiert. Seit den dreißiger Jahren drang die Heimatrhetorik in alle Bereiche des gesellschaftlichen Lebens des Landes ein, sei es die Schule, der Arbeitsplatz, die Literatur und Kunst, die Tageszeitung oder das Kinderbuch. Es war, was Malte Rolf als die „innere Sowjetisierung" bezeichnet hat (Rolf 2006: 263), – ein Prozess der Durchsetzung eines für das ganze sowjetische Imperium verbindlichen Kanons an Verhaltensregeln, Deutungsmustern, kulturellen Praktiken und nicht zuletzt auch emotionalen Normen. Die aktive „Umgestaltung des Bewusstseins der Menschen im Geiste des Sozialismus", die Ždanov von sowjetischen Schriftstellern auf ihrem ersten Kongress 1934 forderte,[13] war nicht das einzige Ziel des stalinistischen Regimes. Mit dem Projekt „sowjetische Heimat" strebte der Parteistaat mehr als nur die Einwirkung auf das Bewusstsein seiner Untertanen an, er hatte auch die gezielte Einflussnahme auf deren Gefühlshaushalte im Sinn. Der allumfassende Charakter des anvisierten Umerziehungsprozesses der Bevölkerung verlangte ebenfalls eine adäquate, Totalität beanspruchende Begrifflichkeit, was die gängige ideologische Terminologie nicht länger zu leisten vermochte. Die Propagierung einer neuen Ordnung und Lebensweise erhielt nun die Bezeichnung „sowjetisch", womit ein universales Wort geschaffen wurde, mit dem Dinge, Ideen und Ideale ebenso bezeichnet wie bestimmte Verhaltensweisen gerechtfertigt oder verurteilt werden konnten (Rolf 2006: 265).

Das Jahr 1934 ist für die Etablierung eines spezifisch „sowjetischen" Heimatverständnisses und -gefühls in zweifacher Hinsicht bedeutend. In diesem Jahr verabschiedete das Zentrale Exekutivkomitee der UdSSR einen Beschluss, der die Verordnung über die Staatsverbrechen um den Paragraphen „Heimatverrat" *(izmena rodine)* ergänzte. Der Verrat an der Heimat wurde nach diesem Gesetz aufs Schärfste – mit Erschießen und Einzug allen Eigentums – bestraft.[14] Das auf diese Weise mit einer gesetzlichen Grundlage untermauerte Ziel der Vertei-

---

[13] Reč' sekretarja CK VKP(b) A.A. Ždanova, in: Pervyj Vsesojuznyj s-ezd sovetskich pisatelej 1934. Stenografičeskij otčet. Moskva 1934 (reprint 1990), 2-5, hier: 5.

[14] Za rodinu! in: Pravda 157, 9. Juni 1934, zitiert nach Oberländer 1967: 59; Mehnert 1953: 11.

digung der Heimat ging so nahtlos in den Terror über. Indem das stalinistische Regime die Kategorie des „Heimatverräters" *(izmennik rodiny)* kreierte, schuf es sich zugleich ein willkürliches Instrument der Repression, das der wahllosen Ausschaltung verbliebener Opposition im Land dienen konnte.[15] Damit „alle wissen, [...] welche Vergeltung jeden erwartet, der [...] seine Heimat verrät", sollten „Heimatverräter" während des Krieges öffentlich erhängt werden,[16] wodurch der Begriff von einem Repressionsinstrument der politischen Säuberung zu einem Mittel umfunktionalisiert wurde, um ein Mindestmaß an sozialer Kohäsion angesichts der Grenzerfahrungen des Krieges zu erzwingen. In der Nachkriegszeit verlor sich der mit dem Begriff des Heimatverrates verbundene physische Terror. An seine Stelle trat ein System ausdifferenzierter sozialer Benachteiligung der so Stigmatisierten.[17] Die Dehnbarkeit des Begriffs ließ viel Spielraum für den Kampf mit den „Feinden der sozialistischen Heimat", während seine emotionale Färbung die gesellschaftliche Akzeptanz erhöhte und eine uneingeschränkte Geltung beanspruchte. Der universal einsetzbare Bezug auf „sowjetische Heimat" wie auf andere diskursive Konstruktionen machte also den Rechtsstaat überflüssig.

Zum anderen wurde gleichfalls 1934 für besondere Verdienste um die Heimat der Titel „Held der Sowjetunion" eingeführt und erstmalig verliehen (Oberländer 1967: 15). Den „Heimatverrätern" standen nun als Gegenentwurf die „Helden der Sowjetunion" als „wahre Patrioten ihrer Heimat" gegenüber. Als geeigneter Anlass für die erstmalige

---

[15] Vgl. z. B. die Hasstiraden gegen die Trotzkisten und Bucharinzen bei Kujbyšev 1937: 53 und Vyšinskij 1947: 27 oder Judina 1938: 44, die davon spricht, wie „verfluchte Feinde" und „Heimatverräter" den großen Gor'kij getötet hätten.

[16] Ukaz Prezidiuma Verchovnogo Soveta SSSR „O merach nakazanija dlja nemecko-fašistskich zlodeev, vinovnych v ubijstvach i istjazanijach sovetskogo graždanskogo naselenija i plennych krasnoarmejcev, dlja špionov, izmennikov rodiny iz čisla sovetskich graždan i dlja ich posobnikov", 19. April 1943, in: RGANI, f. 89, per. 73, dok. 163, l. 3-5, hier l. 5.

[17] Vgl. dazu z. B. das Schreiben des Ministeriums für Staatssicherheit (MGB) und das Projekt des Beschlusses des Ministerrates vom März 1952, das Aberkennung der Renten für Verwandte der „Heimatverräter" vorsah, die nicht aus dem Ausland zurückgekehrt seien: „O lišenii pensij rodstvennikov, izmennikov rodiny, ne vozvrativšichsja iz-za granicy", in: RGANI, f. 89, per. 18, dok. 16, l. 1-2.

Verleihung dieser höchsten Auszeichnung erschien die Rettung der Besatzung des in der Arktis verunglückten Dampfers „Čeljuskin" durch sowjetische Flieger. Die Crew und die Mitglieder der Polarexpedition konnten sich, nachdem das Schiff vom Eis zermalmt wurde und sank, auf eine treibende Eisscholle retten und dort zwei Monate lang den harten Klimabedingungen trotzen. Das ganze Land verfolgte mit angehaltenem Atem das Schicksal der Polarforscher und deren heldenhafte Rettung. Nur die „grenzenlose Liebe und Treue zu ihrer Heimat", hieß es in der sowjetischen Presse, habe sie in diesem Kampf zu stärken vermocht.[18] Die Flieger hätten in diesen Tagen unter großem Risiko für ihr eigenes Leben mehr als hundert Menschen gerettet und damit ihre Pflicht gegenüber der Heimat erfüllt, weil für sie „Ehre und Ruhm, Macht und Wohlergehen der Sowjetunion das höchste Gesetz des Lebens sind", schrieb *Pravda* nach der erfolgreich abgeschlossenen Evakuierung.[19] Die Rettung der „Čeljuskin"-Besatzung war ein Schlüsselereignis von nationaler wie internationaler Bedeutung, das dem sowjetischen Flugwesen Anerkennung und seinen Fliegern Bewunderung der ganzen Welt entgegen brachte.[20] Die Erfolge der sowjetischen Flieger in der Arktis lösten in der Bevölkerung verschiedene, zum Teil kollektiv empfundene Gefühle aus – Freude, Erleichterung, Stolz, Enthusiasmus. Sie stifteten ein Zusammengehörigkeitsgefühl, drückten symbolisch die Leistungsfähigkeit eines Volkes aus, und der Heroismus der Schiffbrüchigen und ihrer Retter erschien vielen nachahmungswürdig. Der enorme emotionale Aufschwung, der Millionen von Sowjetmenschen erfasste, wurde medial breit inszeniert und letztendlich als „Triumph der Sowjetuni-

---

[18] Za rodinu!, zitiert nach Oberländer 1967: 58.
[19] Ebd., vgl. auch Mehnert 1953: 12.
[20] Einen Eindruck davon mag das noch im selben Jahr erschienene Buch „Tscheljuskin. Ein Land rettet seine Söhne" vermitteln, auch wenn das Material natürlich in propagandistischer Absicht zusammengestellt wurde (Tretjakow 1934). So äußerte sich unter anderen der französische Flieger Marcel Doré tief bewegt über die gelungene Rettungsaktion: „Die Menschheit hat selten den Ausdruck solcher Gefühle gesehen. [...] Dank der Aviatik hat sich die Tragödie der Tscheljuskinmannschaft nicht in eine Katastrophe verwandelt, die unvermeidlich schien. Das große Vorbild der Menschlichkeit, das die aufopferungsbereiten Sowjetflieger gezeigt haben, ist der größten Bewunderung wert" (zitiert nach Tretjakow 1934: 194).

on",[21] als Sieg des Sozialismus gefeiert. Die Partei gab dabei ein klares, nicht zu hinterfragtes Interpretationsangebot dieser Ereignisse vor: Die Rettung war „nur in einer Gesellschaftsordnung [möglich], in der der Mensch nicht den Profitinteressen geopfert wird. Und sie war nur möglich unter der Führung und dank der Kraft und Entschlossenheit der Partei, die die Errichtung dieser Gesellschaftsordnung leitet" (Tretjakow 1934: 211).

Vier Jahre später 1938 bewegte das Land ein anderes Ereignis, das ähnlich wie die Rettung der Čeljuskinzen die heroischen Seiten der sowjetischen Geschichte schrieb. Diesmal mussten drei sowjetische Fliegerinnen gerettet werden, die einen Non-Stop-Flug von Moskau in den Fernen Osten unternommen und dabei einen neuen Weltrekord im Langstreckenflug der Frauen aufgestellt hatten. Sie landeten mitten in der sibirischen Taiga, in einem unbewohnten, schwer zugänglichen Gebiet und mussten dort zehn Tage auf ihre Rettung warten. Auf dem Rumpf ihrer Maschine stand das Wort *Rodina* (Heimat) geschrieben. Dieses Wort, fasste eine speziell diesem Ereignis gewidmete Publikation zusammen, die in Übersetzung auch im Ausland verbreitet wurde, drücke am besten die Gefühle und Gedanken der heroischen sowjetischen Frauen aus, die identisch mit den Gedanken aller sowjetischen Menschen seien (Brontman / Khvat 1938: 106). Vor dem Start schrieben die Fliegerinnen einen Brief an Stalin, in dem sie ihre Gefühle und Motive für das bevorstehende Unternehmen darlegten. Sie begännen ihren weiten Flug, hieß es dort, um „vor der ganzen Welt die Entschlossenheit der sowjetischen Frauen" und „ihre Liebe zur Heimat zu demonstrieren" (Malinina 1950: 90; Brontman / Khvat 1938: 38). Auch die drei Frauen erhielten den Titel „Held der Sowjetunion".

Viele Jahre später, als Valentina Tereškova die erste Astronautin der Welt wurde, soll sie auf die Frage, was sie dazu bewegt hat, ins Weltall zu fliegen, geantwortet haben: „Die Liebe zur Heimat" (Kravcev 1965: 144).

Die Reihe der Heldentaten sowjetischer Frauen und Männer, die „von der Liebe zur Heimat beseelt" seien und Beispiele des Heroismus vollbringen, kann man endlos lang fortsetzen. Sie sind ein un-

---

[21] So soll Herbert Wells wörtlich gesagt haben: „Die Rettung der Tscheljuskinbesatzung ist ein Triumph der Sowjetunion, errungen im Namen der Zivilisation" (Tretjakow 1934: 195).

trennbarer Teil der sowjetischen Propaganda- und Erziehungsmaschinerie und eine Quelle der normierten Emotionalität. Die Neuentdeckung des Heimatkonzepts in den dreißiger Jahren war seinem hohen Integrations- und Mobilisierungspotential geschuldet, denn das Regime erkannte darin schnell ein willkommenes Instrument, um sich politisch zu legitimieren.

Die Appelle an die Treue zur „sowjetischen Heimat", an den Stolz auf ihre glorreiche Vergangenheit und Gegenwart sowie an die Schuld, in der jeder sowjetische Bürger gegenüber seiner Heimat für alles, was sie ihm gegeben habe, stehe, wurden in der stalinistischen Sowjetunion politisch instrumentalisiert, missbraucht und gingen weit über die Bemühungen, die Kriegsbereitschaft der Bevölkerung zu erhöhen, hinaus. Die Formierung eines emotional geladenen Heimatdiskurses trug entscheidend zur Stabilität der sowjetischen Ordnung und speziell zur Sicherung der persönlichen Machtposition Stalins bei. Die Opfer, die die Sowjetbevölkerung für den „sozialistischen Aufbau" erbringen musste und die Verbrechen, die Stalin und seine Umgebung für „das Wohl des Sowjetvolkes" begingen – all das geschah von dem Moment an „im Namen der Heimat" *(vo imja rodiny)*. Die Beschwörung der Heimat wurde zu einem neuen Legitimationsritual der stalinistischen Diktatur, das an die vorhandenen national-patriotischen Gefühle der Bevölkerung appellierte. Die stalinistische Emotionspolitik basierte auf der Überzeugung der emotionalen Steuerbarkeit der Massen (Klimó / Rolf 2006: 17) und darauf, dass die Mobilisierung der Menschen – zu Höchstleistungen bei der Arbeit oder zur Opferbereitschaft im Krieg – mehr Erfolg versprach, wenn diese positive Gefühle für das Regime und die bestehende Ordnung empfanden. Durch die Manipulation der Heimatgefühle der Bevölkerung erhoffte sich Stalin die dafür erforderliche gemeinsame emotionale Basis zu schaffen, die zugleich eine enge Bindung an seine Person stiften sollte. Auf dem Höhepunkt des Großen Terrors entstand die neue sowjetische „Dreieinigkeit" aus „Heimat, Stalin und Partei" (vgl. Oberländer 1967: 27), aus Liebe zu der „das sowjetische Volk zu Heldentaten und Heroismus" beflügelt werde.[22] Die Konstruktion der gesellschaftlichen und

---

[22] Velikaja družba narodov SSSR, in: Bol'ševik 13, 1938, 3-7, zitiert nach Oberländer 1967: 69, s. dazu auch ders. 1990: 84.

politischen Einheit ging mit einer zunehmend familiär gewordenen Rhetorik einher, die Stalin mittlerweile als „Vater" (Ennker 1998: 179) oder gar – als Steigerung davon – „Vater der Nationen" *(otec narodov)* titulierte und welche die Sowjetunion als eine große Familie der in Freundschaft lebenden Völker erscheinen ließ (Brooks 2000: 69; Hoffmann 2003: 158, 169). Auch die Losung, mit der die Rote Armee 1941 in den Großen Vaterländischen Krieg zog, hatte dasselbe paternalistische Bild inne: „Für die Heimat, für Stalin!" *(„Za rodinu, za Stalina!"),*[23] suggerierte unmissverständlich die sich auf eine gewisse Tradition stützende Vorstellung von der Heimat als „Mutter" und nun auch von Stalin als „Vater". Dennoch war dieser Kampfschrei der Soldaten, wie viele andere Bausteine der „sowjetischen Heimat" auch, nichts weitere als eine Legende, ein Produkt der sowjetischen Propaganda, das über die militärische Presse verbreitet wurde (Bykov 2000: 71).

Die „sowjetische Heimat" ist somit eine der größten Erfindungen der stalinistischen Diktatur. Während das Land von einem dichten Netz aus Konzentrations- und Arbeitslagern überzogen wurde, in denen Tausende von Menschen verschwanden, schrieben Lebedev-Kumač und Isaak Dunaevskij 1936 „Das Lied von der Heimat", das zur inoffiziellen Hymne der Sowjetunion wurde (Stadelmann 2003: 160) und in dem sie die Weiten des Heimatlandes priesen, „wo der Mensch so frei atmet" *(gde tak vol'no dyšit čelovek)*. Als 1937 die stalinistischen Säuberungen das Land in Angst und Unsicherheit versetzten, dichtete Lebedev-Kumač die heiteren Zeilen: „Wie froh *(veselo)* ist mir zu Mute, Bürger, in meinem großen Land: ich singe meine Lieder jedem, und jeder antwortet mir". Er, „der Sohn der großen Heimat" und „Sänger der fröhlichen Tage", fühle sich glücklich und stark.[24] Es ist kein Zufall, dass der Dichter Lebedev-Kumač wie viele andere Vertreter seiner Zunft ausgerechnet in den Jahren des stalinistischen Terrors mit solch großem Enthusiasmus schrieb. Die sowjetischen Schriftsteller, denen die Aufgabe auferlegt worden war, „Ingenieure der menschlichen Seele" zu sein, erfüllten den politischen Willen der stalinisti-

---

[23] Za rodinu, za Stalina! (1941).
[24] Lebedev-Kumač (1937). In Wortlaut: „Kak veselo mne, graždane, v moej bol'šoj strane, Poju ja pesni každomu, I každyj vtorit mne" und „Ja – syn velikoj rodiny, Pevec veselych dnej, I net menja sčastlivee, I net menja sil'nej!".

schen Eliten ganz im Sinne des sozialistischen Realismus, der von ihnen eine „wahre" und „positive" Darstellung der sowjetischen Wirklichkeit verlangte. Sie setzten also auch die emotionale Doktrin dieser Zeit in die Tat um, die in den berühmten Worten Stalins „Das Leben wurde besser, Genossen, das Leben wurde lustiger!" *(Žit' stalo lučše, tovarišči, žit' stalo veselej!)* ihren programmatischen Ausdruck fand.

Dass die Schriftsteller den neu eingeführten Heimatdiskurs schnell internalisierten und zu reproduzieren bereit waren, deutete bereits der erste Allunionskongress der sowjetischen Schriftsteller an, der nur zwei Monate nach der großen Inszenierung des Empfangs der Čeljuskin-Helden auf dem Roten Platz in Moskau stattfand, auf dem die tiefe Verbundenheit der Piloten und der Schiffsmannschaft mit der sowjetischen Heimat zum zentralen Erklärungsmuster für ihre hohe Leistung erhoben wurde. Der Schriftstellerkongress demonstrierte die bereits vollzogene Durchsetzung der gültigen Deutungen, als Vertreter der nationalen Literaturen sich wiederholt zur Liebe und Treue gegenüber ihrer gemeinsamen sowjetischen Heimat bekannten. Der Vortrag von M. Klimkovič über die weißrussische Literatur beispielsweise stellte die sich abzeichnende Tendenz im Schaffen der weißrussischen Schriftsteller heraus, ein „proletarisches Verständnis der Heimat" adaptiert zu haben.[25] Auch die jüdischen sowjetischen Schriftsteller, in deren Werken das Thema „Heimat" schon immer eine große Rolle gespielt habe, hätten endlich begriffen, dass ihre Heimat nicht Palästina, sondern die Sowjetunion sei, der sie von nun an ihre Feder und all ihre Kräfte widmeten.[26]

Die 1934 erfolgten Weichenstellungen für die sinnstiftende Rolle der Schriftsteller in der Kommunikation eines „richtigen" Heimatbildes und der Repräsentation der „richtigen", mit dem sozialistischen Aufbau korrespondierenden Gefühle erlangten erneute Bedeutung in den vierziger Jahren, als die „Ždanov-Erlasse" über Literatur und Kunst vehement die Schaffung wahrhaft „sowjetischer" Werke einforderten. Die Zeitschriften *Zvezda* und *Leningrad*, gegen die sich der erste der Parteibeschlüsse richtete, hätten schwere Fehler begangen, indem sie „ideenlose" und „dekadente" Werke von Achmatova und Zoščenko

---

[25] Pervyj Vsesojuznyj s-ezd sovetskich pisatelej 1934. Stenografičeskij otčet. Moskva 1934 (reprint 1990): 54.
[26] Ebd.: 167.

Die Erfindung der „sowjetischen Heimat" 77

veröffentlichten sowie solche, die von Schwermut *(toska),* Pessimismus und Enttäuschung am Leben durchdrungen seien.[27] Das Repertoire der sowjetischen Theater, so der zweite Erlass, zeige eine Dominanz der Werke bourgeoiser Autoren auf den Bühnen und vernachlässige damit sträflich die Darstellung der sowjetischen Wirklichkeit und des Lebens der sowjetischen Menschen. Der Beschluss formulierte deutlich die Erwartungen, die das spätstalinistische Regime mit den Vertretern der Literatur und Kunst verband:

> Unsere Dramaturgen und Regisseure sind dazu aufgerufen, sich aktiv an der Erziehung der sowjetischen Menschen zu beteiligen, ihren hohen kulturellen Ansprüchen zu genügen, die sowjetische Jugend so zu erziehen, dass sie munter, lebensfroh, treu zu ihrer Heimat ist und an den Sieg unserer Sache glaubt [...].[28]

Zwei Jahre später erreichte die Kampagne gegen die so genannte „formalistische Richtung" schließlich die Musik, wobei auch Komponisten wie Šostakovič und Prokof'ev erneut angegriffen wurden. Ein anderes Opfer dieser Kampagne wurde die Oper von Muradeli „Die große Freundschaft". Seine Musik wurde als dissonant, atonal, unharmonisch, dem sowjetischen Volk völlig fremd und feindlich diffamiert. Der Komponist habe den Reichtum der Volksmelodien und -motive nicht genutzt und im Zuge einer falschen „Originalität" die besten Traditionen der russischen klassischen Oper vernachlässigt.[29] Der Kampf gegen die „formalistischen Auswüchse" und die „antidemokratischen Tendenzen in der Musik", den die Partei in diesen Jahren wieder aufnahm, zielte dabei nicht nur auf die Gleichschaltung der kulturellen Varianz und ihre Unterordnung unter den Kanon des sozialistischen Realismus ab, sondern zugleich auch auf die Homogenisierung des ästhetischen Empfindens der Menschen. Die suggestive Sprache der Parteibeschlüsse und anderer Publikationen in den zentralen Zeitschriften und Zeitungen des Landes in den späten vierziger

---

[27] Postanovlenie Orgbjuro CK VKP(b) o žurnalach „Zvezda" i „Leningrad", 14 avgusta 1946 g., in: Artizov / Naumov 2002: 587-591, hier: 588.

[28] Postanovlenie Orgbjuro CK VKP(b) „O repertuare dramatičeskich teatrov i merach po ego ulučšeniju", 26 avgusta 1946 g., in: Artizov / Naumov 2002: 591-596, hier: 594.

[29] Postanovlenie Politbjuro CK VKP(b) „Ob opere „Velikaja družba" V. Muradeli", 10 fevralja 1948 g., in: Artizov / Naumov 2002: 630-634, hier: 630.

Jahren, die den Rezipienten der Kunst vorgab, wie sie zu fühlen, was sie zu mögen und was sie (nicht) zu verstehen hatten, trug auf ihre Weise zur Formierung einer einheitlichen, um einen Begriff von Barbara Rosenwein zu gebrauchen, emotionalen Gemeinschaft bei (Rosenwein 2002: 842). Es ist bezeichnend, dass ausgerechnet Muradeli sich zwanzig Jahre später in dem theoretischen Organ des ZK der KPdSU *Kommunist* mit dem Artikel „Der Künstler und die Heimat" *(Chudožnik i rodina)* zu Wort meldete (Muradeli 1969). Dort formulierte er es als die „wichtigste Pflicht" des sowjetischen Komponisten, die „sowjetische Heimat *(sovetskuju Otčiznu)* zu besingen, heroisch-patriotische Werke zu schreiben, deren Musik Menschen bewege und zu Heldentaten aufrufe (Muradeli 1969: 75). Er erteilte auch, als sei er selbst nie von den modernen Strömungen in der Musik beeinflusst gewesen, deren „ästhetischen Schieflagen" eine klare Absage. Die aus dem bourgeoisen Westen stammenden Neuerungen, die so genannte „Modernität der Ausdrucksmittel" und die „intellektuelle Fortschrittlichkeit", geißelte er als eine Verschmähung der Traditionen des sozialistischen Realismus und der Schätze nationaler Kultur, die „das heilige Gefühl der Liebe zur Heimat, zum heimatlichen Volk *(k rodnomu narodu)*" abstumpften (Muradeli 1969: 82).

Literatur und Kunst spielten also in den Augen der Partei eine entscheidende Rolle in dem von ihr geleiteten Erziehungsprojekt. Neben Partei und Komsomol waren Schriftsteller, Publizisten und Komponisten die wichtigsten Erzieher der „kommunistischen Moral"[30] und des sowjetischen Patriotismus, Vermittler von erwünschten Denkmustern, Verhaltensweisen und Gefühlen. Die Menge an Büchern, die in der Sowjetunion der Nachkriegszeit erschien und die man alle unter der gemeinsamen Rubrik „Unsere Heimat – die UdSSR" zusammenfassen könnte, ist schlicht unüberschaubar. Hinzu kommt eine Vielzahl an Buchreihen, in denen sowjetpatriotische Literatur erscheinen konnte: „Für Ehre und Ruhm der Heimat" *(Za čest' i slavu Rodiny)*, in die z. B. auch die Memoiren der Fliegerin Marina Raskova, des Navigators der berühmten *Heimat* von 1938 aufgenommen wurden (Raskova

---

[30] Vgl. dazu besonders den Leitartikel in Bol'ševik „Vospityvat' sovetskich ljudej v duche kommunističeskoj morali" (1947). Dieselben Gedanken äußert auch Tolkunov, Chefredakteur von *Izvestija*, der die Literatur und Kunst gar als ein „spezifisches Gebiet der Ideologie" bezeichnet, vgl. Tolkunov 1967: 80.

²1976), „Geschichte unserer Heimat" *(Istorija našej Rodiny)*, „Seiten aus der Geschichte der sowjetischen Heimat" *(Stranicy istorii sovetskoj Rodiny)* oder einfach „Heimaterde" *(Zemlja rodnaja)*. Dasselbe gilt für die Zahl der Heimatlieder, die im Laufe des Bestehens der Sowjetunion geschrieben wurden und die ebenfalls einen Erziehungsauftrag erfüllten.

Die Omnipräsenz der Heimat im Leben der sowjetischen Menschen wurde von einer dezidiert emotionalen Sprache begleitet. Sie sollte in ständiger Wiederholung bestimmte Gefühlslagen evozieren, die zu kontrollieren und zu lenken der Partei und dem Staat oblag. Der hohe Stellenwert, den das Regime der Stimmung seiner Untertanen und ihren Gefühlshaushalten beimaß, manifestierte sich in den Erziehungskonzepten, die in Bildungseinrichtungen aller Art umgesetzt werden sollten, oder wurde in Masseninszenierungen wie Festen und Demonstrationen öffentlich zelebriert.[31] Von Anfang an zeichnete sich die sowjetische Heimatrhetorik durch eine Verbindung von gegensätzlichen Gefühlen aus: Auf der einen Seite beschwor sie die Heimatliebe und Opferbereitschaft, auf der anderen Seite suggerierte sie Hass auf die Feinde der Heimat und schürte gelegentlich auch Angst.[32] Das didaktische Konzept der späten dreißiger Jahre, das die Spannung der internationalen Situation und die vermeintliche Bedrohung des so genannten „rechts-trotzkistischen Blocks" im Inneren reflektierte, sah eine dezidiert patriotische Erziehung der Jugend vor. Die „Gemeinheit" und „Hinterhältigkeit" der Feinde verpflichte die sowjetischen Pädagogen dazu, die politische Erziehung in der Schule zu verstärken, d. h. „die Erziehung der Liebe und Treue zur Heimat" und „die Erziehung des Hasses zu ihren niederträchtigen Feinden" (Judina 1938: 34). Gefühle – wie Liebe und Hass – waren in den Wirklichkeitsvorstellungen der stalinistischen Funktionäre nicht auf eine natürliche Weise bei Menschen vorhanden, sie waren viel mehr überzeugt, dass diese erlernt werden konnten. Es sei daher die „heilige Pflicht" der Schule und des Komsomol, die sowjetische Jugend zu lehren, ihre Heimat zu lie-

---

[31] Zur Festkultur im Stalinismus und Umgang mit Emotionalität vgl. Rolf 2006 sowie Petrone 2000.

[32] Vgl. Klimó / Rolf 2006: 19, die den „janusköpfigen Charakter der Emotionspolitik diktatorischer Regime" betonen.

ben und deren Feinde zu hassen *(naučit' našu molodjež' ljubit' [...] i nenavidet')* (Judina 1938: 37).

Michail Kalinin, der Vorsitzende des Präsidiums des Obersten Sowjets, bezeichnete in einem 1940 gehaltenen Vortrag, der in der Zeitschrift *Bol'ševik* abgedruckt wurde, „die Entwicklung der Liebe zur Heimat" als einen „notwendigen Bestandteil der kommunistischen Erziehung" (Kalinin 1940: 17). Da der Sowjetpatriotismus, wie die sowjetische Propaganda nicht müde wurde zu wiederholen, ein Patriotismus „neuen, höheren Typus" war, waren auch die Gefühle, die ihm zugrunde lagen, die Liebe zur Heimat, von einer neuen, bis dahin nicht gekannten Stärke. Kalinin betonte die besondere Qualität dieser Heimatliebe:

> Ich spreche hier nicht von einer abstrakten, platonischen Liebe, sondern von einer drangvollen, aktiven, leidenschaftlichen, unbändigen Liebe, von solcher Liebe, die keine Gnade gegenüber den Feinden kennt, die vor keinen Opfern um der Heimat willen Halt macht (Kalinin 1940: 20).

Es ist ein wichtiges Merkmal des sowjetischen Patriotismus, und in der Nachkriegszeit wird dies besonders spürbar, dass er stets mit einer Aktivität und Bewusstheit in Verbindung gebracht wird. Heimatliebe, wie dies auch Kalinins Worte nahe legen, durfte nie eine betrachtende, rezipierende Liebe sein. Die Liebe zur sowjetischen Heimat verlangte im Gegenteil auch in Friedenszeiten nach einer (Helden)Tat, nach einem Beweis ihrer Materialität. Dieser konnte etwa in der aufopfernden Arbeit erbracht werden, in der Erfüllung und Übererfüllung der Produktionsnormen, im Erwirtschaften reicher Ernten oder in der Schöpfung von künstlerischen Werken mit hohem ideologischem Gehalt (vgl. Vyšinskij 1947: 32). Früh sollte jedem Einzelnen klar werden, für was er seine sowjetische Heimat liebte und wie er gedachte, ihr zu dienen.[33] Der wiederkehrende Topos der Heimatliebe appellierte stets an das Pflicht- und Verantwortungsbewusstsein des sowjetischen Menschen, für den diese Liebe untrennbar mit dem „Bewusstsein der Notwendigkeit einer aktiven persönlichen Beteiligung in der Verwirklichung des Programms des kommunistischen Aufbaus" und „dem Ge-

---

[33] Unter diesem Thema verlief z. B. ein Diskussionsabend in einer südrussischen Mittelschule, der von den Komsomolzen der zehnten Klasse organisiert wurde, vgl. Najdin 1957: 72.

fühl der Verantwortung für die wirtschaftliche und Verteidigungskraft der Heimat" verbunden sei (Dažin 1973: 27).

Kalinins Worte drücken deutlich und geradezu exemplarisch den Anspruch aus, den das stalinistische Regime gegenüber der Emotionalität seiner Untertanen erhob: Es strebte ebenso eine Normierung der menschlichen Gefühle wie des Ausdrucks der Emotionen an. Es erhob „die Liebe zur sowjetischen Heimat" zu einer emotionalen Norm, die viel verlangte – die Bereitschaft, für die Heimat zu sterben und die Bereitschaft, für sie zu töten. Der Parteistaat sanktionierte emotionale Normen und schrieb Gefühlscodes vor, die die Bevölkerung zu übernehmen und zu internalisieren hatte. Um eine emotionale Beziehung zur „sowjetischen Heimat" und damit auch zum Regime selbst herzustellen, griff man auf verschiedene Medien zurück, die einen dominanten Heimatdiskurs produzierten und aufrechterhielten. Allerdings stimmte der Anspruch, wie die bisherige Forschung zur Emotionspolitik von Diktaturen gezeigt hat, nicht immer mit der gesellschaftlichen Wirklichkeit überein. Die diktatorischen Regime waren nicht in der Lage, die Gefühle der Menschen völlig gleichzuschalten, wohl aber waren sie fähig, die öffentliche Kommunikation der Gefühle zu normieren und für eine Gesellschaft verbindlich zu machen (Klimó / Rolf 2006: 20). Damit schufen sie „emotionale Gemeinschaften", in denen klare Regeln darüber existierten, welche Art von Emotionalität wünschenswert und welche zu unterlassen war, welche Form öffentlicher emotionaler Codierungen toleriert und akzeptiert, welche dagegen abgelehnt werden würde. Eine solche staatlich sanktionierte, diskursiv geordnete „emotionale Gemeinschaft" existierte parallel zu vielen anderen, in denen sich Menschen bewegten (Rosenwein 2002: 842f.; Klimó / Rolf 2006: 20). Die privaten und öffentlichen emotionalen Räume machen die Komplexität des emotionalen Lebens eines Menschen aus, der diese je nach Kontext regelmäßig wechselt (Rolf 2004: 4). Aus diesem Grund ist der Versuch, die privaten und damit „wahren" Gefühle von den öffentlich artikulierten und daher als „falsch" eingestuften Gefühlen zu trennen, problematisch (Rolf 2004: 4; Klimó / Rolf 2006: 21). Die Existenz einer dominanten „emotionalen Gemeinschaft" zwang jeden zur Partizipation, wollte man in der Diktatur bestehen. Auch der sowjetische Mensch konnte sich ihr nicht entziehen. Er lernte die Sprache der „sowjetischen Heimat" und wurde dem Code der Heimatgefühle unterworfen. Er musste – bewusst oder intuitiv – den emotionalen Erwartungen des Regimes entsprechen, um ein Teil dieser Gesellschaft zu sein. Die Menschen in der Sowjetunion hatten die gesetzten Standards und Normen zu befolgen und die gezogenen Grenzen nicht zu überschreiten, wenn sie an der öffentlichen Kommunikation teilhaben wollten. Wer jedoch gegen die Regeln des Diskurses verstieß und aus der dominanten „emotionalen Gemeinschaft" ausbrach, hatte zu fürchten, als „Volksfeind" oder „Heimatverräter" „entlarvt" zu werden. Angst war neben Liebe und Hass ein weiteres zentrales Gefühl, das im Konzept der „sowjetischen Heimat" lebte und für viele Menschen in der Sowjetunion handlungsrelevant war.

Die Wirkungsmacht des Heimatdiskurses bestand schließlich darin, dass er an Gefühle appellierte, die in der Bevölkerung bereits vorhanden waren. Ein Begriff von Heimat, sei es in Form eines nationalen Stolzes, sei es in Form eines wie auch immer gearteten Patriotismus, war den in der Sowjetunion lebenden Menschen nicht fremd.[34] Neu war mehr der Umstand, dass man nicht mehr frei war, diese Heimat nicht lieben zu dürfen und dies zu artikulieren. „Liebt die Heimat!" – forderte ein sowjetisches Plakat von 1949, das eine Lehrerin und junge Pioniere mit erwartungsvollen Blicken, die aller Wahrscheinlichkeit nach in die „helle Zukunft des Sozialismus" gerichtet sind, darstellt. Unzweifelhaft ist, dass die vom Staat verlangte Emotionalität für viele sowjetische Menschen allmählich eine Selbstverständlichkeit und Normalität wurde. Es gibt aber auch keinen Zweifel daran, dass nicht alle Menschen in der Sowjetunion die Forderung *to speak* und *to feel soviet* akzeptierten. Dennoch war die Verführung der Heimat groß, die Vor- und Nachteile der Annahme oder Nichtannahme des Diskurses waren zu beachten, und so verwischte leicht die Grenze zwischen der verordneten Liebe und Propaganda auf der einen und der sozialen Wirklichkeit auf der anderen Seite, denn der sowjetische Mensch nahm seine Heimat durch den Diskurs wahr, in dem er aufwuchs und der ihm einen Teil der eigenen Entscheidungsfreiheit nahm.

---

[34] Vgl. zum „Patriotismus von unten" für die Zwischenkriegszeit am Beispiel des Urals Nikonova 2007.

Quellenverzeichnis

Artizov, Andrej / Naumov, Oleg (Hg.): Vlast' i chudožestvennaja intelligencija. Dokumenty CK RKP(b) – VKP(b), VČK – OGPU – NKVD o kul'turnoj politike, 1917-1953 gg. Moskva 2002.
Brontman, L. / Khvat, L.: The heroic flight of the „Rodina". Moscow 1938.
Česnokov, D. I.: Marksizm-leninizm ob otečestve i patriotizme, in: Vasil'ev, N.P. (Hg.): O sovetskom patriotizme. Sbornik statej. Moskva 1950, 5-61.
Dažin, D.: Služit' Rodine chorošimi delami, in: Agitator 7, 1973, 26-28.
Fedoseev, P. N.: Socializm i patriotizm. Moskva 1954.
Fenomenov, Michail Ja.: Russkij patriotizm i bratstvo narodov. Moskva 1917.
Gubanov, N. P.: Otečestvo i patriotizm. Moskva 1960.
Judina, N. V.: K voprosu o vospitanii sovetskogo patriotizma v sovetskoj škole, in: Sovetskaja pedagogika 5, 1938, 33-46.
Kalinin, Michail: O kommunističeskom vospitanii. (Doklad na sobranii partijnogo aktiva gor. Moskvy 2 oktjabrja 1940 g.), in: Bol'ševik 19-20, 1940, 10-22.
Kammari, M.: O proletarskom internacionalizme i sovetskom patriotizme, in: Bol'ševik 15-16, 1940, 28-42.
Kujbyšev, N.: Zaščita socialističeskoj rodiny, in: Bol'ševik 5-6, 1937, 52-62.
Lebedev-Kumač, Vasilij: Moja strana, in: Junyj chudožnik 11, 1937, 2. Umschlagseite.
Lenin, Vladimir I.: O zaščite socialističeskogo otečestva. Moskva 1968.
Marks, Karl / Ėngel's, Fridrich: Manifest Kommunističeskoj partii. Moskva 1970.
Matjuškin, N. I.: Sovetskij patriotizm – mogučaja dvižuščaja sila socialističeskogo obščestva. Moskva 1952.
Muradeli, Vano: Chudožnik i rodina. Zametki kompozitora, in: Kommunist 15, 1969, 73-82.
Najdin, V. S.: Vospityvat' čuvstvo patriotizma, in: Prepodavanie istorii v škole 2, 1957, 72.
Oberländer, Erwin (Hg.): Sowjetpatriotismus und Geschichte. Dokumentation. Köln 1967.
Osipov, N.: Lenin o charaktere vojn i zaščite otečestva, in: Bol'ševik 1, 1941, 28-39.
Pervyj vsesojuznyj s-ezd sovetskich pisatelej 1934. Stenografičeskij otčet. Hg. von I. K. Luppol, M. M. Rosental', S. M. Tret'jakov. Moskva 1934 (reprint Moskva 1990).
Malinina, A.: Žiznennyj put' Mariny. Moskva 1950.
Raskova, Marina: Zapiski šturmana. Moskva ²1976.
Sluckij, Boris A. (Hg.): Rodina rodin. Poėty mira Leninu, o Lenine, o revoljucii. Moskva 1970.
Stalin, J. : Der Marxismus und die Fragen der Sprachwissenschaft. Berlin 1952.
Tolkunov, L.: Problemy nravstvennogo vospitanija i pečat', in: Kommunist 2, 1967, 73-84.
Tretjakow, Sergej (Hg.): Tscheljuskin. Ein Land rettet seine Söhne. Moskau-Leningrad 1934.
Ugarov, A.: O socialističeskoj rodine, in: Bol'ševik 19-20, 1934, 54-67.
Vospityvat' sovetskich ljudej v duche kommunističeskoj morali. Peredovaja, in: Bol'ševik 12, 1947, 1-7.

Vyšinskij, P: Sovetskij patriotizm i ego velikaja sila, in: Bol'ševik 18, 1947, 26-38.
Za rodinu, za Stalina!, in: Bol'ševik 11-12, 1941, 12-17.

Literaturverzeichnis

Brooks, Jeffrey: Thank You, Comrade Stalin! Soviet Public Culture from Revolution to Cold War. Princeton, N.J. 2000.
Bykov, Vasil': „For the Motherland! For Stalin!" The Cost of Bygone Battles, in: Russian Studies in History 39/1, 2000, 65-78.
Ennker, Benno: Politische Herrschaft und Stalinkult, 1929-1939, in: Plaggenborg, Stefan (Hg.): Stalinismus. Neue Forschungen und Konzepte. Berlin 1998, 151-182.
Frevert, Ute: Angst vor Gefühlen? Zur Geschichtsmächtigkeit von Emotionen im 20. Jahrhundert, in: Nolte, Paul / Hettling, Manfred / Kuhlemann, Frank-Michael / Schmuhl, Hans-Walter (Hg.): Perspektiven der Gesellschaftsgeschichte. München 2000, 95-111.
Golczewski, Frank / Pickhan, Gertrud (Hg.): Russischer Nationalismus. Die russische Idee im 19. und 20. Jahrhundert. Darstellung und Texte. Göttingen 1998.
Hoffmann, David L.: Stalinist Values. The Cultural Norms of Soviet Modernity, 1917-1941. Ithaca 2003.
Klimó, Árpád von / Rolf, Malte: Rausch und Diktatur: Emotionen, Erfahrungen und Inszenierungen totalitärer Herrschaft, in: dies. (Hg.): Rausch und Diktatur. Inszenierung, Mobilisierung und Kontrolle in totalitären Systemen. Frankfurt, New York 2006, 11-43.
Mehnert, Klaus: Weltrevolution durch Weltgeschichte. Die Geschichtslehre des Stalinismus. Stuttgart 1953.
Nikonova, Ol'ga Ju.: Sowjetpatriotismus im Ural (Motivation, Interpretation und Mobilisierungsstrategien), in: Jahrbücher für Geschichte Osteuropas 55, 2007, 566-584.
Oberländer, Erwin: Sowjetpatriotismus und russischer Nationalismus, in: Kappeler, Andreas (Hg.): Die Russen. Ihr Nationalbewusstsein in Geschichte und Gegenwart. Köln 1990, 83-90.
Oberländer, Erwin: Einführung. Zur Geschichte des Sowjetpatriotismus, in: ders. (Hg.): Sowjetpatriotismus und Geschichte. Dokumentation. Köln 1967, 9-37.
Petrone, Karen: Life has Become More Joyous, Comrades. Celebrations in the Time of Stalin. Bloomington, Ind. 2000.
Rauch, Georg von: Sowjet-Patriotismus?, in: Zeitschrift für Geopolitik 22/2, 1951, 94-105.
Rolf, Malte: Das sowjetische Massenfest. Hamburg 2006.
Rolf, Malte: Expression of Enthusiasm and Emotional Coding in Dictatorship – The Stalinist Soviet Union, in: UCLA Center for European and Eurasian Studies. Working Papers: Paper 3, 2004.
http://repositories.cdlib.org/international/cees/wp/3.

Rosenwein, Barbara H.: Worrying about Emotions in History, in: American Historical Review 3, 2002, 821-845.
Sandomirskaja, Irina: Der Heimatbegriff in der sowjetischen und postsowjetischen diskursiven Praxis, in: Kaser, Karl / Gramshammer, Dagmar / Pichler, Robert (Hg.): Wieser Enzyklopädie des europäischen Ostens. Bd. 1: Europa und die Grenzen im Kopf. Klagenfurt / Celovec 2003, 395-415.
Sandomirskaja, Irina: Kniga o rodine. Opyt analiza diskursivnych praktik. Wien 2001.
Stadelmann, Matthias: Isaak Dunaevskij – Sänger des Volkes. Eine Karriere unter Stalin. Köln 2003.
Thom, Françoise: Newspeak. The Language of Soviet Communism *(La langue de bois)*. London 1989.

Frank Hoffmann

**Region oder Heimat?
Räumliche Identitäten in der DDR – das Beispiel der Museen**

Einen Höhepunkt ostalgischer Komik in Wolfgang Beckers Film „Good bye, Lenin" (2003) bezeichnet der Auftritt von zwei „Thälmann-Pionieren" in Ost-Berlin vor ihrer schwer herzkranken Ex-Lehrerin Christiane Kern, die während der Friedlichen Revolution von 1989 im Koma gelegen hatte und nun auf keinen Fall mit den so völlig veränderten Verhältnissen in ihrer Heimat konfrontiert werden soll. Die Kinder intonieren ein Lied, das so charakteristisch für die DDR und ihre das Filmkonzept bestimmende Re-Konstruktion ist, dass es auch für die Frage nach dem Verständnis von Heimat im zweiten deutschen Staat bis 1989 manche Aufschlüsse verspricht.[1] Die erste Strophe des Lieds von Hans Naumilkat verblüfft durch völligen Verzicht auf jede regionale und topografische Konkretisierung, die doch nicht nur für das deutsche Heimatlied,[2] sondern etwa auch die Deutschland-Dichtung des späten Johannes R. Becher (vgl. Scheitler 2005) charakteristisch ist. In Naumilkats Lied wird hingegen abstrahiert und generalisiert:

> Unsere Heimat, das sind nicht nur die Städte und Dörfer,
> Unsere Heimat sind auch all die Bäume im Wald.
> Unsere Heimat ist das Gras auf der Wiese, das Korn auf dem Feld,
> Und die Vögel in der Luft und die Tiere der Erde
> Und die Fische im Fluß sind die Heimat.
> Und wir lieben die Heimat, die schöne

---

[1] Die offizielle Homepage zum Film – siehe: http://www.good-bye-lenin.de/intro.php (Zugriff vom 14.02.2008) – beginnt ihr Intro mit den ersten Zeilen aus diesem Lied. Vgl. zum Film auch das instruktive Filmheft der Bundeszentrale für politische Bildung von Cristina Moles Kaupp von 2003: http://www.bpb.de/files/RQZRHU.pdf (Zugriff vom 14.02.2008).

[2] Der Regionalismus im deutschen Heimatlied findet seinen deutlichsten Ausdruck darin, dass nahezu jede deutsche Region oder Landschaft (keineswegs identisch mit den Bundesländern) eine Art „Heimat-Hymne" hat, z. B. das Frankenlied, das Rennsteiglied usw.

Und wir schützen sie, weil sie dem Volke gehört,
Weil sie unserem Volke gehört.³

Städte, Dörfer, Bäume, Vögel, Fische – die Heimat löst sich auf in elementare Allgemeinheiten, die ubiquitär sind, jenseits aller Möglichkeiten der Differenzierung des Eigenen oder Speziellen vom Anderen. Heimat ist überall. Ihre Schönheit wird, in der siebten Zeile, zu einem explizit nachgestellten, also nachrangigen Attribut; liebenswert wird die Heimat nicht durch ihre ästhetische Besonderheit, sondern – wie die Verdoppelung des motivierenden Kausalsatzes unüberhörbar einhämmert – durch ihre soziale Qualität: Heimat ist da, wo alle Heimat-Dinge, wo *alles* „dem Volke" (Zeile 8), „unserem Volke" (Zeile 9) gehört. Heimat ist identisch mit dem Sozialismus.

Das hier nur angedeutete Prinzip hatte Methode. In einer umfassenderen Untersuchung hat Irmgard Scheitler dokumentiert, wie seit Ende der fünfziger Jahre in der DDR Volks- oder Heimatlieder sowie auch traditionelle oder neue politische Lieder der Arbeiterbewegung mit topografischer Konkretisierung, in Sonderheit mit Nennung westdeutscher Regionen, aber auch schon mit der bloßen Erwähnung von „Deutschland" politisch tabuisiert wurden; bekanntlich war davon am Ende sogar die DDR-Nationalhymne betroffen (Scheitler 2005: 304).

Was hier am Beispiel des ideologisch aufgeladenen bzw. umgepolten Heimat-Liedguts so eindeutig erscheint, erweist sich auf einem anderen zentralen Schauplatz der deutschen Heimatkultur, dem Heimatmuseum, als ein etwas schwierigerer und längerer Prozess, der aber gleichwohl beispielhaft ist für die Fragestellung nach der Verwendung des Heimatbegriffs in totalitären Diktaturen des 20. Jahrhunderts. Komplexer ist dieser Prozess auch deswegen, weil neue Lieder relativ rasch verfügbar und alte einfacher zu verdrängen waren, die Museen hingegen nicht nur eine materielle Präsenz und Bindung an einen Ort auszeichnete. Vielmehr waren die Museen sozial von einer bürgerlichen Träger- und Nutzerschicht geprägt. In seiner Rosto-

---

[3] Zitat nach http://www.good-bye-lenin.de/faq.php bzw., mit Unterschieden in der Interpunktion, auch wird in Zeile 6 das letzte Wort – Schöne – groß geschrieben, in: www.mediaculture-online.de/Heimat lieder.688.0.html. Zum Komponisten Hans Naumilkat vgl. die kurze Würdigung von Günter Bust / Sigrid Hansen in: http://www.uni-magdeburg.de/mbl/Biografien/1721.htm (alle Zugriffe vom 02.04.2008).

cker Dissertation hat Jan Scheunemann auf der Basis breitester Quellenrecherchen die Auseinandersetzung der SED mit dieser Tradition des Heimatmuseums soeben grundlegend aufgearbeitet.[4] Dabei ging es nur in Ausnahmefällen um die Schließung oder gar Vernichtung der Museen oder ihrer Sammlungen, stärker indessen um ihre Indienstnahme für die Machtsicherung der SED-Diktatur.

Dieser Konflikt um die Heimatmuseen begleitet die Ausprägung eines sozialistischen Heimatbegriffs mit einem Insistieren auf dem Heimatbewusstsein als eines die neue sozialistische Gemeinschaft fundierenden und stärkenden Modells kollektiver Identität in der Aufbauphase der DDR. Die Attraktivität dieses Heimatkonzepts für die kommunistischen Diktaturen ist nicht auf die DDR beschränkt,[5] und doch bleibt angesichts ihrer konträren ideologischen Fokussierung auf Internationalität und weltweite Solidarität vieles fragwürdig: Welche geschichtspolitischen Folgerungen und welche geschichtskulturelle Bedeutung hatte dieser allgemeine Heimatbegriff, wie wurde er im Einzelnen durchgesetzt, welche Widerstände und Restriktionen ergaben sich? In welchem Verhältnis steht dieser regional entkernte Heimatbegriff, der sich in den fünfziger Jahren in der DDR durchsetzte, zu der seit Mitte der sechziger Jahre aufkommenden Debatte um eine wissenschaftliche „Regionalgeschichte" und die Wiederbelebung des Heimatkonzepts ab Ende der siebziger Jahre? Und in diesem Zusammenhang schließlich drängt sich die Frage auf, ob die eingeübte Heimatliebe das Defizit an Legitimität und Loyalität der DDR ausgleichen sollte – und warum sie es nicht ausgleichen konnte?

Gewiss können solch weit reichende Hypothesen und Fragen in diesem Beitrag nur annäherungsweise erörtert werden, zumal angesichts zahlreicher Befunde einer ausgebreiteten und ergebnisreichen Forschung zu Heimatkonzepten und Heimatbewegung in Deutschland im 20. Jahrhundert, insbesondere auch fokussiert auf die DDR (Köpp 2003; Oberkrome 2001, Oberkrome 2004; Schaarschmidt 2004, wert-

---

[4] Ich danke Dr. Jan Scheunemann, Leipzig, sehr herzlich für die freundliche Bereitschaft, mir seine Dissertation schon in der Manuskriptfassung zugänglich gemacht zu haben. Die Verweise im Text beziehen sich jetzt auf sein soeben erschienenes, für den Gegenstand grundlegendes Buch.

[5] Vgl. in diesem Band den einschlägigen Beitrag von Natalia Donig zum Heimatkonzept in der Sowjetunion.

voll weiterhin: Riesenberger 1991). Daher illustrieren die folgenden Überlegungen das Thema am Teilsektor des Museums als einem spezifischen Austragungsort von Heimatideologie im 20. Jahrhundert in Deutschland und speziell in der DDR, gehört doch das Heimatmuseum wie die Heimatkunst und das Heimatlied zu den „Leitfossilien" der deutschen Heimatbewegung aus der Zeit um 1900 (Roth 1990; Klueting 1991; Ringbeck 1991).

Der Beitrag beginnt im ersten Jahrzehnt nach dem Zweiten Weltkrieg mit einer Recherche vor Ort und verbindet dies mit Überlegungen zum Spannungsverhältnis von Heimat und Internationalität in der DDR, wobei als dritte territoriale Komponente rasch die Ebene der „Nation" bzw. des „Vaterlands" als in dieser Phase des Kalten Kriegs und der deutschen Teilung vielleicht wichtigste Referenzgröße erkennbar wird. Nur andeutungsweise kann dann abschließend, immer mit Rekurs auf das eingeführte Fallbeispiel, die Bedeutung der Heimatkonzeption der DDR durch die in den sechziger Jahren eingeführte Alternativkategorie der „Region" noch genauer – in ihren Defiziten – bestimmt werden, so dass die im Titel angedeutete Spannung in ihrer ideologiegeschichtlichen Bedeutung eingelöst wird.

Als empirisches Untersuchungsfeld dient die versunkene Welt der ostthüringischen Provinz in der DDR der fünfziger Jahre: Gera, die Stadt an der Weißen Elster, der 1952 eher unverhofft zur Würde und Bürde einer Bezirksstadt verholfen wurde. Damit war Gera aufgefordert, sich als Zentrum einer neu geschaffenen topografischen Einheit, also einer Region, die auch Heimatpotential besitzen sollte, kulturell und sozial zu profilieren, und der Blick auf diesen Prozess soll helfen, das Problem von Heimat in der DDR zu veranschaulichen und zu konkretisieren. Die mittelgroße Industriestadt von knapp 100.000 Einwohnern war bis 1918 Residenz der Fürsten von Reuß-Schleiz-Greiz (Jüngere Linie). Es ist dies, wie der umständliche Titel deutlich macht, die kleinteilig strukturierte Welt der thüringischen Duodezfürstentümer, die gerade im Bereich der Heimatkultur durch eine sehr massive Persistenz charakterisiert war, die die politischen Zäsuren von 1918/19 und 1933 mehr oder weniger ungebrochen überdauert hatte und sogar nach 1945 noch erkennbar blieb, wie die Studien Willi Oberkromes erwiesen haben (Oberkrome 2004). Dabei war Meiningen, ebenfalls eine der kleinen thüringischen Residenzstädte, bis 1913 sogar Sitz des Deutschen Heimatbundes gewesen, um nur einen Beleg für die Affinität Thüringens zur Heimatbewegung zu geben (Oberkrome 2001: 430). Thüringens Zersplitterung hatte allerdings verhindert, dass sich hier, anders als im benachbarten Sachsen mit dem mächtigen Sächsischen Heimatbund (Schaarschmidt 2004), ein zentraler Landesverband bilden konnte. Entsprechend kleinteilig war auch bis in die Nachkriegszeit Heimat- und Landesgeschichte in Thüringen strukturiert. Die Kritik Wilhelm Piecks, des ersten Präsidenten der DDR, beim III. Parteitag der SED im Jahre 1950, in den Museen der DDR fänden „irgendwelche Winkelfürsten noch immer viel Raum und Beachtung", womit man „Schluß machen" müsse, dürfte nicht zuletzt auf die Verhältnisse in Thüringen gemünzt gewesen sein. Mit Piecks vielzitiertem Votum hatte die oberste politische Autorität eine neue Zielrichtung ausgegeben, denn Pieck verlangte stattdessen „dem wirklichen deutschen Volke, den Arbeitern und Bauern, den freiheitlichen Denkern und Dichtern den Platz" (zitiert nach Hühns / Knorr 1969: 467) einzuräumen, den bisher die Fürsten eingenommen hatten.

Der Textilstadt Gera, kulturell und bis heute in der öffentlichen Wahrnehmung immer im Schatten der Klassikerstädte Erfurt, Weimar und Jena stehend, war 1952 der Vorzug vor dem nur wenig kleineren, durch weltbekannte Industriewerke wie Zeiss und Schott ausgezeichneten Jena gegeben worden, das freilich als Universitätsstadt mit unruhigen Köpfen und auch durch die Randlage im neuen Bezirk als weniger geeignet erschien. In Gera hatte der Krieg von der alten Fürstenherrlichkeit noch manches belassen, auch wenn das Residenzschloss Osterstein 1945 weitgehend zerstört worden war (vgl. Mues / Brodale 1995). Insbesondere das schöne Jugendstiltheater bildete gemeinsam mit dem fürstlichen Park, dem „Küchengarten", und der daran anschließenden Orangerie ein eindrucksvolles Repräsentationsensemble, das als Kristallisationspunkt aristokratisch-bürgerlicher Kulturtraditionen dienen mochte. Ausgerechnet die Orangerie, eine schöne, etwas vor sich hin welkende dreiflügelige Spätbarockanlage, stand nun im Mittelpunkt eines heftigen Tauziehens zwischen den unterschiedlichen Machtgruppen vor Ort und auf zentraler Ebene, die für die neue Bezirkshauptstadt eine auf die Region bezogene museale Repräsentation schaffen wollten. Denn auf Geheiß der SED-Bezirksleitung entstand hier das *Museum für Geschichte der revoluti-*

onären Arbeiterbewegung des Bezirkes Gera, und zwar ausgerechnet in diesem Bauwerk, das keinerlei Heimatbezüge für das Proletariat und seine Partei besaß, wie in der folgenden Diskussion zahlreiche kritische Stimmen immer wieder konstatierten.

Freilich steht der heimatbezogene Gedanke auch nicht am Anfang des Bau- und Planungsvorhabens, sondern die Heimatfunktion rückte erst im Laufe der Jahre aus der zweiten Linie nach vorne. Am Anfang ging es vielmehr um den proletarischen Internationalismus und die Verbundenheit zum größten Führer des sozialistischen Weltlagers. Denn es war der Tod Stalins am 5. März 1953, also ein die DDR wahrhaft erschütterndes Ereignis, das nur Tage später in Stadt und Bezirk Wirkungen zeitigte. Bereits am 18. März 1953 sahen sich Rat des Bezirks und Rat der Stadt bei einer gemeinsamen Sondersitzung mit der Aufgabe der SED-Bezirksleitung konfrontiert, in der Bezirksstadt eine Gedenkstätte für den teuren Toten zu schaffen: „zum ewigen Ruhm und zur ewigen Ehre Josef Wissarionowitsch Stalins"[6] und als kulturelles Aushängeschild, das in „Gera als Bezirkshauptstadt […] unbedingt vorhanden sein"[7] müsse. Als Ort waren die Orangerie und der Küchengarten schnell ausgemacht; die dort seit einigen Jahren gezeigte Theater- und Musikaliensammlung entsprach ohnehin nicht dem Geschmack der neuen Herren im Bezirk und war seit längerem Gegenstand heftiger Kritik.[8] Natürlich wurde das Unternehmen mit einem erheblichen Propagandaaufwand gestartet; es zog sich indes arg in die Länge, zumal die Museumsgründung, während ein Ehrenmal in Form eines kleinen Stalin-Tempelchens relativ bald den flugs in „Stalinpark" umbenannten Küchengarten zierte (vgl. eingehend Scheunemann 2009: 195-203; siehe auch Flegel / Hoffmann 2007: 411-415).

---

[6] Protokoll über die Gemeinsame Sitzung des Rates des Bezirks und des Rates der Stadt Gera zur Errichtung einer Stalingedenkstätte am 18. März 1953, Anlagen, darin: Schreiben des Rats des Bezirks an Rat der Stadt, 14.3.1953, in: Thüringisches Staatsarchiv Rudolstadt (ThStA Rud), Bezirkstag und Rat des Bezirks Gera, 8.4/26.
[7] Ebd., Beschluss Sekretariat der Bezirksleitung der SED, in: ebd.
[8] Vor allem wurde nach einer Inspektion durch die Landesstelle für Museumspflege Thüringen eine „gesellschaftsgeschichtliche Durchbildung" der Ausstellung angemahnt, vgl. Ministerium für Volksbildung Thüringen an Rat der Stadt Gera, 24.5.1951, in: Stadtarchiv Gera (SAG) III A 6/1715; vgl. für weitere Details Flegel / Hoffmann 2007: 410.

Interessanter als die verwickelte Baugeschichte ist die argumentative Doppelfunktion: Das Stalin-Gedenken wird geschickt mit der Aufgabe verknüpft, für die neue Funktion der Stadt einen repräsentativen Ausdruck zu finden. Gera sollte Ausstrahlungs- und Anziehungskraft gewinnen. Der noch völlig geschichts- und identitätslose Bezirk, der allenfalls eine politisch fixierte Region, aber keineswegs eine Heimat war, sollte gleichsam einen kulturell-politischen Ausdruck und ein Zentrum gewinnen und durch diesen Schmuck auch so etwas wie eine Identifikation, eine neue Beheimatung ermöglichen. Über die diesbezüglichen Defizite war man sich vor Ort durchaus im Klaren: „Gera besitzt noch nicht das kulturelle Niveau einer Bezirksstadt", hatte die Abteilung Kunst und kulturelle Massenarbeit beim Rat des Bezirks Ende 1952 resümiert.[9] Während andere Pläne oder Wünsche der Bevölkerung, wie ein „Heimattiergarten" (!) oder gar ein „Kulturpalast", die gleichzeitig diskutiert wurden,[10] viel später realisiert wurden, konzentrierten Partei, Bezirk und Stadt sehr beträchtliche Mittel auf das Stalin-Museum-Projekt. Doch es sollte mehr als vier Jahre dauern, und Stalin war längst in Ungnade gefallen, bis das Haus eröffnet wurde. Aus dem Ministerium für Kultur, dem Deutschen Kulturbund (kurz: Kulturbund, ursprünglich: Kulturbund zur demokratischen Erneuerung Deutschlands), zahlreichen anderen Institutionen und sogar aus dem ZK-Apparat der SED ergingen in dieser Zeit zwar laufende Interventionen gegen die Nutzung der für das Projekt offenkundig ungeeigneten Orangerie, aber die Provinzfürsten der SED verschlossen sich allen Einwänden (Flegel / Hoffmann 2007: 412). Doch dem fundamentalen Ereignis des XX. Parteitags der KPdSU mussten auch sie Tribut zollen, und sie bequemten sich 1956 dazu, die neue Einrichtung statt Stalin der heimischen Arbeitergeschichte zu widmen, als *Museum für die Geschichte der revolutionären Arbeiterbewegung im Bezirk Gera*. Die neue DDR-Heimatstrategie griff also in Gera mit dreifacher Aufgabenstellung Platz: die Verdrängung der traditionellen bürgerlichen Heimatkonzeption durch eine proletarische Besetzung des heimatlichen Raums, die Reduktion der internationalistischen Perspekti-

---

[9] Schreiben an die Staatliche Kommission für Kunstangelegenheiten: Operative Berichterstattung Nr. 4, 29.12.1952, in: ebd., 8.4/60.
[10] Rat des Bezirks Gera, Abteilung Kultur, an Rat der Stadt Gera, 14.12.1954, in: ebd.

ve einer Stalin-Gedenkstätte auf ein Bezirksniveau, das es – zum dritten – überhaupt operativ in den Griff zu bekommen galt, besaß doch der Bezirk keine vor 1952 zurückreichende topografisch-historische Kohärenz. Die politische Leitung formulierte entsprechend vollmundig: „Diesem Museum wollen wir unsere ganze Aufmerksamkeit schenken", auch weil es den „Heimatmuseen in ihrer eigenen Arbeit weiterhelfen wird".[11] Repräsentationsaufgabe und Leitungsfunktion gegenüber den Heimatmuseen mit ihrem potentiell widerständigen Lokalpatriotismus waren damit festgeschrieben.

Vor einer weiteren Betrachtung dieser heimatbezogenen Aufgabenstellungen des neuen Museums, dem weniger als ein Jahrzehnt der Existenz (1957-1964) gegönnt war (vgl. Toepel 1975: 254), und seiner Funktion als kulturpolitischer Kristallisationspunkt im neuen Heimatgefüge sind drei kontextualisierende und methodische Hinweise notwendig, um die mit dem Geraer Fallbeispiel verbundenen räumlichen, zeitlichen und ideologischen Konnotationen und die Verbindung zur heimatpolitischen Strategie in der DDR der fünfziger Jahre aufzuzeigen.

Wie schon die örtlichen Konkretisierungen angedeutet haben, folgen diese Überlegungen nicht nur einem älteren Verständnis von Heimat als Ort, als Rechtsort (Hartung / Hartung 1991) zumal, sondern mehr noch dem von Karl Schlögel angestoßenen *spatial turn*, der auf die Bedeutsamkeit topografischer Realitäten aufmerksam machen will (Schlögel 2003). In der Tat: Das Orangerie-Ensemble – im Jahre 2007 in Gera einer der Hauptschauplätze der Bundesgartenschau, die erstmals seit 1990 nationale Aufmerksamkeit auf die Stadt und die Region lenkte – ist ein solcher Ort, an dem die Zeit ablesbar ist. Innerhalb von 100 Jahren, also zwischen der Zeit vor dem Ersten Weltkrieg und der Gegenwart, erinnerte er an fürstliche Repräsentation, diente aber auch „als Pferdestall, Lazarett, Kaserne, Turnhalle" (Mues / Brodale 1995: 91), fungierte als bürgerliches und sozialistisches Museum, schließlich als Kunstgalerie, und am Ende im vereinten Deutschland wird er zum Symbol der viel erwarteten, nun wenigstens gartenbaupolitisch reali-

---

[11] Rat des Bezirks Gera, Abteilung Kultur, Rundschreiben an die Museen des Bezirks, 2.11.1957, als Begründung für eine Verlegung der Tagung der Museumsfachleute aus Anlass der Eröffnung des Museums am 6.11.1957, in: SAG III A 6/1773.

sierten „blühenden Landschaften" in Ostdeutschland. Und alle diese den Zeitläufen geschuldeten Transformationen haben auf die räumliche Situierung Bezug genommen, sind von ihr inspiriert worden, haben sich aber zugleich auch in das Gebäude und seine Umgebung eingeschrieben. Schlögels Hinweis auf die Bedeutung topografischer Realitäten hilft auch, die heimatbezogene Relevanz der räumlichen Situierung von Stalin- bzw. Arbeiter-Museum und Stalin-Gedenktempel zu erkennen: Die raumpolitische Besetzung des wichtigsten Areals, das in Gera an die alte Fürstenherrlichkeit erinnerte, durch die Geschichte der Arbeiterbewegung entsprach dem kulturrevolutionären Anspruch der örtlichen politischen Führung. Ihr wichtigster Repräsentant, der Erste Sekretär der Bezirksleitung der SED, hatte bereits 1952, unmittelbar nach Begründung des Bezirks, gegen den alten, bürgerlichen Geist im Geraer Stadttheater gewettert, das ebenfalls zu diesem spätfeudalen Kulturensemble am Rande des Stadtkerns gehörte (vgl. Flegel / Hoffmann 2007: 407). Die Inbesitznahme des gesamten Raumgefüges repräsentierte die neuen Machtstrukturen; die mit dem Raum verbundene Identitätsstiftung als kulturell herausgehobener Erholungs- und Erinnerungsort sollte indes – auf dem Wege einer ideologischen Umprägung der Heimatbezüge – erhalten und für die eigene Machtsicherung genutzt werden.

Spätestens an dieser Stelle tritt die Zeit als geschichtsmächtige Kategorie neben den Raumbezug, also zunächst die Ereignisse der Jahre 1952 und 1953. Zwischen der II. Parteikonferenz der SED (9. bis 12. Juli 1952) mit der dort proklamierten „planmäßigen Errichtung der Grundlagen des Sozialismus" und dem Volksaufstand vom 17. Juni 1953 ging die DDR durch ein überaus gehetztes Jahr politischer, sozialer, kultureller und ökonomischer Veränderungen, gegen die sich die Bevölkerung zunächst mit massenhafter Abwanderung aus ihrer Heimat und Flucht in die Bundesrepublik und dann mit dem Versuch des revolutionären Sturzes der SED zu wehren versuchte. Mitten in diese Zeit fällt die Begründung der Stalin-Gedenkstätte in Gera, und die Umprägung und neue Instrumentalisierung von Heimat ab 1954/55 in der gesamten DDR kann als einer der ideologischen Korrekturversuche zur Beruhigung und Machtsicherung nach dem Aufstand von 1953 interpretiert werden.

Die neue Bezirksfunktion der Stadt Gera resultierte aus der im Umfeld der II. Parteikonferenz gleichsam mit einem Federstrich von der DDR-Führung verfügten Auflösung der fünf Länder als territoriale Mesoebene am 23. Juli 1952, als sie, wie auch die Landkreise, nach sowjetischem Muster neu strukturiert wurden. Die teilweise recht alten, teils erst nach Kriegsende entstandenen fünf Länder auf dem Gebiet der DDR verschwanden damit schlagartig und mit ihnen nicht nur potentielle politische Störfaktoren, sondern vor allem soziokulturelle Orientierungspunkte und feste Bestandteile der durch Krieg und Bevölkerungstransfers ohnehin durcheinander geschüttelten *mental maps*. Zwar ließen sich die 14 neuen Bezirke grob in Dreiergruppen für jedes Land ordnen – nur Sachsen-Anhalt wurde in zwei Bezirke, Halle und Magdeburg zerteilt –, aber die Bezirksgrenzen waren mit den ehemaligen Ländergrenzen keineswegs identisch. Überall wurden die Grenzlinien neu geschnitten und viele Kreise oder Städte neuen Bezirken zugeordnet, womit der alte topografische Bestand angesichts der Veränderungen und Korrekturen aus der Erinnerung verdrängt werden sollte. Ähnliches gilt für die Kreise, die erheblich verkleinert, die Zahl der Kreisstädte also stark vermehrt wurde (vgl. zum Gesamtprozess Hajna 1994, Hajna 1996; Rutz / Scherf / Strenz 1993: 55-67).

Über die Identitätskraft der Länder in der DDR, damit auch über ihren Heimatcharakter, kann man mit Fug streiten, weil es kaum empirische Befunde dazu gibt. Da die Zerschlagung der Länder zudem zeitgleich zu weit näher an die persönliche Lebenssphäre heranreichenden Maßnahmen der II. Parteikonferenz erfolgte, die u. a. brutale Kollektivierungsanstrengungen auf dem Lande und einen massiven Kirchenkampf einleitete, soll ihre lebensgeschichtliche Relevanz hier nicht überschätzt werden: Wenn der eigene Grund und Boden, der Glaube an den eigenen Gott in Frage gestellt wird, dürfte eine neue Bezirksebene oder eine fremde Kreisstadt gewiss weniger erschütternd gewesen sein. Sicher ist andererseits, dass im Bereich der Heimatpolitik die Verankerung auf der Ebene der Landesregierungen nun wegbrach: Die bislang den Landesministerien für Volksbildung unterstellten Heimatmuseen kamen nun unter zentrale Kontrolle, zunächst die der Staatlichen Kunstkommission, ab 1954 dann die des neuen Kulturministeriums und der Fachstelle für Heimatmuseen in Halle, und diese

Zentralisierung öffnete Tür und Tor für ideologische Indienstnahme (vgl. Scheunemann 2009: 155-160).

Doch auch wenn man sich der Heimatfunktion der Länder nur annähern kann, bleibt doch der Bruch mit dem in der deutschen Geschichte fest verankerten Föderalismus ein Faktum. Willi Oberkrome, einer der besten Kenner der deutschen Naturschutz- und Heimatbewegung, urteilt, dass die Bezirksbildung von 1952 bei den thüringischen Natur- und Heimatschützern (auch: Natur- und Heimatfreunde), die sich im Kulturbund unter dem Dach einer Zentralen Kommission gesammelt hatten, „gewiß unbeliebt[en]" gewesen sei, wenn sie auch ohne öffentlichen Widerspruch hingenommen wurde (Oberkrome 2001: 431). Indes macht auch er auf die vielfach konstatierte rasche, durch eine „landsmannschaftliche Positionierung weiter Bevölkerungskreise" (ebd.) forcierte und getragene Restaurierung der fünf ostdeutschen Länder im Zuge der Friedlichen Revolution in der DDR 1989/90 aufmerksam und bewertet sie mit Gerhard A. Ritter als Ausdruck einer „tief verwurzelten Beziehung zur Heimat" (ebd.). Die Erinnerung an die Länder hat, wie ihre rasche Revitalisierung im Zuge der Friedlichen Revolution und der Wiedervereinigung zeigte, die mehr als eine Generation während Phase ihrer Nicht-Existenz erstaunlich gut überstanden. 1990 wuchsen sie rasch zu politischen Subjekten im Integrationsprozess, und zwar in etwa in ihrem Zuschnitt von 1952 (vgl. Rutz / Scherf / Strenz 1993: 79-108). Diese Beständigkeit angesichts des weiten zeitlichen Bogens zwischen 1952/53 und 1989/90 unterstreicht die Bedeutung des Raum-Paradigmas, und sie provoziert die Frage, in welchem Verhältnis diese regionale Orientierung in der Zeit der Friedlichen Revolution zum Heimatparadigma der DDR stand, das doch gerade der Identifizierung im neuen sozialistischen Vaterland zu Gute kommen sollte? Gewiss, die Erinnerung an die Länder war nach 1952 keineswegs vollständig tabuisiert, und gerade im musealen und kulturellen Bereich blieb sie in einigen Namen bis 1989 erhalten (z. B. Thüringer Museum in Eisenach, Sächsische Landesbibliothek in Dresden). Gewiss aber waren diese traditionalistisch wirkenden Bezüge eher die Ausnahme von der Regel. In der in den fünfziger Jahren entfalteten Heimatdiskussion spielte öffentlich weder die Erinnerung an die Länder noch die Orientierung an den neuen Bezirken eine prominente Rolle.

Wie aber ließ sich das Heimatverständnis im Sozialismus in den dem Marxismus-Leninismus inhärenten Internationalismus einbetten? „Grundprinzip der Ideologie und Politik der Arbeiterklasse und ihrer marxistisch-leninistischen Partei" war schließlich, so 1978 resümierend ein offiziöses Nachschlagewerk, der „proletarische Internationalismus", der „in striktem Gegensatz zum bürgerlichen Nationalismus, Chauvinismus und Kosmopolitismus" stehe (Kleines Politisches Wörterbuch 1978: 726). Auch die weiteren Attribute unterstreichen den elementaren Charakter des Internationalismus für die kommunistische Ideologie: Als „organischer Bestandteil des Marxismus-Leninismus" durchdringe er die gesamte „Theorie und Praxis des wissenschaftlichen Kommunismus", er repräsentiere die Übereinstimmung der Interessen der Arbeiterklasse, die „Solidarität der Werktätigen" aller Völker und bestimme als „zugleich moralisches und ethisches Prinzip" den Aufbau und die Kooperation der Parteien der Arbeiterklasse. In rascher Engführung wird das internationalistische Prinzip schließlich zugespitzt zum Bündnis mit der Sowjetunion im antiimperialistischen Kampf, auf der Basis „wahrer Gleichheit und Freundschaft" natürlich, nämlich im „sozialistischen Internationalismus" (alle Zitate: ebd.). Diese wenigen Hinweise müssen genügen für die auch mit klassischen Worten der Arbeiterbewegung – „Mein Vaterland ist international" – auszudrückende prinzipielle Opposition von Sozialismus und Heimatideologie, wie sie in der Nachkriegszeit doppelt belastet für die sich dezidiert antifaschistisch gerierende frühe SBZ bzw. DDR war: durch die Nähe der deutschen Heimatbewegung zu völkisch-rassistischen Ideologemen des soeben niedergekämpften NS-Regimes und dessen Nutzung des Heimatbegriffs einerseits, durch die spezifische Anverwandlung des Heimatthemas in der feindlichen Bundesrepublik andererseits, wo mit den Heimatvertriebenen geradezu ein Paradebeispiel für eine – in der Perspektive der DDR – angeblich chauvinistische Variante des Begriffs existierte. Auch wenn der Lexikonartikel hervorhebt, wie „untrennbar" der Internationalismus „mit sozialistischem Patriotismus und gesundem Nationalbewusstsein" verbunden sei, bedurfte es doch einiger dialektischer Streckübungen, um die Heimat sozialistisch heimzuholen in das ideologische Feld und zum Identitätsanker in der neuen Zeit zu machen. Neben die *ideologische Antithese* von Internationalismus vs. Heimat / Vaterland / Nation und die *histo-*

rische Belastung des deutschen Heimatbegriffs in seiner im Nationalsozialismus pervertierten Version sowie die *nationalpolitische Differenzierung* durch die Teilung der Nation und das westdeutsche Heimatkonzept der Vertriebenen trat eine *soziokulturelle Dimension* in der praktischen Anwendung des Heimatbegriffs in der DDR. Dabei rückten nun Heimatmuseen und Geschichtspolitik vor Ort in den Fokus der Macht, wie unser Geraer Beispiel zeigt. Eine Schlüsselrolle spielte in dieser Gemengelage die bürgerliche Trägerschicht von lokalen und regionalen Heimatinstitutionen, wie Museen und Vereinen, die es ebenso aus ihrem privilegierten Heimatbezug zu verdrängen galt wie die Inhalte des Heimatverständnisses in der historischmusealen Praxis vor Ort umzupolen waren.

Ohne dass eine Strategie oder nur funktionale Instrumentalisierung zur Kompensation des konkreten Traditionsbruchs hier empirisch belegt werden kann, bleibt es auffällig, dass der Heimatbegriff unmittelbar mit der Territorialreform vom Juli 1952 in der DDR an Gewicht gewinnt. Noch auf der II. Parteikonferenz wurde der „Zwickauer Plan" verabschiedet, der als soziokulturelle Abstützung zum forcierten Ausbau des Zwickau-Oelsnitzer Steinkohlenreviers diente. In diesem Plan wurde explizit die Verpflichtung ausgesprochen, „die Liebe zur Heimatgeschichte zu wecken" und ein Museum im Geiste des Marxismus-Leninismus zu errichten (Schaarschmidt 2004: 380), und das SED-Politbüro schärfte wenige Tage später den Geschichtslehrern ein, im Unterricht Heimatgeschichte zu vermitteln. Über Heimat wird nun bis fast zum Ende des Jahrzehnts laufend diskutiert. 1955 wird das mit Kriegsende verbotene Schulfach Heimatkunde neu eingeführt. Der berühmte Geschichtsbeschluss des Zentralkomitees der SED, ebenfalls von 1955, wiederholt die Aufgabenstellung an die Historiker, die Liebe zur Heimat zu stärken. Er intendiert zudem mit der Bildung von Kommissionen zur Erforschung der Geschichte der örtlichen Arbeiterbewegung bei den Bezirks- und Kreisleitungen der SED ein DDRweites Projekt von Veteranenbefragungen, das auch die Arbeit des Geraer Museums für Arbeiterbewegung prägt. Im selben Jahr wurde durch eine Anordnung der DDR-Regierung auch das Führen von Ortschroniken für alle Gemeinden verpflichtend, um die Veränderungen „des gesellschaftlichen, wirtschaftlichen und kulturellen Lebens" seit 1945 festzuhalten (zitiert nach Hühns 1967: 24; vgl. allgemein Riesenberger 1991; Köpp 2003).

Über diese politischen Entscheidungen hinaus sind die fünfziger Jahre erfüllt mit heimatpolitischen Diskussionen auch von unten. Besonders aktiv greifen die unter dem Dach des Kulturbunds neu organisierten Mitglieder der 1945 aufgehobenen Natur- und Heimatvereine diesen Impuls auf. In ihrer zentralen Zeitschrift *Natur und Heimat,* vielen regionalen Heimatblättern und bei ihren Tagungen entfalteten sie viele Aktivitäten, um den sozialistischen Heimatbegriff in ihrem Sinne auszuloten. Zum wohl wichtigsten institutionellen Austragungsort dieser Debatte wurden die Heimatmuseen. Sie waren anders als die Heimatvereine oder die Heimatkunde keineswegs von der Besatzungsmacht verboten oder aufgelöst, sondern schon frühzeitig wieder eröffnet worden, teilweise mit dem selben – zumeist ehrenamtlichen und oft überalterten – Leitungspersonal und nur grob von Zeugnissen nationalsozialistischer Ideologie gereinigten Ausstellungen und Sammlungen (eingehend jetzt: Scheunemann 2009: 37-52).

Angesichts eines allfälligen Heimatdiskurses war es keineswegs überraschend, dass in den fünfziger Jahren in der DDR die Zahl der heimatmusealen Institutionen sehr rasch wuchs: Allein zwischen 1954 und 1958, gleichsam die Hochphase eines „Heimat-Booms", nahm die Zahl der heimatkundlichen Museen um 20 % zu, nämlich von 375 auf 448 Museen (Knorr 1959(a): 107). Sehr rasch rückten vor allem die kleinsten Einrichtungen, die Heimatstuben, jedoch in die kritische Wahrnehmung der Zentralebene. Insbesondere Heinz A. Knorr, der einflussreiche Leiter der Zentralstelle für Heimatmuseen, bündelte in seinen zahlreichen Interventionen die Kritik an der hier geleisteten – oder nach seiner Ansicht verabsäumten – heimatbezogenen Arbeit. Wenn er die in den Heimatstuben und kleinen Heimatmuseen herrschende „Abseitigkeit und Heimattümelei" geißelte (Knorr 1959(b): 203), dann denunzierte er sie als Einrichtungen, die gegen den Geist des sozialistischen Aufbaus an einem bürgerlich-reaktionären Heimatverständnis festhielten. Festzumachen ist dieser nicht zuletzt an seinem Lokalismus und seiner topografischen Enge, als „borniert-lokale Beschränkung" von Heimat, wie es das *Kulturpolitische Wörterbuch* für diesen feindlichen Heimatbegriff ausmachte (Kulturpolitisches Wörterbuch 1970: 206). Auch Knorrs Kritik am „Hängenbleiben an den Gegenständen" (Knorr 1959(b): 199) zielte in diese Richtung. Nicht der vorhandene Bestand der Sammlungen, zumeist aus den lokalen Traditionen des vergangenen Jahrhunderts zufällig erwachsen, sollte das Ausstellungskonzept bestimmen, sondern vielmehr die Aufgabe, die Leistungen der DDR-Gegenwart zu würdigen, also den sozialistischen Umbruch und Aufbau seit 1945/49, den es zudem in die Geschichte der Arbeiterbewegung von Stadt und Land einzubinden galt. Kurz, nicht das örtliche Besondere, sondern das Typische, das Allgemeine der neuen Zeit, galt es zu feiern.

Dieses Postulat entspricht der konstatierten, massiven Entkernung des Heimatbegriffs in der DDR um alle topografische Konkretheit. Zwar wird offiziell Heimat noch definiert als „territoriale Einheit des natürlichen, sozialen und kulturellen Milieus, in dem der Mensch seine erste wesentliche Persönlichkeitsprägung erfährt" (Kulturpolitisches Wörterbuch 1970: 206). Aber wenige Zeilen später wird das „sich heimisch fühlen" als ein „sozial und kulturell verwurzeltes psychisches Wohlbefinden" interpretiert: Heimatgefühl bedeute die „Übereinstimmung mit dem sozialen und kulturellen Milieu", also mit einem gesellschaftlichen Zustand des gesamten Staats DDR, während – wie schon angeführt – die lokale „Beschränkung" dem Verdikt des „bürgerlich-reaktionären Heimatverständnisses" (ebd.) verfällt. Der Heimattheoretiker und Museumsdirektor Erik Hühns kontrastiert entsprechend die „räumliche und inhaltliche Einengung", die er einer bürgerlichen Heimatkonzeption unterstellt, mit dem Modell sozialistischer Heimatkunde: Sie leiste eine „bewußte Einfügung der engeren Heimat in den Staat als Ganzes, in unsere große Heimat, und damit bewußtes Aufgreifen der nationalen Fragen" (Hühns 1967: 19).

In dieser Dialektik von der „engeren", also kindlich-privaten, lokalisierbaren, und „weiteren" oder „großen Heimat", als die sich sogleich die DDR entpuppt, verliert das räumlich Konkrete völlig an Bedeutung. Schon 1956 wurde in einer Direktive zum Heimatkundeunterricht schlicht festgehalten: „unsere Heimat ist die Deutsche Demokratische Republik" (zitiert nach Riesenberger 1991: 328). 1958 hatte dann auch die Natur- und Heimatfreunde im Kulturbund bei ihrer großen Tagung „Um unsere sozialistische Heimat" dieser nur noch an der sozialen und ideologischen Wertigkeit und nicht mehr an ihrer räumlichen Erfahrbarkeit festgemachte Heimatbegriff eingeholt (Köpp 2003:

105). Indem sich der neue Heimatbegriff durchsetzte, verloren die Heimatfreunde ihren Wert. Ein markanter Beleg waren 1962 die Einstellungen der Zeitschrift *Natur und Heimat* und anderer Periodika; nur die *Sächsischen Heimatblätter* konnten sich behaupten. Entsprechendes gilt auf dem Museumssektor, wo den kleinen Heimatmuseen und den Heimatstuben nun der Wind besonders scharf entgegen wehte. Der einmal umgepolte Heimatbegriff verlor in der nach dem Mauerbau völlig veränderten DDR schlagartig an Bedeutung und sollte erst eine halbe Generation später neu belebt werden.

Doch für die praktische Arbeit hatten die semantischen Verschiebungen der späten fünfziger Jahre unmittelbar Konsequenzen: Die lokalen und regionalen Museen waren z. B. einem beständigen Druck ausgesetzt, zentralen Anforderungen zu entsprechen. Ende der fünfziger Jahre war es vor allem die im DDR-Republikmaßstab ausgegebene Verpflichtung, in den Museen den 40. Jahrestag der Oktoberrevolution in der Sowjetunion (1957), den 40. Jahrestag der deutschen Novemberrevolution (1958) und schließlich den 10. Jahrestag der DDR-Gründung (1959) mit Ausstellungen zu begehen. Für das 1957 neu eröffnete *Museum für Geschichte der revolutionären Arbeiterbewegung des Bezirkes Gera* entsprachen diese Fragestellungen zwar seinem eigentlichen Arbeitsfeld, doch schwierig blieb die Umsetzung trotzdem für ein Haus ohne gewachsene Sammlung und mit einem ahistorisch zugeschnittenen Bezugsraum. Dabei rückte das Haus rasch in eine Vorbildfunktion für den gesamten Bezirk: Den zum Teil sehr alten und renommierten Heimatmuseen im Bezirk gegenüber wurde es nicht nur als Modell für das Aufgreifen der Arbeitergeschichte vorgestellt, sondern als das Leitmuseum für die neue Zeit, auf das sich alle museumspolitischen Anstrengungen konzentrierten.

Aber wie ließ sich hier das Neue als Heimat ausstellen? Verschlang schon die kostspielige Restaurierung der für die neuen Zwecke ungeeigneten Orangerie immer neue Mittel, dachte man bei der Einrichtung der Sammlung als Stalin-Memorialstätte ähnlich großspurig, und es wurden regional unspezifische, teuere Bildhauer-Büsten großer Arbeiterführer angeschafft. Als nun die Bildung eines für den Bezirk einschlägigen Ausstellungsfundus anstand, wurde preiswerter gedacht, und man baute auf die Unterstützung durch die örtlichen Parteiveteranen, etwa durch die Abgabe von historischem Sammlungsgut zur Ge-

Region oder Heimat? 103

schichte der Arbeiterbewegung in Thüringen, aber auch durch instruktive Zeitzeugenberichte. Doch erwiesen sich die alten Genossen keineswegs als so spenden- und auskunftsfreudig wie erhofft. Museumsleiter Martin Kiefner berichtete bald desillusioniert, wie oft er vergeblich „treppauf, treppab" in Gera und im Bezirk herumlaufe, um zeitgenössische Objekte wie Dokumente, Fahnen und Bilder zu sammeln oder – in seiner Funktion als Sekretär der Bezirkskommission für Arbeitergeschichte den Veteranen Zeitzeugenberichte abzuringen.[12] Mindestens ebenso schwierig wie die Altvorderen zum Sprechen zu bringen, war jedoch die Aufgabe, dem 1952 geschaffenen Bezirk gleichsam eine eigene Geschichte zu geben. Ostthüringen hatte es als politische Region vorher nie gegeben. Museumsdirektor Kiefner und seine Kollegen wiesen fast verzweifelt auf den eher „zufälligen Charakter" der Bezirksgrenzen hin. Während das Land Thüringen eine „organische Einheit" gebildet habe, greife nun bei kleinräumiger Betrachtung vieles immer wieder über die neuen Grenzen hinweg.[13] Beispielhaft waren die Probleme bei dem Versuch, 1963 in einer Ausstellung und einem parallelen Buchprojekt zum 70. Geburtstag von Walter Ulbricht dessen einstiges Wirken als Bezirkssekretär der KPD von Großthüringen (1921-1923) in helles Licht zu rücken, um zugleich eine historische Tradition in Gera erstrahlen zu lassen.[14] Natürlich schaltete sich bei einer solch zentralen Aufgabe auch die nationale Führungsebene – in diesem Falle das Institut für Marxismus-Leninismus beim ZK der SED sowie die Parteihochschule als Ideologiewächter – ein, dabei stets auf „das Herausarbeiten des richtigen Verhältnisses zwischen Heimatgeschichte zur Gesamtgeschichte" be-

---

[12] Kiefner: Einige Bemerkungen zum Entstehen und zur Arbeit des Museums für Geschichte der revolutionären Arbeiterbewegung des Bezirks Gera (nach Begleitschreiben vom 13.1.1961), in: SAG III A 6/1775.
[13] So Kiefner in einem (undatierten) Konzept für die Konferenz des Instituts für Marxismus-Leninismus mit den drei thüringischen Bezirkskommissionen für Geschichte der Arbeiterbewegung (Erfurt, Suhl, Gera) am 27.11.1959 in Gera, in: SAG III A 6/1769.
[14] Umfassendes Material, u. a. Protokoll zu einer Arbeitskonferenz der drei Bezirkskommissionen für Geschichte der Arbeiterbewegung und des Instituts für Marxismus-Leninismus am 2. und 3. April 1963, in: SAG III A 6/1768.

dacht.[15] Überhaupt zeigte sich die Zentrale zunehmend für die in Gera gesammelten und genutzten Objekte und Materialien interessiert, zum Beispiel an der inzwischen zusammengetragenen Arbeiterpresse. Ihre präzisen Wünsche zur Überlassung dieser Quellen, um sie „an zentraler Stelle auszuwerten", liefen letztlich auf eine Enteignung der regionalen Geschichtsdokumente durch die Zentrale hinaus. Setzten sich die Museumsleute in Gera hier noch mit dem Hinweis auf die vitale Bedeutung dieser Quellen für die eigene Arbeit durch,[16] mussten sie bei einer anderen Forderung, dem wohl eindrucksvollsten Ausstellungsobjekt des Hauses, kapitulieren.[17]

Als ein Haus, das vor allem zweidimensionales Material zeigte, also Bilder, Graphiken, Plakate, alte Zeitungen, daneben einige Kunstwerke und heroische Plastiken, war man besonders stolz, ein herausragendes Objekt mit einem echten Bezug zur regionalen Arbeiter- und Widerstandsgeschichte auf Bezirksebene zeigen zu können: den Handabzugsapparat der kommunistischen Widerstandsgruppe um Magnus Poser in Jena, deren illegale Druckerei Flugblätter gegen den Nationalsozialismus produziert hatte. Magnus Poser und sein Mitstreiter Theodor Neugebauer sollten als Leitgestalten des ostthüringischen Raums aus dem „antifaschistischen Kampf" im Museum als heimatliche Vorbilder sogar noch stärker herausgestellt werden, war doch

---

[15] Gutachten der Parteihochschule „Karl Marx" beim ZK der SED (Genossin Bach) zur Broschüre „40. Jahrestag der Novemberrevolution" der Kreisleitung Gera Stadt, 11. Mai 1959, in: SAG III A 6/1766.

[16] Institut für Marxismus-Leninismus beim ZK der SED, Bibliothek, an Museum für die revolutionäre Arbeiterbewegung im Bezirk Gera, 12.5.1961, und ablehnendes Antwortschreiben des Museums vom 6.6.1961, das die gewünschten Zeitungen als „das tägliche Brot" der örtlichen Arbeit beschreiben, in: SAG III A 6/1769. Dass es sich dabei nicht um einen Einzelfall zentraler Zugriffe auf regionalen Quellenbesitz handelt, bezeugt ein Rundschreiben des ZK-Instituts an die Bezirkskommissionen für Geschichte der Arbeiterbewegung vom 8.4.1961, in: ebd., in der es um Materialen zum 15. Jahrestag der SED-Gründung ging. Nur drei (von 14) Bezirkskommissionen in der DDR waren einer entsprechenden Aufforderung vom Oktober 1960 nachgekommen.

[17] Vgl. Kiefner: Einige Bemerkungen (wie Fußnote 12), wo der „Abzugsapparat der Poser-Neugebauer-Gruppe" neben einem Bebel-Foto von 1905 und einem seltenen Thälmann-Plakat zu den wichtigsten Objekten des Hauses gezählt wird.

1961 die Installation eines „Magnetophonband[s] für Tonaufnahmen der Poser-Neugebauer-Gruppe" als Zukunftsprojekt geplant.[18]
Es war ein böses Vorzeichen für das baldige Ende des Geraer Museums, das 1963/64 in das Kulturgeschichtliche Museum der Stadt integriert wurde, dass es sich bereits 1962 von diesem stolz präsentierten Abzugsapparat trennen musste, weil es als authentisches Widerstandsobjekt auf der Zentralebene benötigt wurde. Das Museum für Deutsche Geschichte im Berliner Zeughaus, die ideologische Leitinstitution des DDR-Museumswesens, erhielt das Gerät, dessen Eigentümer das Institut für Marxismus-Leninismus beim ZK der SED war. Geradezu paradigmatisch ist die Gegengabe: „Keineswegs soll dabei Eure Situation vergessen werden", schrieb der zuständige Berliner Museumsreferent an die Kollegen in Gera und stellte ihnen für ihr Haus eine Schreibmaschine aus der „antifaschistischen Emigrationsarbeit" in Aussicht.[19] Die Ersetzung des mit beträchtlichem Erinnerungs- und Identitätswert verbundenen heimischen Objekts durch ein beliebiges internationales Ausstellungsstück soll hier interpretatorisch nicht überstrapaziert werden. Charakteristisch für die Zentralisierung und Entkernung des Heimatverständnisses wie des Museumswesens um alles regional Spezifische ist es ohne Zweifel.

Anfang der sechziger Jahre sind Heimatdiskurs und Museumspolitik in der DDR auf der ideologisch angestrebten Ebene angekommen. Heimat ist die ganze DDR, und entsprechend bedarf es auch keiner spezifischen Lokal- und Regionalorientierung im Museum mehr. Alles, was in der öffentlichen musealen Präsentation dezidiert auf Lokales und allein auf die „engere Heimat" bezogen ist, steht im Verdacht des Kleinbürgerlichen, des Reaktionären und des Chauvinismus. Nun war auch für das *Museum für die Geschichte der revolutionären Arbeiterbewegung im Bezirk Gera* kein Platz mehr, ebenso wenig wie für parallele Häuser in Leipzig und Dresden. Hatte es einige Zeit zur Durchsetzung der Arbeitergeschichte als Hauptgegenstand von Museums- wie Identitätspolitik gedient, konnte darauf, weil sie nun zuneh-

---
[18] Vgl. ebd.
[19] Museum für deutsche Geschichte (Kiau) an Museum für die revolutionäre Arbeiterbewegung im Bezirk Gera, 1.6.1962, in: SAG III A 6/1776, ebd. auch weitere Materialien zu dem Verlust des dann schon am 22. Juni 1962 übergebenen Abzugsapparats.

mend die Sammlungs- und Ausstellungsarbeit der „normalen" Geschichts- und Heimatmuseen bestimmte, gut verzichtet werden. Als geschichtspolitische Sonderform besaß es ohnehin nur einen oft fadenscheinigen Regionalbezug, wie die von oben vorgegebenen Themen der Sonderausstellungen[20] andeuten, die selten eine intensive Auseinandersetzung mit der Region „Bezirk Gera" verlangten. Von dieser Seite drohte jedenfalls dem rigiden Zugriff auf die Heimat in der DDR keine Gefahr, ebenso wie jedes kritische Potential gegen die diktatorische Zentrale, das sich aus der Heimatorientierung vielleicht hätte speisen können, lahm gelegt war. Heimat verlor, wie gesagt, an Konjunktur.

Und doch sollte es nur wenige Jahre dauern, bis aus der Geschichtswissenschaft der DDR ein neuer Impuls kam, sich vermehrt wieder den kleineren, topografisch enger gefassten und historisch gewachsenen Größenordnungen zuzuwenden. Dass dies nun nicht mehr unter dem verbrauchten und verdrehten Begriff der „Heimat", sondern dem weniger belasteten und international anschlussfähigen Terminus Regionalgeschichte erfolgte, nahm diesem Zugriff nichts von seiner Brisanz. So musste der Leipziger Historiker Karl Czok 1962/63 noch heftige Kritik für seinen Versuch einer marxistischen Landesgeschichte – in Anlehnung an die großen landeshistorischen Traditionen der Leipziger Geschichtswissenschaft – einstecken (Scheunemann 2009: 307-314), doch bereits 1965 erschien der erste Band des dann sehr erfolgreichen Jahrbuchs für Regionalgeschichte (Czok 1965). In seinem Geleitwort verknüpfte der Direktor des Leipziger Instituts für deutsche Geschichte, Max Steinmetz, geschickt Heimat- und Regionalgeschichte und erinnerte: „Besonders die Heimatgeschichte ist immer von der Liebe der Menschen zu ihrer engeren Heimat gespeist worden." (Steinmetz 1965: 7). Von dieser Basis fachwissenschaftlich gesicherter Forschung aus führt eine dünne Linie des DDR-Heimatkonzepts, dem das Jahrbuch mit Steinmetz' Hinweis auf die „engere Heimat" durchaus verbunden bleibt, zu einem dann zunehmend kritischeren regionalen Bewusstsein, dass ab Ende der siebziger Jahre vermehrt in der DDR registriert wird, zumal in den südlichen, dicht besiedelten

---

[20] Erfolgreichste Sonderausstellung war eine Propagandaschau gegen die Remilitarisierung der Bundesrepublik.

Region oder Heimat?

und traditionell heimatorientierten Bezirken (Keller 1994: 207ff.). Der Kulturbund der DDR (so inzwischen der Name) versuchte dann 1979 mit der Neubegründung einer Gesellschaft für Heimatgeschichte diese Wasser auf seine Mühlen zu lenken, ohne freilich ideologisch das Heimatkonzept zu revidieren (Gutsche 1980). Nur im Detail, in den regionalen Nischen, war diese Integration schließlich teilweise erfolgreich, wie eine Vielzahl heimathistorischer Buch- und Broschürenreihen, respektable wissenschaftliche Stadtgeschichten und schließlich sogar eine sächsische Landesgeschichte (Keller 1994: 205f.) dokumentierte, ebenso wie eine fast die Besorgnis der Mächtigen erregende Zunahme der heimatkundlichen und historischen Museen (Hoffmann 2003: 90). Ideologische Bindungskraft für die sozialistische Diktatur erwuchs daraus aber gerade nicht, vielmehr wurde sie ins Lokale und Regionale umgeleitet.

Entscheidende Differenz blieb die Konkretion, die der neue Terminus Region sicherstellte, ja rettete, und der sich damit gegen den topografisch entleerten Heimatbegriff richtete. Nur aus der räumlichen Verankerung speiste sich in den letzten Monaten der DDR die Erinnerung an regionale und landesgeschichtliche Traditionen, die Mut machte im Kampf gegen die abgewirtschaftete Zentrale. Und so erinnert das Exempel der missglückten Indienstnahme der Heimat für die SED-Diktatur an Jean Amérys Warnung, Heimat gering zu schätzen, und zwar die ganz konkrete, eigene Heimat – „Fliederduft aus dem Nachbarsgarten" (Amery 2000: 84) – die „Sicherheit" bedeutet (Amery 2000: 81), die aber nicht von oben verordnet wird, sondern nur aus realer, örtlicher Erfahrung erwachsen kann.

Literaturverzeichnis

Améry, Jean: Jenseits von Schuld und Sühne. Bewältigungsversuche eines Überwältigten. Stuttgart ^{4}2000.
Czok, Karl: Zur Entwicklungsgeschichte der marxistischen Regionalgeschichtsforschung in der DDR, in: Jahrbuch für Regionalgeschichte 1, 1965, 9-24.
Flegel, Silke / Hoffmann, Frank: Umprägung der Erinnerung – Zum Umbruch in Theater und Museum in der jungen Bezirksstadt Gera, in: Timmermann, Heiner (Hg.): Historische Erinnerung im Wandel. Neuere Forschungen zur deutschen Zeitgeschichte unter besonderer Berücksichtigung der DDR-Forschung. Berlin 2007, 398-416 (= Politik und Moderne Geschichte, Band 1).

Gutsche, Willibald: Heimatverbundenheit und Heimatgeschichte in unserer Gesellschaft, in: Einheit 35, 1980, 813-819.
Hajna, Karl-Heinz: Länder – Bezirke – Länder. Zur Territorialstruktur im Osten Deutschlands 1945-1990. Frankfurt am Main 1994.
Hajna, Karl-Heinz: Die Beseitigung des Landes Thüringen 1952. Realisierung und historisch-politische Argumentationsmuster, in: Westfälische Forschungen 46, 1996, 366-381.
Hartung, Barbara / Hartung, Werner: Heimat – Rechtsort und „Gemütswert". Anmerkungen zu einer Wechselbeziehung, in: Klueting, Edeltraud (Hg.): Antimodernismus und Reform. Zur Geschichte der deutschen Heimatbewegung. Darmstadt 1991, 157-170.
Hoffmann, Frank: „Größte Massenwirksamkeit auf kulturellem Gebiet". Zur Funktion und regionalen Struktur der Museen in der DDR, in: Jelich, Franz-Josef / Goch, Stefan (Hg.): Geschichte als Last und Chance. Festschrift für Bernd Faulenbach. Essen 2003, 89-105.
Hühns, Erik: Heimatkunde heute und die Rolle der Heimatmuseen, in: Neue Museumskunde 10, Heft 1, 1967, 14-27.
Hühns, Erik / Knorr, Heinz A.: Zur Entwicklung der Heimatmuseen in der DDR (1945-1960). Mit einer Zeittafel zur Geschichte des Museumswesens in der DDR, in: Neue Museumskunde 12, Heft 4, 1969, 464-479.
Keller, Katrin: Landesgeschichte zwischen Wissenschaft und Politik: August der Starke als sächsisches „Nationalsymbol", in: Jarausch, Konrad H. / Middell, Matthias (Hg.): Nach dem Erdbeben. (Re-) Konstruktion ostdeutscher Geschichte und Geschichtswissenschaft. Leipzig 1994, 195-215.
Kiau, Rolf: Zur Entwicklung der Museen der DDR, in: Neue Museumskunde 12, Heft 4, 1969, 415-463.
Kleines Politisches Wörterbuch. Hg. von einem Kollektiv unter Leitung von Gertrud Schütz. Berlin ³1978.
Klueting, Edeltraud: Vorwort, in: Klueting, Edeltraud (Hg.): Antimodernismus und Reform. Zur Geschichte der deutschen Heimatbewegung. Darmstadt 1991, VII-XII.
Knorr, Heinz A.: Ortsmuseen und Heimatstuben. Eine Betrachtung über das Netz der heimatkundlichen Museen, insbesondere über die Situation in den Ortsmuseen und Heimatstuben, in: Neue Museumskunde 2, Heft 2, 1959(a), 105-131.
Knorr, Heinz A.: Heimatstuben, in: Neue Museumskunde 2, Heft 3, 1959(b), 193-206.
Köpp, Ulrike: Heimat DDR. Im Kulturbund zur demokratischen Erneuerung Deutschlands, in: Krause, Martina / Neuland-Kitzerow, Dagmar / Noack, Karoline (Hg.): Ethnografisches Arbeiten in Berlin. Wissenschaftsgeschichtliche Annäherungen. Münster 2003, 97-107 (= Berliner Blätter. Ethnographische und ethnologische Beiträge, Heft 31).
Kulturpolitisches Wörterbuch. Hg. von Harald Bühl u. a. Berlin 1970.
Mues, Siegfried / Brodale, Klaus: Stadtführer. Gera. Bindlach 1995.
Oberkrome, Willi: ‚Heimat' und Großraumpläne aus der Sicht mittel- und westdeutscher Heimatschutzbewegungen, in: John, Jürgen (Hg.): „Mitteldeutschland". Begriff – Geschichte – Konstrukt. Rudolstadt 2001, 419-432.

Oberkrome, Willi: „Deutsche Heimat". Nationale Konzeption und regionale Praxis von Naturschutz, Landschaftsgestaltung und Kulturpolitik in Westfalen-Lippe und Thüringen (1900-1960). Paderborn 2004.

Riesenberger, Dieter: Heimatgedanke und Heimatgeschichte in der DDR, in: Klueting, Edeltraud (Hg.): Antimodernismus und Reform. Zur Geschichte der deutschen Heimatbewegung. Darmstadt 1991, 320-343.

Ringbeck, Brigitta: Dorfsammlung – Haus der Heimat – Heimatmuseum. Aspekte zur Geschichte einer Institution seit der Jahrhundertwende, in: Klueting, Edeltraud (Hg.): Antimodernismus und Reform. Zur Geschichte der deutschen Heimatbewegung. Darmstadt 1991, 288-319.

Roth, Martin: Heimatmuseum. Zur Geschichte einer deutschen Institution. Berlin 1990 (= Berliner Schriften zur Museumskunde, Band 7).

Rutz, Werner / Scherf, Konrad / Strenz, Wilfried: Die fünf neuen Bundesländer. Historisch begründet, politisch gewollt und künftig vernünftig? Darmstadt 1993.

Schaarschmidt, Thomas: Regionalkultur und Diktatur. Sächsische Heimatbewegung und Heimat-Propaganda im Dritten Reich und in der SBZ/DDR. Köln-Weimar-Wien 2004 (= Geschichte und Politik in Sachsen, Band 19).

Scheitler, Irmgard: „Unsrer Heimat treu ergeben". Patriotismus und Deutschlandbilder im DDR-Lied, in: Heimböckel, Dieter / Werlein, Uwe (Hg.): Der Bildhunger der Literatur. Festschrift für Gunter E. Grimm. Würzburg 2005, 293-312.

Scheunemann, Jan: „Gegenwartsbezogenheit und Parteinahme für den Sozialismus". Geschichtspolitik und regionale Museumsarbeit in der SBZ/DDR 1945-1971. Berlin 2009.

Schlögel, Karl: Im Raume lesen wir die Zeit. Über Zivilisationsgeschichte und Geopolitik. München, Wien 2003.

Steinmetz, Max: Zum Geleit, in: Jahrbuch für Regionalgeschichte 1, 1965, 7.

Toepel, Lothar: Zur Entwicklung der Museen im Bezirk Gera, in: Neue Museumskunde 18, Heft 4, 1975, 252-261.

Anna Olshevska

Der ukrainische Weg: Im Zwiespalt beheimatet.
Das Beispiel des Popstars Verka Serdjučka

Ein Land am Scheidepunkt

Heimat wird häufig im Moment ihres Verlustes thematisiert. Meist kommt es zu dieser Situation, wenn man die Heimat verlässt. Was passiert jedoch, wenn einem die Heimat entzogen wird, ohne dass man sie verlässt? Was ist, wenn man in einem Land lebt, das aufgrund einer Transformation ein anderes wird? Wie entsteht eine Einheit für ein Volk, das im Laufe seiner Geschichte unterschiedlichsten Einflüssen ausgesetzt wurde, so dass man von einer für die Nationsbildung[1] notwendigen Einheit nur schwer sprechen kann? Was hält dieses Volk zusammen? Kann es durch gemeinsame Traditionen, Bräuche, Religion oder vielleicht Sprache von den anderen abgegrenzt werden, wie es für andere Länder gilt? (Barth 1969: 12f.).

Die Ukraine, die als ein unabhängiger Staat 1991 entstanden ist, kann auf eine jahrhundertealte Geschichte zurückblicken, wenn auch in diesen Jahrhunderten der Staat Ukraine insgesamt nur für kurze Zeit existierte. Die heutige Ukraine gehörte im Laufe der Geschichte abwechselnd und zu unterschiedlichen Teilen zu Polen, Litauen, Ungarn-Österreich sowie Russland. Erst 1939 wurde die Westukraine an die Ukrainische SSR angegliedert. Hinzu kommt die Tatsache, dass die Halbinsel Krim, auf der die russische Bevölkerung überwiegt, erst 1954 in die Ukraine integriert wurde. Somit besteht das Territorium der heutigen Ukraine lediglich seit etwas mehr als einem halben Jahrhundert.

---

[1] Dem Begriff „Nation", so wie er in diesem Beitrag verwendet wird, wird eine offene moderne demokratische Auffassung im Sinne von Verfassungspatriotismus zugrunde gelegt; „Nationalität" bezeichnet die ethnische Herkunft bzw. Zugehörigkeit zu einer bestimmten Volksgruppe, allerdings ohne deren Gleichsetzung mit „Staatsangehörigkeit". Vgl. Politiklexikon der Bundeszentrale für politische Bildung (Zugriff vom 28.02.2009):
http://www.bpb.de/popup/popup_lemmata.html?guid=QYS8IF.

So war die Ukraine zum Zeitpunkt der Unabhängigkeit sowohl sprachlich als auch religiös und kulturell von Heterogenität geprägt. Während die nationale Selbstbestimmung für den neuen Staat die wichtigste Frage überhaupt war, herrschte Unklarheit darüber, auf welche Werte sich die neu gegründete ukrainische Nation stützen soll.

Tatsache ist, daß es am Vorabend der Unabhängigkeit keine vollständig formierte Einheit gab, die man wenigstens unter Vorbehalt als ukrainische politische Nation hätte bezeichnen können. Im Grunde war die Bevölkerung der Ukraine lediglich durch das gemeinsame Territorium verbunden, während ansonsten unterschiedliche Mentalitäten sowie die Zugehörigkeit zu verschiedenen politischen Konstrukten und kulturellen Welten erhalten blieb (Woznjak 2004: 71).

Ausschlaggebend für die Bildung des heutigen ukrainischen nationalen Bewusstseins waren die Minderheitenpolitiken Russlands und der k. u. k.-Monarchie im 19. Jahrhundert. Während Russland vehement versuchte, alle anderen Nationalitäten auf seinem Territorium zu russifizieren, war die Minderheitenpolitik der k. u. k.-Monarchie weitaus toleranter, begünstigte gar die Entwicklung verschiedener Nationalitäten innerhalb des Reiches. Die Ukraine stand 1991 – wie auch andere postsowjetische Länder – am Scheideweg; blickte gleichzeitig in die Vergangenheit und in die Zukunft. Sie musste den Weg der Nationsbildung, den andere europäische Länder bereits vor hundert Jahren zurückgelegt hatten, nachholen und sich den Herausforderungen des angehenden 21. Jahrhunderts stellen. Das 20. Jahrhundert hatte viel zu oft gezeigt, wie Heimat als politische Ideologie interpretiert und im Sinn von repressiver Identitätspolitik angewendet werden kann. Diese Gefahr ist keineswegs gebannt, durch die ideologische Vereinnahmung werden Identitätsfindungen zu politischen Entscheidungen (Hüppauf 2007: 120; Korfkamp 2006: 160). Für die Ukraine trifft diese Behauptung in besonderem Maße zu, da das vorhandene Opferbewusstsein wegen Jahrhunderte langer Unterdrückung einen großen Raum im öffentlichen Diskurs annimmt.[2]

---

[2] Anders als im Rest Europas ist Nationalismus in der Ukraine gesellschaftsfähig: So existiert als eine gleichberechtigte Partei, wenn auch nicht mit einer überwältigenden Stimmenzahl, der „Kongress der Ukrainischen Nationalisten" – in Westeuropa undenkbar.

Die komplizierte gemeinsame Vergangenheit Russlands und der Ukraine sorgte dafür, dass die Bildung der ukrainischen Nation unter anderem mit einer negativen Abgrenzung zu Russland einherging. Die russisch-ukrainischen Beziehungen verlaufen seit dem Erlangen der ukrainischen Unabhängigkeit alles andere als einfach. Einerseits unterschrieben beide Länder 1997 und verlängerten für weitere zehn Jahre den Vertrag über Freundschaft und Zusammenarbeit zwischen Russland und der Ukraine; 2002 fand in Russland das Jahr der Ukraine und 2003 in der Ukraine das Jahr Russlands statt. Andererseits sorgen politische Skandale immer wieder für neue Komplikationen innerhalb der Beziehungen. Der Streit um die Schwarzmeerflotte und Gasskandale sind lediglich zwei Elemente der seit über fünfzehn Jahren andauernden Hassliebe beider Länder. Am besten lässt sich die ukrainische Haltung gegenüber Russland durch den Buchtitel des ehemaligen ukrainischen Präsidenten Leonid Kučma veranschaulichen: *Ukrajina – ne Rosija* (Die Ukraine ist nicht Russland), das 2004 mit einer an sowjetische Zeiten erinnernden Auflage von 150.000 Exemplaren veröffentlicht wurde (Kučma 2004). Das Buch erschien zweisprachig (ukrainisch und russisch) – und in Moskau.

Daher ist es nur folgerichtig, dass in den verschiedenen Modellen des ukrainischen nationalen Bewusstseins, welche sich im ukrainischen intellektuellen Diskurs nach 1991 herausbildeten, drei Hauptmerkmale einer Basis ukrainischer Identität in verschiedenen Gewichtungen kombiniert werden: Zum Ersten sind es die Unterschiede zwischen der Ost- und der Westukraine, zum Zweiten die Abgrenzung gegenüber Russland und zum Dritten die Position der Ukraine im gesamteuropäischen Kontext (Hnatjuk 2004). Für die Herausbildung von Identitäten nennt Korfkamp zwei mögliche Bedeutungsstränge: die Konstruktion eines sozialen Ausschlussprinzips sowie eine dynamische Konzeption der Heimat (Korfkamp 2006: 129). Dem ersten Bedeutungsstrang liegt ein „substantiell-statisches" Verständnis von Identität zugrunde. Der Zweite ist auf ein „prozessual-dynamisches" Verständnis ausgerichtet, welches besser mit Identifizierung bezeichnet wäre (Korfkamp 2006: 131f.). Die oben genannten Faktoren, die den ukrainischen Identitätsfindungsprozessen zugrunde gelegt werden, sind allesamt statisch, sie betrachten die ukrainische Kultur als gegebene Größe und streben eine Eingrenzung des Eigenen bzw. die Ausgrenzung der Fremden an. Die Diskussion zielt lediglich dahin, wie genau diese Größe definiert werden soll.

Alte Codes

Im Prozess der Staatsbildung greift man gerne zu bestimmten festgelegten Kriterien, anhand derer eine konkrete Definition möglich wäre. Es hat sich jedoch längst erwiesen, dass alle objektiven Merkmale eine Illusion sind, und die Entscheidung darüber, wie Staat, Gesellschaft, Loyalität und Zugehörigkeitsgefühl aussehen sollen, lediglich in den Händen von denjenigen liegt, die in diesem Staat oder dieser Gesellschaft leben (zitiert nach Korfkamp 2006: 143), was freilich eine sachliche Analyse erschwert. In Identitätsfindungsprozessen wird zu verschiedenartigen Codes gegriffen, wobei Abstammung und Herkunft die nächstliegenden sind. Diese primordialen Codes sind durch die Ausgrenzung der Fremden eindeutig statisch markiert (Korfkamp 2006: 148) und entsprechen einer konservativen Interpretation des Nationsbegriffs. Hätte dieses Ausschlussverfahren in der Ukraine angestrebt werden wollen, wäre damit mindestens ein Drittel der ukrainischen Bevölkerung ausgegrenzt – es hätte nicht einmal die ukrainische Staatsangehörigkeit erhalten. Der Begriff „Nationalität" war in der Sowjetunion nicht an die Staatsangehörigkeit geknüpft, sondern bezeichnete lediglich die ethnische Abstammung. So gesehen hätten die Ukrainer nicht ethnisch-ukrainischer Abstammung entweder ihre Herkunft aufgeben müssen oder sie wären von der „Nation" ausgeschlossen geblieben. Diese Variante wurde nie in Betracht gezogen. Kulturelle Codes als gemeinsames Merkmal waren insofern problematisch, als dass die gemeinsame Vergangenheit in der Sowjetunion lag, und davon wollte man Abstand nehmen. Im weiteren Verlauf soll gezeigt werden, wie die Entwicklung der kulturellen Codes später ausfiel.

Als weiterer Identitätsbildender Code bot sich die Sprache an. Die ukrainische Sprache bildete sich relativ spät heraus. Sie gehört zusammen mit der russischen und der weißrussischen zu den ostslawischen Sprachen und entwickelte sich aus dem gemeinsamen Altostslawischen erst ab ca. dem Jahr 1350. Da die östlichen Teile der Ukraine die meiste Zeit zu Russland gehörten, übte Russland auf diesen

Teil der Ukraine einen enormen Einfluss aus, und zwar in politischer wie auch in sprachlicher Hinsicht, wobei beide Aspekte miteinander verknüpft sind. Das Ukrainische galt in Russland lange Zeit als eine Bauernsprache, ein Dialekt des Russischen oder als eine entstellte russische Sprache, was mit dem Begriff „Kleinrussisch" abgetan wurde. Zwei Erlasse des 19. Jahrhunderts, das *Valuevskij cirkuljar* (1863) sowie der *Emskij ukaz* (1876), die von Alexander II. unterzeichnet wurden, verboten ukrainischsprachige Publikationen sowie Unterricht auf Ukrainisch in den ukrainischen Schulen. Diese Verbote sollten erst 1906 aufgehoben werden. Nach der Oktoberrevolution kam zusammen mit der Ukrainischen Republik eine kurze Zeit des Aufschwungs für die Entwicklung der ukrainischen Sprache und Kultur, welcher diesmal jedoch bald durch die Bolschewiki rückgängig gemacht werden sollte.

Die k. u. k.-Monarchie hingegen ermöglichte bis zu einem gewissen Grad die Entwicklung der ukrainischen Kultur in dem zu ihr gehörenden Teil der Ukraine. Nach dem Verbot von ukrainischer Sprache und Kultur verlagerte sich die ukrainische nationale Idee von der Ost- in die Westukraine, indem die ukrainischen Intellektuellen Kiew, Charkiv und Donezk verließen, um sich in der Umgebung von Lwiw (Lemberg) niederzulassen.[3] So gab es an der Universität Lemberg zu Beginn des 20. Jahrhunderts einen Lehrstuhl für ukrainische Geschichte und Literatur. In der Ukrainischen Sowjetischen Sozialistischen Republik zeichnete sich die Sprachenpolitik des Staates durch Ambiguität aus. Einerseits wurden die Sprachen der einzelnen Republiken staatlich gefördert, Ukrainisch z. B. war ein Schulpflichtfach in der Ukraine, andererseits hatte es weiterhin ein niedriges Ansehen, das durch eine Reihe von Sprachreformen zuungunsten der ukrainischen Sprache zusätzlich verstärkt wurde. Man bemühte sich auf das Russische umzusteigen, wollte man Karriere machen.[4] Dies führte unter anderem zur Entstehung einer Mischform, dem so genannten *Suržik*[5] –

---

[3] Diesen Hinweis verdanke ich Helmut Jachnow.
[4] So durften wissenschaftliche Dissertationen in der Sowjetunion nur in der russischen Sprache verfasst werden.
[5] Ursprünglich bezeichnete dieses Wort eine Mischung aus zwei Getreidesorten. Mehr über Suržik: Kratochvil / Mokienko 2004: 135-150.

einer wenig normierten Mischung aus hauptsächlich ukrainischer Phonetik und Grammatik mit russisch-ukrainischer Lexik.

Mangels Alternativen und aus der Opferhaltung vor dem Hintergrund der Jahrhunderte langen Unterdrückung heraus blieb zunächst die Sprache, und zwar explizit die ukrainische Sprache, die einzige Alternative der Identitätsbildung im neu erschaffenen Staat (Woznjak 2004: 72). Bereits vor dem Ausrufen der ukrainischen Unabhängigkeit trat am 1. Januar 1990 das Sprachgesetz in Kraft, welches vorsah, dass innerhalb von zehn Jahren der Übergang zur ukrainischen Sprache im offiziellen Bereich zu vollziehen sei. Auch in der modernen Gesellschaft kann Sprache eine abgrenzende Funktion haben, aber dadurch, dass sie erlernbar ist, wäre es womöglich ein Code, den man sich aneignen kann. Obwohl zu berücksichtigen sei, dass hinter der Sprache emotionale, ethische, ästhetische und logische Konnotationen stehen und sie „so als statisches Ausgrenzungskriterium [...] nicht an gesellschaftlicher Wirkung verliert" (Korfkampf 2006: 161).

Die Verankerung der ukrainischen Sprache verlief durch eine Umstellung von offiziellem Schriftverkehr, Schulunterricht, öffentlichen Diskursen usw. Weiterhin wurde diese Umstellung dadurch begünstigt, dass das Ukrainische zur einzigen Staatssprache erklärt wurde, ungeachtet der großen russischsprachigen Minderheit und einer beträchtlichen Anzahl so genannter Russophoner – ethnischer Ukrainer, für welche Russisch die Muttersprache war.[6] Es ist zu verzeichnen, dass seit dem Erlangen der Unabhängigkeit 1991 die ukrainische Sprache sowohl an Ansehen gewonnen hat als auch immer häufiger Verwendung findet. Die Bemühungen der vergangenen Jahre haben definitiv Früchte getragen – nicht in dem Maße, wie von manchen erhofft wurde, aber auch nicht so erfolglos, wie manch pessimistischer Beobachter meint. So fiel der Anteil der Russophonen von 29 % auf 22 % (Simon 2007: 8). Allerdings sind selbst die Statistiken nicht vor-

---

[6] Bei der letzten Volkszählung in der UdSSR 1989 bezeichneten sich 72,7 % der Befragten als Ukrainer, wobei 12 % der Ukrainer Russisch als ihre Muttersprache angegeben haben (Stewart 2000: 6). Aber diese – wenn auch offizielle – Selbsteinschätzung kann nicht vorbehaltlos verwendet werden, denn für viele Bewohner der Ukraine ist der Begriff ‚Muttersprachler' durch die Ähnlichkeit beider Sprachen sowie die Unbestimmtheit in der Abgrenzung ihrer Verwendung unklar (Jilge 2007: 19).

behaltlos hinzunehmen, da die Ukrainer laut Gerhard Simon eine labile ethnische Identität aufweisen, die ihre Selbsteinschätzung auch in Sprachenfragen beeinflusse (Simon 2007: 8).

Die ukrainischen Medien spiegeln ebenfalls die sprachliche Situation des Landes wider. Nach dem Erlangen der Unabhängigkeit wurde zunächst strikt darauf geachtet, dass alle Fernsehprogramme konsequent auf Ukrainisch ausgestrahlt werden. Die kommerziellen Sender, die sich dem Druck der Nachfrage beugten, hatten und haben immer noch einen größeren russischsprachigen Anteil als die staatlichen Sender (Simon 2007: 10). Die Situation ist heute entspannter als in den ersten Jahren der Unabhängigkeit, zeichnet sich aber durch eine Ambivalenz aus. Nicht selten geschieht es, dass der Korrespondent eines staatlichen Senders seine Frage auf Ukrainisch stellt und eine Antwort auf Russisch bekommt, ohne dass sich eine der beiden Seiten brüskiert fühlt. Die kommerziellen Sender erkannten ihrerseits die Wichtigkeit des Ansehens der ukrainischen Sprache und reagierten auf ihre Weise: Eine ukrainische Castingshow wird von zwei Moderatoren bestritten, von denen einer stets Russisch, der andere stets Ukrainisch spricht. Auch in rein ukrainischen Unterhaltungssendungen, die in russischer Sprache ausgestrahlt werden, wird immer wieder für kurze Zeit ins Ukrainische gewechselt. Sogar Russland lässt sich auf die neuen Spielregeln ein: Die noch aus den siebziger Jahren bekannte sowjetische und jetzt russische Fernsehsendung *Klub Vesjelych i Nachodčivych* (KVN) wird in der Ukraine mit ukrainischsprachigen Beiträgen ausgestrahlt; sogar der russische Moderator Aleksandr Masljakov bemüht sich, einige Sätze oder Werbeeinlagen auf Ukrainisch zu sprechen, wenn seine Show in der Ukraine stattfindet.

Obwohl der Umgang mit der Sprachenfrage differenzierter geworden ist, wäre es dennoch verfrüht, sie als gelöst zu betrachten (Simon 2007: 10). So sollte der kommerzielle Fernsehkanal TET 2005 geschlossen werden, weil dort zu wenig Ukrainisch gesprochen wurde. Gemäß der momentanen Konvention werden nun alle Sendungen des Kanals ukrainisch untertitelt. Für weitere Kanäle und Sendungen, vor allem für die russischsprachigen, gilt, dass sie in immer stärkerem Maße entweder ukrainisch synchronisiert oder zumindest untertitelt werden, obwohl die meisten Ukrainer Russisch verstehen. Dennoch sorgt die Sprachenfrage immer wieder für Konflikte und Probleme.

Bis ins Extreme reichte der tragische Vorfall, als 2000 der Popsänger Ihor Bilozir nach einer Auseinandersetzung über die russische und die ukrainische Musik in einer Kneipe in Lwiw getötet wurde. In den vergangenen Jahren hat die Popindustrie in der Ukraine zahlreiche Künstler hervorgebracht, die sich sowohl in die ukrainische Politik einmischen als auch für Bekanntheit des Landes im Ausland sorgen. Ich möchte an dieser Stelle die Sängerin Ruslana (Ruslana Lyžyčko) nennen, die den Eurovision Song Contest 2004 gewann und somit den internationalen Wettbewerb für das Jahr 2005 in die Ukraine holte. Dies bedeutete viel für das Land, in dem der Grand Prix ein hoch angesehener Preis ist. Im selben Jahr sang Ruslana während der Orangen Revolution auf dem Majdan Nezaležnosti (Unabhängigkeitsplatz) in Kiew, woraufhin sie eine Zeitlang im Osten bzw. vom russisch sprechenden Teil des Landes boykottiert wurde.

Serdjučkas Invasion

Doch gibt es eine Figur am ukrainischen Medienhorizont, welcher in diesem Artikel besondere Aufmerksamkeit gewidmet widmen soll. Andrij Danylko, besser bekannt als Verka Serdjučka, ist seit der Mitte der 90er Jahre eine der bekanntesten und schillerndsten Figuren in der ukrainischen und russischen Unterhaltungsbranche und erlangte 2007 auch in Westeuropa Kultstatus. Durch seinen Wirkungskreis und seine Präsenz im öffentlichen politischen Diskurs ist er zu einer unausweichlichen Größe geworden. Danylko ist 1973 in Poltawa geboren. Mit der Figur von Serdjučka ist er zum ersten Mal 1989 aufgetreten, 1993 gewann er einen Preis beim Komikerwettbewerb und ging mit seiner Unterhaltungsshow auf Tournee. 1997 bekam er die eigene Fernsehshow *Spal'nyj vagon* (SV – Schlafwagen) im ukrainischen Fernsehen, wobei diese auch in Russland bekannt wurde und einen Popularitätsschub für ihn bedeutete. Er wurde in Folge im gesamten postsowjetischen russischsprachigen Raum bekannt. Sein ursprüngliches Image war eine Schaffnerin „in den besten Jahren", geschmacklos, ungebildet, großmäulig und penetrant. Es handelte sich um die stark vereinfachte und verallgemeinerte, bis ins Extreme übertriebene Figur einer ländlichen Ukrainerin, die weder Russisch noch Ukrainisch, sondern lediglich Suržik spricht. 2001 ändert Danylko seine Erscheinung: Aus der Bäuerin wird eine Grand Dame. Auch diese Figur ist übertrieben bunt und kitschig, allerdings spricht sie nach wie vor Suržik. Bereits 1998 kommt Danylkos erste CD mit dem Titel *Ja roždena dlja ljubvi* (Für Liebe bin ich geboren) heraus. Seit 2002 produziert er jährlich ein bis zwei Alben, die ausnahmslos erfolgreich sind, das Album *Cha-ra-šo* (Gu-ut) bekam sogar die Diamantene Schallplatte.

Danylkos Rezeption in der Ukraine ist breit gefächert. Längst hat seine Kunst das reine Kulturmetier verlassen: Es empören sich auch politische Kräfte, sowohl die Linken als auch die Rechten. Es wird ihm die Verunstaltung der ukrainischen Sprache vorgeworfen, er führe die ukrainische Kultur zum Untergang. Heftige Kritik erntet er auch wegen vermeintlicher Homosexualität und Transvestismus, welche darauf zurückgeführt werden, dass er als Mann eine Frau darstellt. Er sei eine Schande für das ukrainische Volk und drücke Minderwertigkeitskomplexe gegenüber Russland aus, schreibt etwa die Zeitung *Volyn'*:

> Verka Serdjučka ist eine Bühnengestalt, die Suržik spricht und damit die ukrainische Intelligenz beleidigt. Verka Serdjučka stellt in seinen Liedern Ukrainer als eine Nation von Alkoholikern und Transvestiten dar. Es ist sehr beleidigend für echte Ukrainer.[7]

Andererseits werden die Stimmen immer lauter, die behaupten, Serdjučka sei ein Kulturphänomen, das in der ukrainischen Literatur- und Kulturtradition liege und das Land würdig repräsentiere.[8] Eine ungewöhnliche Reaktion auf das Schaffen eines Künstlers, der explizit und implizit nur unterhalten möchte:

---

[7] Nahornyj, Oleksandr: Ne vmre, jakščo jiji ne dokonajut' Serdjučky, in: Volyn', Internetausgabe Nr. 153, 07.02.2004, http://www.volyn.com.ua/?rub=4&article=1&arch=153 (Zugriff vom 28.02.2009). Übersetzungen aus dem Ukrainischen und Russischen hier und weiter durch die Verfasserin.

[8] Vgl. Volochov, Sergej: Verka v sebja i v buduščee, in: 2000, 5.-11.03.2004, http://news2000.org.ua/print?a=%2Fpaper%2F14418; Rezanova, Natal'ja: Plutovskoj roman s Verkoj Serdjučkoj, in: Telekrytyka, 03.01.2007, http://www.telekritika.ua/media-suspilstvo/view/2007-01-03/8063 (Zugriff vom 28.02.2009).

Meine Aufgabe ist Unterhaltung. Nicht die Politik. Jungs, ich will, dass Leute lächeln. Das war's. Das ist die Mission dieser Figur. Verka Serdjučka ist dazu da, um zu unterhalten. Das war's.[9]

Im Unterschied zu Ruslana, die eher die westlichen Wahrnehmungsmuster eines ukrainischen Popstars bedient, scheint Danylkos Auslegung des „Ukrainischseins" speziell an die russische Rezeption der Ukraine zu appellieren und eine Antwort auf die wachsende chauvinistische Paranoia des russischen Staates zu sein (Fedyuk 2006: 6, 7). Diese Feststellung muss jedoch im Licht neuer Umstände revidiert werden, denn 2007 sorgte Danylko für einen bzw. mehrere Skandale, welche sowohl durch die ukrainischen als auch die ausländischen Medien gingen und sogar ein kurzfristiges Berufsverbot in Russland für ihn nach sich zogen. Er nahm am oben bereits erwähnten Eurovision Song Contest, einem für die ehemaligen Ostblockländer nicht nur im künstlerischen, sondern auch im politischen Sinne wichtigen Wettbewerb als Vertreter der Ukraine teil und erlangte mit dem Lied *Dancing Lasha toombai* sogar den zweiten Platz. Als seine Kandidatur für die Teilnahme feststand, startete der ukrainische Radiosender *Europa-FM* eine Gegenkampagne „Nein zu Euroserdjučka!" (Ni – Jevroserdjučci!) und forderte, Danylko als ukrainischen Repräsentanten beim Wettbewerb zu ersetzen, da seine Teilnahme die Ukraine in ganz Europa in Verruf bringen würde.

Der eigentliche Skandal bestand aber darin, dass viele Hörer anstatt der Titelzeile „Lasha toombai" „Russia goodbye" gehört haben wollten. Angesichts des immer wieder angespannten russisch-ukrainischen Verhältnisses und den Bestrebungen einiger Subjekte der Russischen Föderation, Unabhängigkeit zu erlangen, wurde diese Zeile als eine politische Ohrfeige gegenüber Russland interpretiert. Nun startete seinerseits Russland eine Kampagne gegen Danylko. Das Lied *Lasha Toombai* und sein Interpret bildeten neben der russischen Gruppe *Serebro* den Schwerpunkt während der Übertragung der Finalshow im ersten russischen Fernsehkanal ORT. Nach dem Wettbewerb wurde Danylko über ein halbes Jahr lang in Russland boykottiert, bis die rus-

---

[9] Serdjučka na „Svobodi slova": tekst prohramy, in: Telekrytyka, 21.05.2007, http://telekritika.kiev.ua/articles/182/0/9213/serduchka_ss/ und http://www.live internet.ru/users/anmak/post43801809 (Zugriffe vom 28.02.2009).

sische Popikone Alla Pugačeva sich über jegliche Konventionen hinwegsetzte und Danilko in ihre Silvestershow Ende 2007 einlud.[10] Es ist meines Erachtens weniger interessant, ob Danylko tatsächlich „Russia goodbye" sang, wobei er dies selbst immer wieder bestreitet. Viel aussagekräftiger ist die Tatsache, dass ein Poplied, gesungen von einer Figur, die sich einen Namen als Volksnarr verdiente, solche Resonanz hervorbrachte.[11] Allerdings war der Auftritt beim Eurovision Song Contest nicht das erste Mal, dass Danylkos Schaffen als mehr denn reine Unterhaltung interpretiert werden konnte und wurde. Er begann bereits einige Jahre zuvor, sich auf seine Weise mit der Situation im Land auseinanderzusetzen, ohne das Terrain der Popkultur zu verlassen. Der Anfang bestand in der Paraphrasierung der ukrainischen Nationalhymne im Lied *Ljutsja pesni, ljutsja vina* (Es strömen Lieder, es fließt Wein), in dem er statt „Šče ne vmerla Ukrajina" (Noch ist die Ukraine nicht gestorben) „Bude žyty Ukrajina, esli my guljaem tak" (die Ukraine wird leben, wenn wir so feiern) sang.

In einem Silvesterprogramm im Jahr 2006 performte Danylko das Lied *Du hast* von Rammstein.[12] Im Videoclip steht Danylko volkstümlich gekleidet, mit dem für die zentralukrainische Volkstracht typischen Blumenkranz auf dem Kopf in der Mitte der Bühne auf einer Erhöhung. Vom Zuschauer aus gesehen links von ihm befinden sich Tänzer in der Nationaltracht der Westukraine, rechts von ihm als Bergleute verkleidete Tänzer. Danylko singt hauptsächlich den deutschen Originaltext. Es sind nur einige wenige Zeilen auf Ukrainisch und diese lauten: „Schid i Zachid – razom! L'viv, Donbas – razom!" (Osten und Westen – zusammen! Lwiw und Donbass – zusammen)

---

[10] Gasparjan, Artur: Pugačeva zastupilas'za Danilko, in: Moskovskij Komsomolec, 18.05.2007, http://www.mk.ru/blogs/MK/2007/05/18/society/97105/ (Zugriff vom 28.02.2009).

[11] Am Beispiel von Weißrussland lässt sich zeigen, dass auch jene Musiker politisch instrumentalisiert werden können, die auf den ersten Blick der Politik fern sind: Die meisten Bands, die dort verboten sind, verstehen sich selbst nicht als politische Kraft, werden aber von der Regierung als Gegner und von der Opposition als Mitstreiter aufgefasst, vgl. Petz, Ingo: Die zweite Welt, in: Süddeutsche Zeitung, 30.09.2006, S. 17.

[12] Das Format eines Artikels ermöglicht es leider nicht, einen Videoclip zu präsentieren, er kann aber auf folgender Seite angesehen werden: http://youtube.com/watch?v=baBcO9saUA8 (Zugriff vom 28.02.2009).

und anschließend „Z Novym rokom, Ukrajino! Z novym ščastjam!" (Frohes Neues Jahr, Ukraine! Neues Glück!). Die Tänzer sollen die West- und die Ostukraine (vor allem aber die Region Donbass) repräsentieren. Für die Zuschauer entspricht die Platzierung der Parteien dem Befinden des Westens auf der Linken und des Ostens auf der rechten Seite. Lwiw repräsentiert dabei den westlichen, sich ihrer ukrainischen Identität bewussten Teil des Landes, Donbass die am nächsten zu Russland gelegene Region des Donezker Beckens, in der die Sympatien zu Russland traditionell stark ausgeprägt sind. Danylko selbst, der in der zentralukrainischen Nationaltracht gekleidet ist, stellt die „Mutter-Ukraine", die alle vereinigen soll, dar. Die Anrede an beide Städte, die als Verkörperung der beiden ukrainischen Extreme gelten, intendiert ihre Vereinigung. Nach den Ereignissen der Orangen Revolution Ende 2004, als der als „genuin ukrainisch" angesehene Westen sich hinter die Kandidatur von Viktor Juščenko und gegen den "russophilen" Osten mit Viktor Janukovyč stellte, ist dieser Präsentation ein politischer Appell kaum abzusprechen.[13]

Dafür oder dagegen?

Erst der politische Skandal um den Eurovision Song Contest führte dazu, dass man allmählich begann, Danylko als einen ernst zu nehmenden Künstler zu betrachten. In der Sendung *Svoboda slova* (Meinungsfreiheit), die kurz nach dem Wettbewerb ausgestrahlt wurde und ausschließlich Danylko bzw. Serdjučka gewidmet war, kamen zahlreiche ukrainische Politiker zu Wort und tauschten ihre Meinungen aus. So hielt Vasyl' Popovyč (Kongress Ukrainischer Nationalisten) die Äußerung „Russia Goodbye" für absolut legitim, da die Zeit gekommen sei, sich von Russland abzuspalten und eine eigene ukrainische

---

[13] Der Vollständigkeit halber sei hier erwähnt, dass Danylko 2007 für kurze Zeit explizit politisch wurde und aus drei marginalen Parteien den Block von Verka Serdjučka *Za svoich* (Für die Eigenen) bildete, der eine Teilnahme bei den Parlamentswahlen anstrebte. Allerdings wurde die Liste der Partei bei der Wahlkommission nicht einmal eingereicht, weil Danylko seine Teilnahme an den Wahlen nicht bestätigte. Der Ernst seiner politischen Absichten wird daher angezweifelt.

Politik zu betreiben. Gleichzeitig warf er Danylko vor, dass er im bereits erwähnten Lied *Ljutsja pesni, ljutsja vina* die ukrainische Nationalsymbolik verspotte.[14] Vitalij Šybko (Ukrainische Sozialistische Partei) betonte seinerseits, dass der Auftritt Danylkos für die Bildung des Ukrainebildes in Europa eine wichtige Rolle spiele, weil er es vermochte, vor dem Hintergrund der schwierigen politischen Situation in der Ukraine, mit der Europa oftmals konfrontiert würde, auch positive Signale aus der Ukraine zu senden. Während Roman Zvaryč (präsidentialer Block „Unsere Ukraine") meinte, dass Danylko kein Politiker, sondern lediglich ein Künstler sei, brachte der Politologe Vadym Karasjov das Argument, die heutige Musik habe auch politische Bedeutung. Seiner Meinung nach brächte Danylko der Ukraine den internationalen Erfolg, den das Land brauche. Auch Valerij Pysarenko (Block von Julia Timošenko) unterstrich, dass die Rolle Danylkos beim Eurovision Song Contest für das Ukrainebild Europas größer gewesen sei als jene vieler politischer Delegationen. Und Jurij Mirošnyčenko, Fraktionsmitglied der Partei der Regionen schlussfolgerte: „In der Tat, es ist er, der Mensch und die Figur, der in der Lage ist, die Ukraine zu vereinigen".[15]

Es ist gewiss schwer festzustellen, welche Position Danylko selbst vertritt. Er behauptet zwar, sich nicht einmal im Traum vorstellen zu können, dass solch ein harmloses Lied wie *Lasha Toombai* zu einem politischen Skandal ausarten könnte. Die Position des russischen Journalisten Artur Gasparjan, in der Affäre Eurovision 2007 einer der Hauptgegner Danylkos, man hätte eine derartige Reaktion vor dem Hintergrund der ohnehin angespannten Beziehungen zwischen Russland und der Ukraine erwarten können und müssen, erscheint jedoch plausibler.[16] Danylko selbst hingegen widerspricht sich das ein oder andere Mal. Nach der bereits erwähnten Äußerung, er wolle lediglich unterhalten, sagt er wenige Minuten später: „Wissen Sie, worauf ich wirklich stolz bin? Darauf, dass zum ersten Mal in den letzten Jahren,

---

[14] Vgl. Serdjučka na „Svobodi slova": tekst prohramy, in: Telekrytyka, 21. Mai 2007, http://telekritika.kiev.ua/articles/182/0/9213/serduchka_ss/ (Zugriff vom 28.02.2009).
[15] Ebd.
[16] Ebd.

in denen die Ukraine am Eurovision Song Contest teilnahm, in ganz Europa erklang: ‚Ukraine ist cool, Ukraine ist toll.'"[17]

Danylkos Wegbereiter

Um Danylkos Wirkung zu erklären, bedarf es eines kurzen Überblicks über die Entwicklung der ukrainischen Kultur und Literatur. Bezeichnend ist, dass das erste Werk, das in der modernen ukrainischen Sprache entstand, *Enejida* von Ivan Kotljarevs'kyj, aus dem Jahr 1798 stammt. Es handelt sich dabei um eine Parodie auf die *Aeneis* von Vergil sowie eine Parodie auf die Parodie von Eneida von Osipov in der russischen Sprache. In diesem Werk sind die Hauptfiguren ausnahmslos Kosaken, Popen und Vertreter anderer ukrainischer Gesellschaftsschichten. Ganz im Rabelaisschen Sinne essen, trinken und kopulieren sie miteinander, ohne dabei allzuviele Gedanken an den Krieg zu verschwenden. Das Buch erschien damals mit dem Vermerk „Übertragung in die kleinrussische Sprache".[18]

In der ukrainischen Literaturwissenschaft bezeichnet man die Gattung von *Enejida* als eine Travestie. In der Forschung lassen sich die Abgrenzung zwischen Parodie, Burleske, Travestie und Satire nicht immer eindeutig feststellen. Die Parodie nimmt als Ursprung einen bestimmten literarischen Korpus, während eine Burleske eine bestimmte Sicht darstellt (Werner 1968: 154). In Abgrenzung zur Satire kritisiert die Burleske nicht ein konkretes Phänomen, sondern, wenn überhaupt, den gesamten Geist *(spirit)* oder die Art bzw. ist verallgemeinernd, d. h. sie ist nicht mehr satirisch (Werner 1968: 154) Der Begriff Travestie etablierte sich mit der Verarbeitung altgriechischer und altrömischer Tragödien. Die erste Travestie war Skarrons *Le Virgile travesti* (1648-52), die zahlreiche Nachahmungen in mehreren Sprachen nach sich zog. Während in der europäischen Literatur Travestie und Burleske keine Weiterentwicklung erfuhren, erhielten sie in der ukrainischen Literatur eine neue Dimension, so dass es zu einer Bedeutungserweiterung des Begriffes kam, und man auch einfachen Humor als Travestie und Burleske bezeichnete (Nud'ha 1959). Ihren

---

[17] Ebd.
[18] Als ‚kleinrussisch' bezeichnete man im Russischen Reich das Ukrainische.

Ursprung hatte die ukrainische Burleske in der Kunst der wandernden Djaken (Küster), die im 18. Jahrhundert mit den Parodien auf heilige Liturgien durch das Land zogen. Insgesamt kann die ukrainische Literatur auf eine reiche Tradition des Burlesken und der Travestie zurückblicken (Nud'ha 1959). Sie wurde in der Ukraine auch von Nikolaj Gogol fortgeführt. Seine früheren Werke wie *Mirgorod* und *Abende am Vorwerk bei Dikanka* sind von typisch ukrainischem Humor durchtränkt, der sich auch auf sein späteres Schaffen auswirken sollte (Bachtin 1990: 504). In russischer Sprache geschrieben, werden jedem Kapitel oder jeder neuen Erzählung Epigraphe in ukrainischer Sprache vorangestellt, außerdem fügte der Autor selbst den Texten eine Wortliste mit der Übersetzung der ukrainischen Wörter ins Russische hinzu. Im weiteren Verlauf sind zahlreiche Erklärungen der ukrainischen Phraseologismen vorzufinden (so z. B. Gogol' 2000: 7-266). In den ersten Jahren der ukrainischen Unabhängigkeit entfachte dies den Streit, ob Gogol ein ukrainischer oder ein russischer Schriftsteller sei, dem ich mich an dieser Stelle nicht widmen möchte. Es sei nur gesagt, dass einerseits die ukrainischen Einflüsse bei Gogol unübersehbar sind, andererseits nicht vergessen werden darf, dass die gegenseitige russisch-ukrainische Beeinflussung sowie das Ineinanderfließen der beiden Sprachen über Jahrhunderte bestand.

In der sowjetischen Zeit wurde die Tradition des Burlesken von mehreren Autoren weitergeführt, von denen an dieser Stelle Ostap Vyšnja genannt werden soll. Seine Ironie und Selbstironie schlugen sich in mehreren Kurzgeschichten nieder. Zum Thema russisch-ukrainische Beziehungen sowie über das ukrainische Nationalbewusstsein schrieb er mehrere Essays, die zu sowjetischen Zeiten nicht veröffentlicht werden durften und in denen der Autor sowohl die „Ukrainophoben" als auch die „Ukrainophilen" gleichermassen verspottet. Der Essay *Desco z ukrajinoznavstva*[19] (Einiges zur Ukrainekunde) enthält z. B. nicht nur den ironisch gemeinten Satz „Europa

---

[19] Zum Zeitpunkt der Veröffentlichung lag mir lediglich eine Internetversion dieses Textes vor, vgl. Vyšnja, Ostap: Desco z ukrajinoznavstva, in: http://jollyrogers.narod.ru/ebooks/ukrainoznavstvo.html (Zugriff vom 28.02.2009), die über mehrere Quellen indirekt verifiziert werden konnte (z. B. Rusanivs'kyj 2001: 322).

wartet auf die Ukraine", sondern nimmt auch noch die spätere Einführung des Faches „Ukrainekunde" vorweg, die nach dem Ausruf der ukrainischen Unabhängigkeit tatsächlich als obligatorisches Fach in allen Lehranstalten eingeführt wurde (Hilkes 2002: 162) und einige Jahre die Bildungslandschaft des Landes bestimmte, bevor sie schließlich wegen extremer, bis ins Nationalistische reichender Übertreibungen in den Hintergrund trat.

Auch im Bereich der Bühnenkunst lassen sich zahlreiche Interpreten finden, die man zu Danylkos Vorgängern zählen kann. Das bereits während des Zweiten Weltkrieges entstandene Duo Štepsel' und Tarapun'ka war in der Sowjetunion bis in die achtziger Jahre populär und zeichnete sich durch die auch für Danylko typische Volkstümlichkeit aus.[20] Jurij Timošenko und Jefim Berezin stellten ein Paar dar, von denen der eine Russisch (Berezin bzw. Štepsel') und der andere Ukrainisch oder Suržik (Timošenko bzw. Tarapun'ka) sprach. Auch sie erfuhren einerseits die Zuneigung des Publikums und andererseits die Kritik der Intellektuellen.[21]

Allen genannten Autoren und Interpreten sind typische Merkmale des Burlesken eigen. Auch Danylko greift gerne auf die Verwendung sprachlicher Substandards wie etwa den „Gassenjargon", den Dieter Werner als Merkmal des Burlesken identifiziert (Werner 1968: 68), zurück, indem er meist Suržik spricht. Er gibt an, Suržik sei seine eigentliche Muttersprache, er müsse sich stark konzentrieren, wolle er Ukrainisch oder Russisch sprechen.[22] Auf diese Weise erfüllt er nicht nur die Voraussetzungen des Burlesken, sondern steht für die Sprachsituation in der Ukraine und bietet dem ukrainischen Publikum in allen Regionen eine Identifikationsmöglichkeit auf sprachlicher Ebene. Er erreicht das Publikum sowohl im Westen als auch im Osten des Landes und versucht es zu vereinigen – implizit aber auch explizit, wie die letzten Ereignisse zeigen.

---

[20] Volochov, Sergej: Verka v sebja i v buduščee, in: 2000, 05.-11.03.2004, http://news2000.org.ua/print?a=%2Fpaper%2F14418 (Zugriff vom 28. Februar 2009).
[21] Ebd.
[22] Serdjučka na „Svobodi slova": tekst prohramy, in: Telekrytyka, 21.05.2007, http://telekritika.kiev.ua/articles/182/0/9213/serduchka_ss/ (Zugriff vom 28. Februar 2009).

Der Gegensatz erhaben vs. niedrig ist für die Gattungsbestimmung des Burlesken von entscheidender Bedeutung (Werner 1968: 158) und wird von Danylko durch den Auftritt in der Gestalt einer *high society* Lady in Kombination mit Umgangssprache und schlechten Manieren realisiert. Doch lassen sich nicht nur in der ukrainischen oder (ex)sowjetischen Kunst und Literatur Danylkos Wurzeln finden. Die Art sich zu verkleiden, die Reduktion des Namens auf einen Spitz- bzw. Kurznamen, sogar die übertriebene Körperbetonung (riesiger Busen, starke Schminke, bunte Kostüme) sind für den Karneval typisch, wie ihn Bachtin beschrieben hat.[23] Serdjučka ist nichts anderes als eine Maske – ein für Karneval unabdingbares Merkmal (Bachtin 1990). Weiterhin zeichnet sich die Karnevalskunst durch eine Inhaltsreduktion aus, d. h. Inhalte werden heruntergespielt, auf das Triviale reduziert und geerdet (Bachtin 1990) – so auch Danylko mit seinen Liedern, die von Partys, Wodka und auch Liebe – allerdings grotesk – handeln: *Cha-ra-šo!* (Gut!), *Horilka* (Wodka), *Hop-hop*, *Trali-vali* (Tralala), *Popala na ljubov'* (Bin in die Liebe reingetreten), *Tuk-tuk-tuk stučit serdečko* (Klopf-klopf-klopf schlägt mein Herzchen) oder *A ja smejus'* (Und ich lache).

Danylko schreibt die Musik für seine Lieder überwiegend selbst, wobei diese stark an die ukrainische Folklore angelehnt ist. In sowjetischen Zeiten verlor die Volksmusik durch gewaltsame Anprangerung stark an Ansehen und führte ein Nischendasein; ihr Publikum bestand hauptsächlich aus älteren Menschen. Zurzeit erlebt die ukrainische Folklore in ihrer modernen Ausprägung auch bei der jüngeren Generation eine Renaissance. Kritiker sehen darin den Verfall der Volksmusik und der Volkstraditionen und übersehen dabei, dass die totgeglaubte Tradition in einer erneuerten Gestalt fortlebt. Der Wirkungskreis dieser „neuen" Volksmusik ist zudem viel breiter als der ihrer Entsprechungen in Westeuropa, wo die Volksmusik in der Popularität weit hinter der Popmusik steht. Im Kulturraum der ehemaligen Sowjetunion ist die Trennung von Musikstilen und -richungen wenig ausgeprägt, und Danylko gehört eindeutig zum Mainstream.

---

[23] Bachtin 1990; vgl. auch Resanova, Natal'ja: Plutovskoj roman s Verkoj Serdjučkoj, in: Telekrytyka, 03.01.2007, http://www.telekritika.ua/media-suspilstvo/view/2007-01-03/8063 (Zugriff vom 28.02.2009).

Neue Codes

Die Sprache ist, wie bereits erwähnt, nur ein Code, der zur Abgrenzung des Fremden und des Eigenen instrumentalisiert wird. Ein statischer Code, der stark in der Vergangenheit verankert ist und der konservativen Interpretation des Nationsbegriffs entspricht. Den „Griff zu den traditionellen Werten" kann man mit einem Nachholbedarf begründen. Deshalb wurde die Sprache am Anfang der staatlichen Unabhängigkeit der Ukraine zwar zu einem dominierenden Code erkoren, nach über fünfzehn Jahren ukrainischer Unabhängigkeit zeigen sich jedoch auch Alternativen. Das ukrainische nationale Bewusstsein ist heute nicht mehr nur an die Sprache geknüpft. Diese ist immer noch von grosser Bedeutung, jedoch ist das Beherrschen und Verwenden der ukrainischen Sprache nicht mehr eine unabdingbare Voraussetzung, um ein Ukrainer zu sein. Im Unterschied zu den ersten Jahren der Unabhängigkeit fühlen sich sowohl die Bewohner der Krim als auch des Ostens der Ukraine als Ukrainer, obwohl die russische Sprache für sie ihre Umgangssprache ist und dies auch kurz- sowie zumindest mittelfristig so bleiben wird. Anstelle der kulturellen Codes entfalten konventionelle Codes ihre Wirkung. Vor allem die Art, wie die Orangene Revolution in den Medien ausgetragen wurde, zeigte, dass es bei der aktuellen Konzeption des ukrainischen Nationalbewusstseins darum geht, die „Zustimmung zu den Prinzipien der Verfassung innerhalb eines Interpretationsspielraumes, der zum gegebenen Zeitpunkt durch das ethnisch-politische Selbstverständnis der Bürger und die politische Kultur des Landes bestimmt ist", zu erschaffen (Korfkamp 2006: 163). Auf dem Majdan sprachen die Anhänger des zukünftigen Präsidenten Juščenko sowohl Russisch als auch Ukrainisch. Heute, vier Jahre später, gibt es zahlreiche Politiker, die den überwiegend russischsprachigen Osten des Landes repräsentieren, aber in der Öffentlichkeit Ukrainisch sprechen. Das Land öffnet sich in Bezug auf Sprache als Identifizierungsmerkmal, gleichzeitig wächst nach dem anfänglichen historischen Rückgriff auf die bewahrten Kategorien Bedarf an Neucodierung. Und diese geht dahin, Tradition und Moderne oder, mit Hüppaufs Worten, „Heterogenität und Historizität" zu verbinden, wobei Heimat nicht mit Identitätspolitik oder Freiheitsberaubung assoziiert und innere Widersprüchlichkeit nicht verdeckt wird

(Hüppauf 2007: 133). Die Ukraine ist ein heterogenes Land, das dennoch auf reiche Traditionen zurückgreifen kann. Genau an dieser Stelle knüpft Danylko an: Er betreibt keine Ausschlusspolitik, er verlangt nichts und schließt nichts aus, was an seinem Sprachgebrauch exemplarisch dargestellt wurde, wobei er gleichzeitig durch eine Hinwendung zu den kulturellen Traditionen das Gefühl der Vertrautheit schafft und die Verlustängste seines Publikums wegnimmt, die in den aktuellen Umständen und vor dem Hintergrund der Staatsbildung einerseits sowie Globalisierung andererseits nicht unbeachtlich sind. Danylko greift in das Repertoire der Vergangenheit zurück, ohne sie zu verklären oder zu kritisieren – er nimmt sie als Gegebenes wahr. Er zeigt die Heimat „weder als Raum von Politik noch als Gegensatz zum Politischen" und befreit sie somit „aus dem Ghetto der Nostalgiker und Ideologen" (Hüppauf 2007: 114). „Durch Identifizierungsprozesse entsteht nicht nur einseitig die Identität des einzelnen, sondern auch das Objekt der Identifizierung (Nation, Ethnos, Rasse und Heimat)" (Korfkamp 2006: 135). So ist auch Danylko ein Produkt der aktuellen Situation in der Ukraine und gleichzeitig einer ihrer Mitgestalter.[24] Er ist an der Schwelle des nationalen Bewusstseinwerdens entstanden und spiegelt die momentane Situation in der Ukraine wider. Die Herausbildung des ukrainischen Nationalbewusstseins ist durch die höchst heterogene Geschichte erschwert und noch nicht abgeschlossen. „Heimat stellt lediglich eine Möglichkeit der Identitätsbildung unter den Bedingungen einer spätmodernen, globalisierten kapitalistischen Gesellschaft dar" (Korfkamp 2006: 203), die die Ukraine zwar noch nicht ist, sich aber auf dem Weg dahin befindet. Eine Verbindung von Historizität und Heterogenität kann der Ukraine den Spagat zwischen der Prä- und Postmoderne ermöglichen.

---

[24] Volochov, Sergej: Verka v sebja i v buduščee, in: 2000, 05.-11.03.2004, http://news2000.org.ua/print?a=%2Fpaper%2F14418 (Zugriff vom 28. Februar 2009).

Nachwort

Die Rezeption von Danylko verschiebt sich heutzutage eindeutig Richtung Akzeptanz und Anerkennung auch auf höheren Ebenen. Neuerdings wird ihm auch eine gesellschaftskritische Funktion zugeschrieben.[25] Die Auseinandersetzung mit diesem Aspekt steht noch aus, bezeichnend ist die Gratwanderung von Kitsch und Unkunst bis hin zu einer politischen Intention, die mit seiner Kunst suggeriert wird. Danylko alias Verka Serdjučka wurde als ein möglicher Kandidat für den Eurovision Song Contest 2009 – diesmal allerdings für Russland – gehandelt.[26] Es kam letzten Endes nicht dazu, dass er als Repräsentant Russlands tatsächlich ausgewählt wurde, bezeichnend ist jedoch, dass sich nach dem Skandal vom Jahr 2007 eine solche Möglichkeit überhaupt ergab.

Auf jeden Fall fehlt es dank Danylko nicht an politischen sowie kulturellen Diskussionen und Auseinandersetzungen, deren gesellschaftliche Gegenwart dennoch positiv zu beurteilen ist, da er mit Humor und Burleske vor dem Hintergrund des Aufbaus eines Staates, der Herausbildung des nationalen Selbstbewusstseins sowie des Geschichtsumdenkens eine „healing experience" auch seinen Gegnern bietet (Fedyuk 2006: 6), was einen weiteren Schritt in die Richtung Heimat bedeutet, in der „*Streit* unverborgen ausgetragen werden kann" (Hüppauf 2007: 138, Hervorhebung im Original). Und nur eine solche Heimat hat eine Zukunft.

Literaturverzeichnis

Bachtin, Michail: Tvorčestvo Fransua Rable i narodnaja kul'tura srednevekov'ja i Renessansa. Moskva ²1990
(http://www.infoliolib.info/philol/bahtin/bahtmain.html) (Zugriff vom 28.02.2009).
Barth, Fredrik: Ethnic groups and boundaries. The social organization of culture difference. London 1969.

---

[25] Herman, Hanna: Serdjučka rozrizuje puchlynu našoho suspil'stva, in: Forum, 11.05.2007, http://ua.for-ua.com/interview/2007/05/11/103301.html (Zugriff vom 28.02.2009).
[26] http://www.eurovision.org.ru/publ/5-1-0-177 (Zugriff vom 28.02.2009).

Fedyuk, Olena: Exporting Ukraine West and East: Ruslana vs. Serduchka, in: http://www.kakanien.ac.at/beitr/emerg/OFedyuk1.pdf (Zugriff vom 28.06.2006).
Gogol', Nikolaj: Večera na chutore bliz Dikan'ki. Povesti. Moskva / Char'kov 2000.
Golczewski, Frank: Geschichte der Ukraine. Göttingen 1993.
Hilkes, Peter: Nationswerdung und die Ukrainisierung des Bildungswesens, in: Simon, Gerhard (Hg.): Die neue Ukraine. Gesellschaft – Wirtschaft – Politik. Köln 2002, 149-173.
Hnatjuk, Ola: Zwischen Ost und West – Über die ukrainischen Identitätsdebatten, in: Makarska, Renata / Kerski, Basil (Hg.): Die Ukraine, Polen und Europa. Europäische Identität an der neuen EU-Ostgrenze. Osnabrück 2004, 91-115.
Hüppauf, Bernd: Heimat – die Wiederkehr eines verpönten Wortes. Ein Populärmythos im Zeitalter der Globalisierung, in: Gebhard, Gunther / Geisler, Oliver / Schröter, Steffen (Hg.): Heimat. Konturen und Konjunkturen eines umstrittenen Konzepts. Bielefeld 2007, 109-140.
Jilge, Wilfried: Gespalten in Ost und West? Sprachenfrage und Geschichtspolitik in der Ukraine im Kontext der Wahlkämpfe 2004 und 2006, in: Ukraine-Analysen 19, 2007, 18-22.
Korfkamp, Jens: Die Erfindung der Heimat. Zu Geschichte, Gegenwart und politischen Implikaten einer gesellschaftlichen Konstruktion. Berlin 2006.
Kratochvil, Alexander / Mokienko, Walerij: Sprachliche Prozesse in der Ukraine seit Anfang der neunziger Jahre, in: Makarska, Renata / Kerski, Basil (Hg.): Die Ukraine, Polen und Europa. Europäische Identität an der neuen EU-Ostgrenze. Osnabrück 2004, 135-150.
Kučma, Leonid: Ukrajina – ne Rosija. Povernennja v istoriju. Moskva 2004.
Nud'ha, Hryhorij (Hg.): Burlesk i travestija v ukrajins'kyj poeziji peršoji polovyny XIX stolittja. Kyjiv 1959.
Rusanivs'kyj, Vitalij: Istorija ukrajins'koji literaturnoji movy. Kyjiv 2001.
Simon, Gerhard: Ukrainisch – Russisch: Sprachen, Sprachgebrauch, Sprachenkonflikte in der Ukraine, in: Ukraineanalysen 19, 2007, 6-11.
Stewart, Susan: Sprachenpolitik als Sicherheitsproblem in der Ukraine. Mannheim 2000 (= Arbeitspapiere – Mannheimer Zentrum für europäische Sozialforschung, 20), http://www.mzes.uni-mannheim.de/publications/wp/wp-20.pdf (Zugriff vom 28.02.2009).
Werner, Dieter: Das Burleske. Versuch einer literaturwissenschaftlichen Begriffsbestimmung. Berlin 1968.
Woznjak, Taras: „Projekt Ukraine". Bilanz eines Jahrzehntes, in: Makarska, Renata / Kerski, Basil (Hg.): Die Ukraine, Polen und Europa. Europäische Identität an der neuen EU-Ostgrenze. Osnabrück 2004, 67-90.

{# Heimat verarbeiten}

Natalia Kandinskaja

Flucht, Vertreibung und Heimatverlust infolge des Zweiten Weltkriegs im Theaterprojekt *Transfer!*
(Regie: Jan Klata; Premiere: Wrocław 18.11.2006)

Das Thema Umsiedlung, Flucht und Vertreibung infolge des Zweiten Weltkrieges steht im Mittelpunkt des deutsch-polnischen Theaterprojekts *Transfer!*, das im November 2006 in Wrocław am Teatr Współczesny uraufgeführt wurde. Die Geschichte der Stadt Breslau – das heutige Wrocław – steht dabei exemplarisch für dieses Thema: Im Zweiten Weltkrieg von den Nationalsozialisten zur „Festung" erklärt und von der Sowjetarmee eingekesselt, wurde Breslau am Ende des Krieges zum Schauplatz schwerer Kämpfe. Drei Viertel der Bevölkerung flohen im Winter 1944/45. In den letzten Kriegswochen wurde die niederschlesische Hauptstadt in ein Trümmerfeld verwandelt und anschließend, nach Beschluss der Siegermächte, einem nahezu vollständigen Bevölkerungsaustausch unterworfen.

Die Geschichte von Breslau sowie die Geschichte von Flucht und Vertreibung werden in *Transfer!* als Oral History erzählt. Es treten polnische und deutsche Zeitzeugen, die von diesen Ereignissen betroffen waren, auf und tragen ihre Erinnerungen vor. Diese persönlichen Erzählungen wechseln sich mit den Auftritten von drei professionellen Schauspielern ab, die in einem absurden Stil die Zusammenkunft von Stalin, Roosevelt und Churchill auf der Jalta-Konferenz,[1] auf der die

---

[1] Jalta-Konferenz (auch als Krim-Konferenz bekannt) – Gipfelkonferenz in Jalta auf der Krim (04.-11.02.1945), auf der sich US-Präsident Franklin D. Roosevelt, der britische Premierminister Winston Churchill und der sowjetische Staatschef Josef W. Stalin trafen, um sich über das militärisch-politische Vorgehen in der Schlussphase des Zweiten Weltkrieges und die zukünftige Nachkriegsordnung zu verständigen. Die drei Staatsmänner einigten sich darauf, unter Beteiligung Frankreichs Deutschland in vier Besatzungszonen aufzuteilen und vollständig zu entnazifizieren und zu entmilitarisieren. Polen sollte eine demokratische Regierung unter Beteiligung nicht-kommunistischer Gruppierungen erhalten. Als polnische Ostgrenze wurde die „Curzon-Linie" (von Dünaburg über Brest nach Przemysi) festgelegt und Polen die Entschädigung durch deutsche Ostgebiete („Oder-Neiße-Linie") zugesagt. Stalin verpflichtete sich, innerhalb von neunzig Tagen nach der deutschen Kapitulation in den

Westverschiebung Polens und die Umsiedlung von Millionen Menschen entschieden wurde, darstellen.

Die Geschichte von Umsiedlung, Flucht und Vertreibung ist gleichzeitig die Geschichte des Heimatverlustes: Millionen von Menschen verloren infolge des Zweiten Weltkrieges ihre Heimat. In *Transfer!* taucht das Motiv der Heimat in den Erinnerungen der Zeitzeugen in unterschiedlichen Varianten auf. Zum einen wird das Thema im Zusammenhang mit der erzwungenen Migration und dem Verlust der Heimat angesprochen, zum anderen zeichnen sich darin unterschiedliche Vorstellungen von Heimat ab. Der Begriff Heimat verweist auf eine Beziehung zwischen Mensch und Raum. Dabei handelt es sich sowohl um konkrete Orte, wie z. B. eine Gegend, eine Stadt, ein Dorf oder ein Land, als auch um die Gesamtheit der Lebensumstände, in denen man aufwächst und die einen Menschen prägen, wie z. B. die Sprache, die Landschaft oder die Religion. Da der Begriff Heimat in *Transfer!* aus der Sicht der Zwangsmigranten thematisiert wird, erscheint es mir interessant, am Beispiel dieser Inszenierung der Frage nachzuspüren, wie sich Heimat angesichts der Migrationserfahrung, die eine wandelbare und/oder gebrochene Beziehung zwischen den Menschen und den Räumen bedeutet, denken lässt. Um sich mit dieser Frage auseinander zu setzen, soll zunächst das Inszenierungskonzept von *Transfer!* kurz dargestellt werden.

Transfer! *Das Inszenierungskonzept*

Transfer! ist als eine deutsch-polnische Koproduktion des Teatr Współczesny in Wrocław und des Hebbel-am-Ufer (HAU) in Berlin entstanden. Der polnische Regisseur und Dramatiker Jan Klata (geb. 1973), der zu den „jungen Wilden" des polnischen Theaters zählt, hat dieses Theaterprojekt zusammen mit einem deutsch-polnischen Dramaturgenteam entwickelt. Zentraler Gedanke des Projektes war, so Klata, deutsche und polnische Zeitzeugen gemeinsam auf die Bühne

---

Krieg gegen Japan einzuziehen, wofür ihm territoriale Gewinne in Fernost in Aussicht gestellt wurden. Zudem verständigten sich die „Großen Drei" darauf, die UNO als internationale Friedensorganisation gemeinsam aufzubauen. Vgl. dazu Bies 1984; Michaelis 1983.

zu bringen und über ihre Erfahrungen berichten zu lassen: „Der gemeinsame Auftritt dieser Menschen macht die Ironie und Tragik der Geschichte sichtbar. Als Vertriebene wurden sie gezwungen, andere zu vertreiben" (Connert / Hirschfeld 2008).

Aussagekräftig ist der Titel der Inszenierung: Für die Auseinandersetzung mit dem bis heute kontrovers diskutierten Thema der Flucht, Zwangsumsiedlung und Vertreibung wählt Klata einen neutral klingenden Titel *Transfer!*, der keiner der Seiten oder Perspektiven Vorrang gibt. Das Bestreben, ein Gleichgewicht zwischen der deutschen und der polnischen Seite zu bewahren, ist nicht nur in der Besetzung bemerkbar, sondern auch darin, dass die Zeitzeugen ihre Erinnerungen in der jeweiligen Muttersprache erzählen. Alle Geschichten haben in *Transfer!* einen gleichwertigen Rang. „Eine einfache, manchmal schwer erträgliche Botschaft: Das Leid und die Last der Geschichte lassen sich nicht gegeneinander aufrechnen" – so Rüdiger Schaper im *Tagesspiegel* (Schaper 2007).

Klata wählt in seinem Theaterprojekt eine provokante Herangehensweise an die Geschichte von Breslau und an das Thema Umsiedlung, Flucht und Vertreibung. Er kombiniert dokumentarisches Material (die Erinnerungen der Zeitzeugen sowie historische Ton- und Filmaufnahmen) mit Auftritten von drei professionellen polnischen Schauspielern, die in absurden Szenen-Dialogen die Zusammenkunft von Stalin, Roosevelt und Churchill auf der Jalta-Konferenz darstellen. Die Konferenz wird in diesen Dialogen zu einer Farce. So entwickelt sich die Darstellung im Wechselspiel vom dokumentarischen Theater, der Geschichte als Oral History, und einer Posse, die das historische Ereignis der Jalta-Konferenz in einem grotesken Stil darstellt und somit den „unaufhebbaren Zynismus der Geschichte selbst" anspricht (Pilz 2006).

Die Geschichten der Zeitzeugen haben einen beispielhaften Charakter, ohne den Anspruch auf historische Wahrheit zu erheben, betont die Dramaturgin Dunja Funke:

> Während der Arbeit an der Aufführung habe ich mir immer wieder bewusst gemacht, dass es sich hier um reale Menschen handelt, die von realen Begebenheiten erzählen, ich aber dennoch nicht wissen kann, wie real diese Geschichten sind. Es werden Erinnerungen erzählt. Wir arbeiten hier mit Oral History, nicht mit niedergeschriebener. Es ist sehr wichtig, dass man sich dar-

über im Klaren ist, dass wir hier nichts Dokumentarisches machen (Connert / Hirschfeld 2008).

Der Krieg, die Geschichte von Breslau, der Holocaust, die Flucht, die Umsiedlung und das Nachkriegsleben werden in *Transfer!* in der Form von betont subjektiven Erzählungen dargeboten. So erzählt einer der Zeitzeugen, Günter Linke, über seinen Vater:

> 1897 geboren als russischer Deutscher in Lodz in Russisch-Polen. Er besuchte die russische Schule. 1915 war er als russischer Deutscher im ersten Weltkrieg in Deutschland in deutscher Kriegsgefangenschaft. 1919 nach dem Krieg wurde er polnischer Deutscher. Er diente drei Jahre lang als Polski Unteroffizier beim polnischen Militär. Als die Reichsdeutschen kamen, wurde er 1939 Volkdeutscher-Deutscher. 1945 war er erst einmal gar nichts mehr. 1949 wurde er deutscher demokratischer Deutscher. 1971 wurde er Bundes-Deutscher. Dabei wollte er immer nur Lodzer Deutscher sein (Transfer! Bühnenmanuskript 2006: 3).[2]

Die Erinnerungen handeln vom Leben vor dem Krieg, von Familie, Kindheit, von der Jugend zur Zeit des Nationalsozialismus, von jüdischen Nachbarn, von Kämpfen im Untergrund, Feldpostbriefen, sowjetischen Vergewaltigern; von Flucht, Zwangsumsiedlung und der ersten Weihnachtsfeier nach dem Krieg. Die Erinnerungen bewahren die Chronologie, präsentieren dabei aber kein stimmiges Geschichtsbild, vielmehr stellen sie eine Collage aus einzelnen Schicksalen dar.

Transfer! ist in einem minimalistischen Stil gestaltet. Text, Licht und Ton sind die wesentlichen Mittel von Klatas Inszenierung. Man kann kaum von einem Bühnenbild sprechen. Die Zeitzeugen agieren auf einer leeren, mit Erde bedeckten Bühne. Mitten darauf befindet sich ein erhöhtes Podest, auf dem die drei professionellen Schauspieler die Jalta-Konferenz von Churchill, Stalin und Roosevelt darstellen. Die Zeitzeugen tragen alltägliche Kleidung und verwenden nur einige wenige Requisiten, die ihre Geschichten veranschaulichen und mit denen sie ab und zu während des Erzählens kleine Handlungen entwickeln, z. B. wenn Hannelore Pretzsch über den Einmarsch der sowjetischen Armee in Breslau erzählt, hält sie eine NS-Fahne in den Händen:

---

[2] Das Bühnenmanuskript wurde der Autorin freundlicherweise von der Dramaturgie des Teatr Współczesny zur Verfügung gestellt.

Jeder hatte auch die Fahne. Das Hakenkreuz. Das musste man auch verbrennen. Die Russen wurden ja verrückt. Dann haben sie gleich gesagt SS oder so. Die Flagge war aus gutem Stoff. Das fanden wir schade um den Stoff. Da haben wir das Hakenkreuz noch raus geschnitten und haben das Hakenkreuz verbrannt und den Stoff konnten wir doch noch verwenden (*Transfer!* Bühnenmanuskript 2006: 25).

Im Laufe ihrer Erzählung schneidet Hannelore Pretzsch mit Hilfe einer Schere den weißen Kreis mit dem Hakenkreuz aus und zieht sich die Fahne wie einen Poncho über.

Im Kontrast zu den persönlichen, teilweise tragischen, teilweise anekdotischen Geschichten der Zeitzeugen stehen die grotesken Szenen der „Jalta-Konferenz". Stalin, Roosevelt und Churchill, thronend über den Zeitzeugen auf einem erhöhten Bühnenpodest in der Mitte der Bühne, führen absurde Gespräche:

Churchill: Die Großen Drei: so nennt man uns.
Roosevelt: Uns fehlt nur noch der Papst, damit wir komplett sind.
Stalin: Na gut, aber wie viele Divisionen hat er denn? Wenn er uns das verrät, dann erlauben wir ihm, unser Verbündeter zu werden.
Roosevelt: Wir Großen Drei sind wie die Heilige Dreifaltigkeit.
Stalin: Dann muss Churchill der Heilige Geist sein. Der fliegt so viel (*Transfer!* Bühnenmanuskript 2006: 6).

Die von Klata geschriebenen Szenen greifen die Beschlüsse der Jalta-Konferenz auf. In einem grotesken Stil feilschen die „Großen Drei" um die Entscheidungen, die weitreichende Konsequenzen für Millionen von Menschen haben werden. Darüber hinaus spielen die Dialoge von Churchill, Stalin und Roosevelt die Konferenzen in Teheran und in Potsdam, das Massaker in Katyn und den Molotov-Ribbentrop-Pakt an. In diesen Szenen wechseln die Staatsmänner zwischen Gesprächen und musikalischen Darbietungen, in denen sie als Mitglieder einer Rockband, mit Stalin am Bass, Churchill an der Gitarre und Roosevelt am Keyboard, auftreten. Politische Entscheidungen werden hier weitgehend von privaten Interessen und persönlicher Willkür beeinflusst. Beispielhaft für ihre Verhandlungen ist folgender Dialog:

Roosevelt: Aber in diesen Gebieten wohnen doch Menschen.
Stalin: Wohnten. Deutsche.
Roosevelt: Was ist mit der Bevölkerung passiert? Es gab dort einige Millionen davon.
Stalin: Die Bevölkerung ist weggegangen.
Roosevelt: Alle?

Stalin: Die Deutschen werden repatriiert.
Roosevelt: Und die Polen? Die sind doch im Osten?
Stalin: Die Polen werden ebenfalls repatriiert. Und im neuen Polen werden wir Wahlen abhalten. Die Bevölkerung entscheidet.
Churchill: Ich habe keine besonders gute Meinung von den Polen.
Stalin: Es gibt gute Leute unter ihnen.
Churchill: Ja, sicher. (…)
Roosevelt: Ich darf nicht sagen, was wir hier vereinbart haben, sonst verliere ich sieben Millionen Stimmen von Amerikanern polnischer Herkunft (*Transfer!* Bühnenmanuskript 2006: 28).

In seiner Inszenierung stellt Klata einen Kontrast zwischen den Zeitzeugen und den drei historischen Figuren her. Dies bewirkt er zum einen dadurch, dass er die Zeitzeugen und die Darsteller der „Großen Drei" auf unterschiedlichen Ebenen im Bühnenraum platziert. Die Zeitzeugen agieren auf der Bühne, währenddessen die Schauspieler sich über ihnen auf einem erhöhten Podest in der Mitte der Bühne aufhalten und sozusagen über die Zeitzeugen „herrschen". Zum anderen ergibt sich der Kontrast zwischen den Zeitzeugen und den Schauspielern durch die Art der Darstellung. Für erstere ist eine minimalistische Art der Darstellung kennzeichnend. Zwar sind ihre Auftritte inszeniert, jedoch stellen sie keine fiktiven Figuren dar, ihre Darstellung konzentriert sich auf das Erzählen ihrer persönlichen Geschichten. Dabei führen sie kaum Dialoge, sondern richten ihre Monologe vorwiegend an das Publikum. Die professionellen Darsteller hingegen entwickeln groteske Szenen-Dialoge, in denen sie als Karikatur der von ihnen dargestellten historischen Persönlichkeiten von Churchill, Roosevelt und Stalin wirken. Klata meint dazu:

> Wir haben bewusst nicht versucht, professionelle Schauspieler aus ihnen [den Zeitzeugen – N. K.] zu machen. Im Gegenteil, wir haben versucht, ihre Frische, aber auch ihre Unprofessionalität auf der Bühne zu bewahren. Das hat den Kontrast zu den professionellen Schauspielern, den Darstellern von Churchill, Stalin und Roosevelt, umso deutlicher hervortreten lassen (Connert / Hirschfeld 2008).

Unter den Zeitzeugen hebt sich die Figur von Matthias Göritz ab. Obwohl Göritz zusammen mit den Zeitzeugen auftritt, ist er in Bezug auf die Ereignisse des Zweiten Weltkrieges keiner von ihnen: Dieser ca. 35-40-jährige Mann erzählt sowohl von sich selbst als auch von seinem Vater, der 1943 im Memel-Gebiet geboren wurde und auf den der Krieg tiefe Auswirkungen hatte. Da Göritz sich angesichts seines Alters und seines mittelbaren Bezuges zur Geschichte von Umsiedlung, Flucht und Vertreibung von den anderen Zeitzeugen unterscheidet, stellt sich die Frage nach der Funktion seiner Figur im Inszenierungskonzept von *Transfer!* Weil ausgerechnet Göritz das Motiv der Heimat in *Transfer!* aufgreift, erscheint es mir für die Zwecke meiner Untersuchung aussichtsreich, dieser Frage nachzugehen.

Das Heimatmotiv in **Transfer!**

Gleich beim ersten Auftritt von Göritz lässt sich eine Gegenüberstellung seiner Figur zu den Zeitzeugen erkennen. Sein erster Auftritt gehört zum Anfang der Inszenierung und schließt sich an die Erzählung von Jan Charewicz, einem polnischen Zeitzeugen, an. Charewicz erzählt von seiner Flucht: „1. September 1939 – das ist der Beginn meiner Flucht. Wie oft sind wir umgezogen(?) Vilnius, Niemenczyn, Wald, Landbesitz, Punżanki, Podbrodzie, Powiewiórka, Maguny, Preny, Balingródek, Czerany, Czarnoliszki, Punżanki, dutzende Male, zum Schluss Breslau" (*Transfer!* Bühnenmanuskript 2006: 2). Daraufhin tritt Göritz auf und zählt ebenfalls eine Reihe von Orten auf: „Hamburg, Moskau, Paris, Marseille, Chicago, Hamburg, Shanghai, New York, Berlin, Paris, Iowa City, New York, Frankfurt, Seoul, Los Angeles, Rabat, Reykjavik, Frankfurt, Rom, Los Angeles, Frankfurt, Breslau/Wrocław, jetzt hier" (*Transfer!* Bühnenmanuskript 2006: 3). Beide Routen enden in Breslau. Eine Gegenüberstellung von Charewicz und Göritz ergibt, dass der erstere die Orte seiner Flucht aufzählt, die für ihn mit einer traumatischen Erfahrung verbunden sind, während der letztere die Städte aufzählt, die vermutlich die Ziele seiner Geschäftsreisen darstellen und somit eher neutral konnotiert sind. Als einen Geschäftsreisenden weist ihn sein Erscheinungsbild aus: Er trägt eine Anzugsjacke und tritt mit einem mittelgroßen Rollkoffer auf. Dieser Koffer erscheint als ein Charakteristikum seiner Figur – er hat ihn bei allen seinen Auftritten dabei.

Das zweite Mal tritt Göritz auf, als die Zeitzeugen in ihren Erinnerungen die Nachkriegszeit erreichen. Zwischen seinem ersten und zweiten Auftritt liegen viele Erzählungen, die das Thema Flucht, Vertreibung und Umsiedlung von unterschiedlichsten Seiten, auch im Hinblick auf die Entwurzelung und den Verlust der Heimat ansprechen. Göritz tritt diesmal in die Mitte der Vorderbühne, macht seinen Koffer auf und präsentiert dem Publikum einzelne Gegenstände, die im Koffer liegen:

> Sportschuhe, Yoga-CD, CD-Player mit Kopfhörer, Netzkabel, Taschenkalender, Unterwäsche, Socken, Letztes Buch, Lap Top, Musik-Set: *Yo La Tengo, Mouse on Mars, Skalpel*; Kulturbeutel: Kondome, Zahnbürste, Schlafbrille; *Moby Dick* – das Buch, Hemden, Pullover, Hose, Taschentücher, Mütze, Nächstes Buchmanuskript, Badehose (*Transfer!* Bühnenmanuskript 2006: 34).

Dann macht Göritz den Koffer wieder zu und sagt, seinen Auftritt abschließend: „Mein Koffer ist meine Heimat" (*Transfer!* Bühnenmanuskript 2006: 34). Der Koffer steht in Allgemeinvorstellung für Reisen und Mobilität. Vor dem Hintergrund der Erzählungen der Zeitzeugen über die Leiden der erzwungenen Migration wirkt diese Aussage ambivalent und beinahe provokativ. Im Falle der Zeitzeugen würde der Koffer für Entwurzelung und Heimatlosigkeit stehen, im Falle der Generation, die Göritz in der Inszenierung repräsentiert, bedeutet „das Leben aus dem Koffer" normale Lebensrealität und sogar mehr – Heimat; man ist quasi in der Mobilität beheimatet. Die provokative Wirkung der Aussage von Göritz spiegelt sich in der Reaktion der Zuschauer wider – sie löst Lachen im Zuschauersaal aus.

Der letzte Auftritt von Göritz erscheint wie der Epilog der Inszenierung. Nachdem alle Zeitzeugen die Bühne verlassen haben, tritt Göritz erneut vor das Publikum. In seinem Monolog taucht das für meine Untersuchung wichtige Motiv der Heimat wieder auf. Hier muss ein etwas längeres Zitat angeführt werden:

> *Göritz* (kommt von links)
> Mein Vater ist 1943 im Memel-Gebiet geboren worden. Memel Gebiet war mal alles: litauisch, deutsch, vom Anspruch her polnisch. 1945 wurde er auf der Flucht bei einem Fliegerangriff verschüttet. Er saß zwei Tage im Dunkeln. Er überlebte, stotterte aber bis zu seinem sechzehnten Lebensjahr. Die Familie wurde auseinander gerissen. Er hatte zwölf Geschwister. Er war der Jüngste. Er wuchs in einem Flüchtlingslager in Dänemark auf. Er studierte Verwaltungswissenschaften und Jura, machte politische Karriere. Er war ein Flüchtlingskind, das nicht mal ein Fahrrad besessen hat. Er war ein Autodidakt. Erst wollte er immer alles wissen, dann wollte er alles richtig machen, immer perfekt und vor allem gut sein. Nachdem er alles hingeschmissen hatte, seinen Bürgermeisterposten in einer Stadt bei Hamburg, fing er als Geschäftsmann an,

fuhr mit mir durch halb Europa. Immer ging es ihm um die Geschichte der Menschen, die er traf und die Geschichte ihrer Länder. Ich glaube, er suchte einen Ort, eine Art Heimat. Er hat sie nie gefunden. Er war ein sentimentaler Mensch. Er hat das Memelland nie gesehen, trotzdem hatte er Sehnsucht danach. Er gehörte der Generation der 68iger an, die alles verändern wollten. Die 68iger haben Schuld geerbt. Sie fragten ihre Väter, was sie im Krieg getan hatten, in der Nazizeit. Vielleicht ist es diese Sehnsucht nach einem Ort, den man Heimat nennen könnte und gleichzeitig zu wissen, dass dieser Ort verloren wurde durch die Schuld der Deutschen selbst, den Nationalsozialismus, den Rassenwahn. Vielleicht dachte mein Vater, dass, wenn man nun selbst moralisch handelt, etwas von dieser Schuld abgetragen werden kann, dass man als Deutscher, wenn man sich seiner Geschichte stellt, irgendwann wieder ein zuhause haben kann (*Transfer!* Bühnenmanuskript 2006: 40f.).

An diesem Zitat interessiert mich die Vorstellung von Heimat, die Göritz im Zusammenhang mit der Lebensgeschichte seines Vaters zur Sprache bringt. Zum einen erscheint Heimat hier als eine Utopie, als ein nicht existierender Ort der Geborgenheit, wonach man sich vergeblich sehnt: „Er suchte einen Ort, eine Art Heimat. Er hat sie nie gefunden". So legt Göritz mit seinen Überlegungen den Schluss nahe, dass Heimat nie gefunden werden kann, weil sie eine Utopie darstellt. Gleich darauf entwickelt Göritz eine andere Vorstellung von Heimat und widerspricht sich dabei selbst, indem er die Vermutung ausspricht, dass eine einst verlorene Heimat doch wieder gefunden werden kann: „Vielleicht dachte mein Vater, dass man, wenn man nun selbst moralisch handelt […], wenn man sich seiner Geschichte stellt, irgendwann wieder ein zuhause finden kann." Hier möchte ich nicht speziell auf die 68er Bewegung und die Problematik der Verarbeitung der NS-Vergangenheit in Deutschland eingehen, denn dies würde den Rahmen der vorliegenden Untersuchung sprengen. Interessant erscheint mir die Schlussfolgerung, die aus diesem Selbstwiderspruch abgeleitet werden kann. Als konkreter Ort kann Heimat nicht gefunden werden, versteht man aber Heimat als kulturelle Identität, die wesentlich durch die historische Entwicklung geprägt wird, hat man eine Chance, die/eine Heimat zu finden, indem man sich über die eigene Prägung durch die Geschichte bewusst wird.

Fazit

Fasst man die unterschiedlichen Aspekte des Heimatbegriffes, die in *Transfer!* thematisiert werden, zusammen, ergeben sich folgende Punkte:
- Drei unterschiedliche Generationen – die der Zeitzeugen, die Nachkriegsgeneration am Beispiel des Vaters von Matthias Göritz und die Generation, die durch Matthias Göritz repräsentiert wird, kommunizieren unterschiedliche Konzepte von Heimat.
- Für die Generation der Zeitzeugen ist eine ortsgebundene Vorstellung der Heimat kennzeichnend. Die erzwungene Migration bedeutete für sie Entwurzelung und Heimatverlust.
- Der Heimatvorstellung der Zeitzeugen steht der Heimatbegriff, der von Matthias Göritz kommuniziert wird, gegenüber. Für Göritz ist Heimat keineswegs an einen bestimmten Ort gebunden, der Grund dafür mag die grundsätzliche Veränderung der Lebensumstände seiner Generation im Vergleich zur Generation der Zeitzeugen sein: diese Veränderung ist mit der zunehmenden Mobilität verbunden. Da die Mobilität zu einem bestimmenden Faktor der Lebensrealität seiner Generation wird, entsteht eine fast paradoxale Heimatvorstellung – Heimat ist (in der) Mobilität.
- Zwischen diesen Heimatbegriffen, die in der Inszenierung gegenübergestellt werden, steht die Heimatvorstellung, die mit der Generation des Vaters von Mattias Göritz, also der Nachkriegsgeneration verbunden ist. Prägend für diese Generation erweist sich die Erfahrung des Heimatverlustes, die anders als bei der Kriegsgeneration nicht mit der gezwungenen Migration zusammenhängt, sondern auf die Erkenntnis zurückgeht, dass Heimat eine Utopie darstellt und deswegen als konkreter Ort nicht gefunden werden kann. Hieraus ergibt sich eine Wandlung des Heimatkonzeptes. Der Aspekt einer Beziehung zwischen Menschen und Räumen tritt dabei in den Hintergrund. Vordergründig wird dagegen die Beziehung zwischen Heimatvorstellung und Identität. Dabei wird die Rolle der historischen

Entwicklung als ein die Identität und somit den Heimatbegriff prägender Faktor in *Transfer!* besonders hervorgehoben.

Dirk Pilz bezeichnet die Laiendarsteller in *Transfer!* als „Seismografen für mentale Transformationen" (vgl. Pilz: 2006). Hiermit meint er, dass die Geschichten der Zeitzeugen in Klatas Inszenierung eine für die moderne Gesellschaft in Deutschland und in Polen charakteristische Diskrepanz zwischen Geschichte und Gedächtnis registrieren. Eine weitere „mentale Transformation", die sie aufzeigen, ist eine paradigmatische Wandlung des Heimatbegriffes, die aus der Sicht der drei Generationen dargestellt wird.

Literaturverzeichnis

Bies, Luitwin: Die Konferenz von Jalta und ihre Bedeutung in der Gegenwart. Frankfurt am Main 1984.

Connert, Julia / Hirschfeld, Monika: Steinschweiger? Steinwald? Steinbaum? – Egal! Interview mit Jan Klata, Dunja Funke und Sebastian Majewski, in: Novinki: http://www.novinki.de/html/zurueckge fragt/Interview_Klata.html (31.01.2008).

Michaelis, Herbert: Der Zweite Weltkrieg. München 1983.

Pilz, Dirk: Gemeinsam vertrieben. Jan Klata zeigt in Wrocław „Transfer!" ein deutsch-polnisches Theaterprojekt, in: Neue Zürcher Zeitung, 29.12.2006.

Schaper, Rüdiger: Transfer aus dem Tabu. Von Wrocław nach Berlin: ein polnisch-deutsches Theaterprojekt über Krieg und Vertreibung, in: Tagesspiegel, 17.01.2007.

Transfer! Bühnenmanuskript, unveröffentlicht. 2006.

Miłosława Borzyszkowska-Szewczyk

Wanderungen zwischen Gestern – Heute – Morgen.
Wiederbegegnungen mit der „alten" Heimat in den
Reiseberichten des deutschen Adels aus Hinterpommern
und Ostpreußen nach 1945

Zu den größten kollektiven Schmerzerlebnissen des zeitgenössischen Menschen gehören der Verlust der angestammten Heimat und infolgedessen die Zerstörung der bestehenden Lebenswelten. Auf eine besondere Art und Weise betraf diese Erfahrung die Familien des preußischen Adels, für die die Aussiedlung den Verlust des Landbesitzes und damit der Basis des adeligen Lebensstils bedeutete (vgl. Jäger 2001: 72).[1]

In den Fokus der vorliegenden Untersuchung werden vier Schilderungen von ‚Heimatreisen' gestellt, deren Verfasser Nachkommen von in Ostpreußen und Hinterpommern lange ansässigen hochadeligen Familien sind: Marion Gräfin Dönhoff,[2] Klaus von Bismarck,[3] Christian Graf von Krockow[4] und Alexander Fürst zu Dohna-Schlobitten.[5] In der „entadelten Gesellschaft" (Heinz-Gerhard Haupt) nach 1918 bezieht sich der Begriff ‚Adel' nicht mehr auf eine soziale Klasse sondern auf eine soziale Gruppe und ist somit „stärker als je zuvor als ein Lebens- und Kulturmodell" (Malinowski 2003: 30f.) zu betrachten. Im Falle der ausgewählten Autoren sei betont, dass es hier *prominente* Vertriebene sind, die schreiben. Drei der vier Autoren haben jahrzehntelang durch ihr Wirken im journalistisch-publizistischen Bereich die bundesdeutsche Öffentlichkeit nach 1945 mitgeprägt. Die

---

[1] Jäger (2001) hält Sesshaftigkeit, Grundbesitz und Tradition für die Hauptbedingungen zur Herausbildung und Formung einer Adelskultur.
[2] Marion Gräfin Dönhoff (1909-2002), Journalistin, Chefredakteurin und später Herausgeberin der Hamburger Wochenzeitung *Die Zeit*, Autorin von mehreren Sach- und Erinnerungsbüchern. Siehe u. a. Kuenheim 2000; Schwarzer 1996; Dönhoff 2002; Kuczyński 2007.
[3] Klaus von Bismarck (1912-1997), langjähriger Intendant des WDR und Präsident des Goethe-Instituts. Siehe Bismarck 1992.
[4] Christian Graf von Krockow (1927-2002), Professor für Politikwissenschaften, Publizist und freier Wissenschaftler, Verfasser mehrerer historischer Bücher.
[5] Alexander zu Dohna-Schlohbitten (1899-1997).

Berichte sind entweder in die Erinnerungsbücher der Autoren integriert (wie jene von zu Dohna-Schlobitten, von Bismarck sowie von Krockow) oder wurden als selbständige Texte in der Presse veröffentlicht (Dönhoff). Was alle Berichte verbindet, sind insbesondere die autobiografische Form sowie ein Kanon von Orientierungspunkten während der Reise in die „alte" Heimat.

Das Genre der Reiseliteratur hat eine lange Tradition. Zum Wesen eines Reiseberichts gehört es, von fremden Ländern und Völkern zu berichten, um u. a. bei den Daheimgebliebenen Neugier zu erwecken (Głowiński 2002: 294f.). Da das Reiseland hier weder ganz vertraut noch ganz fremd ist, beruhen die herangezogenen Reiseschilderungen auf einem Spannungsverhältnis zwischen den in der Erinnerung verfestigten Heimatbildern und der Realität sowie auf der Ambivalenz des Fremden im einst Vertrauten. In diesem Beitrag wird der Versuch unternommen, zum einen die Folgen und Strategien der Auseinandersetzung dieses Spannungsverhältnisses zu zeigen und zum anderen die Frage nach der Funktion dieser Reiseberichte zu stellen.

Berichterstatter der „alten" Heimat

Diese Autoren haben keine Chance, in den Belletristik-Bestsellerlisten der deutschen Literaturkritik auf Spitzenpositionen zu gelangen. Ganz im Gegenteil, sie werden von den Schriftstellerlexika gar nicht berücksichtigt.[6] Einen festen Platz räumt ihnen lediglich die regionale Literatur (Chłosta 1997: 8; Orłowski 2003a: 271) sowie die so genannte „Vertreibungsliteratur" ein, dessen Ziel nach Helbig das „Bewahren der Erinnerung an die verlorenen Heimaten im Osten" sei (Helbig 1996: 59). Dabei ist zu vermerken, dass gerade diese Autoren von den Kreisen der in Vereinen organisierten Vertriebenen jahrelang mit Distanz betrachtet worden waren. Ein Grund dafür mag das distanzierte Verhältnis dieser Autoren zu der von den Vertriebenenverbänden vehement vertretenen rhetorischen Figur des ‚Rechts auf die Heimat' gewesen sein.

---

[6] Vgl. Neues Handbuch der deutschsprachigen Gegenwartsliteratur seit 1945 (1993).

Schriftsteller? Unterhaltungsautoren? Journalisten? – diese Frage bleibt zunächst offen. Unter den von der Erfahrung des Heimatverlustes betroffenen Schreibenden bilden die Nachkommen der alten adeligen Geschlechter des deutschen Ostens jedenfalls eine geschlossene Subgruppe, die sich u. a. durch ihren „Erfahrungshorizont" (Reinhart Koselleck) abhebt, durch ein stark ausgeprägtes historisches Bewusstsein (dabei versteht sich der Adel als Subjekt der Geschichte) sowie durch ein Familienkonzept, das frühere, heute lebende und kommende Generationen umfasst (Funck / Malinowski 2002: 87).

Die Wiederbegegnung mit der „alten" Heimat kann auf verschiedene Art und Weise erfolgen. Neben einer tatsächlichen Expedition in die „alte" Heimat kann auch das Niederschreiben der Memoiren selbst als eine Reise auf einer bloß imaginären Ebene – in die Erinnerungswelt (Hendryk 1998: 10f.) – betrachtet werden. Der „Wiederbegegnungsliteratur" werden Reiseschilderungen, Kindheitserinnerungen, Impressionen, Erzählungen und Kurzgeschichten zugeordnet (vgl. Hendryk 1998: 10f.). In diesem Beitrag wird der Fokus auf jene Berichte gelegt, die nach einer realen Reise entstanden sind, und damit auf Schilderungen, die als ein verbindendes Element zwischen der Erinnerung und Gegenwart gesehen werden können. Dabei ist ein komplexer Prozess zu beobachten: einerseits wird das gefestigte Bild der Erinnerung mit dem Gegenwärtigen konfrontiert, andererseits tauchen die Bilder aus der Vergangenheit erst unter dem Einfluss des Gesehenen auf. In einem persönlichen Nachwort zum Buch *Preussen. Eine Bilanz* bezog sich Christian von Krockow folgendermaßen auf seine erste Heimatreise:

> 1985 jedenfalls, längst in meiner zweiten Laufbahn als Schriftsteller, habe ich die Rückwendung, eine Form von Heimkehr gewagt und von der Welt erzählt, die ich vor ihrem Untergang noch gekannt habe. Dabei gehörte zu den Erfahrungen der Heimkehr das Unerwartete: Die Truhen und Schatzkammern unseres Erinnerns sind weit reicher gefüllt, als wir zunächst wissen und wahrhaben wollen. Wir müssen nur Geduld aufbringen, um die verborgenen Schätze zu finden und ans Licht zu heben (Krockow 2001: 139f.).

Sowohl Marion Dönhoff als auch Klaus von Bismarck kamen noch vor der ersten Welle der Besuche der Vertriebenen in den 1970er Jahren zum ersten Mal in die Gebiete östlich der Oder. Marion Dönhoffs erste Reise nach Polen fällt in das Jahr 1962 (vgl. Krzemiński 1991).

Es ist wohl kein Zufall, dass dieses Datum gerade mit dem Jahr der Herausgabe ihrer inzwischen „legendären" Memoiren *Namen, die keiner mehr nennt* (Erstpublikation 1962) zusammenfällt. Klaus von Bismarck durfte bereits 1964 seinen ehemaligen Besitz in Hinterpommern – im polnischen Pomorze Zachodnie – besuchen. In der polnischen Fassung seiner Memoiren findet der Leser darüber ein Kapitel unter dem Titel *Podróż do teraźniejszości, podróż w przyszłość*[7] (Reise in die Gegenwart, Reise in die Zukunft). Den ehemaligen Dönhoffschen Familienbesitz Friedrichstein betritt die Journalistin erst 1989, da er sich im Kaliningrader Gebiet, also im nach 1945 russischen Teil Ostpreußens, befindet. Über diesen Besuch berichtet sie in dem Artikel *Reise ins verschlossene Land*, der noch in demselben Jahr in der Hamburger Wochenzeitung *Die Zeit* erscheint. Dagegen besucht Alexander zu Dohna-Schlobitten Anfang der 1970er Jahre das Land, wo er „die erste Hälfte seines Lebens verbrachte" (Dohna-Schlobitten 1999: 348). Im Gegensatz zu den meisten ‚Heimwehtouristen', die sich vor allem auf die heimatlichen Ortschaften konzentrieren, folgten danach in allen genannten Fällen mehrere weitere, regelmäßige Reisen, die die Autoren nicht nur in die heimatlichen Landschaften führten, sondern auch in andere Regionen Polens (vgl. Traba 2003: 262).

Zwar bekundeten sowohl Dönhoff als auch zu Dohna-Schlobitten einerseits, schon eine Zeitlang vor Kriegsende erkannt zu haben, dass der Krieg und damit der deutsche Osten endgültig verloren seien (Dohna-Schlobitten 1999: 347), andererseits aber brauchten sie mehrere Jahre, um den Verlust der Heimat anzuerkennen. Marion Dönhoff etwa wollte lange noch glauben, es passiere vielleicht ein Wunder und sie könne in das Elternhaus zurückkehren (Wóycicki 1991: 5). Auch Alexander zu Dohna-Schlobitten, der in der „alten" Heimat ein Nachbar der Gräfin gewesen war und mit ihr zusammen seit 1944 heimlich die Pläne des Trecks ihrer Mitarbeiter besprach (Dohna-Schlobitten 1999: 347), brauchte gut zwei Jahrzehnte, um sich der Endgültigkeit des Heimatverlustes bewusst zu werden. Eine „öffentliche Verzichterklärung" nennt er die Teilnahme an einem Seminar im Januar 1966,

---

[7] Die polnischen Bezüge werden in der polnischen Fassung der Memoiren zu separaten Kapiteln ausgearbeitet.

auf dem man über die Denkschrift der Evangelischen Kirche in Deutschland „Zur Lage der Vertriebenen und zum Verhältnis des deutschen Volkes zu seinen östlichen Nachbarn" diskutierte. Diese Begegnung soll ihm den zweiten Schritt, die Heimatreise, ermöglicht haben (Dohna-Schlobitten 1999: 347).

Die Verfasser der hier betrachteten Reiseberichte kamen nicht – wie die meisten Vertriebenen – anonym in einem Reisebus nach Polen. Ganz im Gegenteil, sie bauten vorher ein Netz von polnischen Ansprechpartnern auf und dies waren häufig prominente Vertreter der polnischen Gesellschaft. Alexander zu Dohna-Schlobitten erinnert sich dazu:

> Lange vor der ersten Reise nach Polen hatte ich schon Verbindung zu der polnischen Denkmalpflege geknüpft. Ein mir bekannter Kunsthistoriker, Dr. Wolters, empfahl mich an den Generaldirektor des polnischen Nationalmuseums Warschau, Prof. Dr. Stanisław Lorentz (Dohna-Schlobitten 1999: 348).

Von ihm wurde der letzte deutsche Besitzer vom Gut und Schloss Schlobitten mit Empfehlungen und Papieren ausgestattet, mit deren Hilfe er „beim Museum und Denkmalamt in Allenstein sowie in Elbing (Elbląg) höflich empfangen wurde" (Dohna-Schlobitten 1999: 348).

Wahrnehmung zwischen Gestern und Heute

Die Autoren der genannten Schilderungen versuchen recht bewusst die Erinnerung von der Gegenwart zu trennen. Ein anschauliches Beispiel dafür liefert Christian von Krockows Erinnerungsbuch *Reise nach Pommern* (Erstpublikation 1985), an dessen Struktur schon die Absicht der Trennung zwischen Gestern und Heute zu erkennen ist. Die Publikation besteht aus zwei Teilen. Der erste Teil – *Reise nach Pommern* – ist eine Fahrt in die Vergangenheit und thematisiert diverse Aspekte der Geschichte der Provinz, Sitten und Bräuche der dortigen Bevölkerung in den Augen eines (ehemaligen) Schlossjungen. Erst danach beginnt der Autor den zweiten Teil *Pomorze: Die Reise nach Pommern*, den er auf folgende Art im Text ankündigte und gleichzeitig das Konzept seiner Pommernreise erklärt:

> Die Reise nach Pommern, in die Tiefen oder Untiefen des Erinnerns, ist abgeschlossen, das Erinnerte zu Papier gebracht, und die Gefahr scheint gebannt, dass Altes und Neues sich vermischen [...] kann die Reise nach Pommern beginnen – oder vielmehr die Fahrt nach Pomorze, in die Gegenwart (Krockow 1986: 231).

Die gleiche Absicht kann man dem Titel des bereits erwähnten Berichts über die Heimatreise von Klaus von Bismarck *Podróż do teraźniejszości, podróż w przyszłość* entnehmen.

In diesem Kontext soll die besondere Rolle der Gefühle hervorgehoben werden (vgl. Svašek 2002). Eine Reise in die „alte" Heimat ist stets von vielfältigen Emotionen begleitet. Im Brennpunkt der Erwartungen steht die Wiederbegegnung mit den einst vertrauten Orten und dem verlorenen Familiensitz, was zum einen Neugier und Furcht (oder sogar Angst), zum anderen Freude, Sehnsucht, Trauer bis hin zu Wut zur Folge haben kann (Lehmann 1991: 110, 124). Die innere Zerrissenheit vor der Ankunft auf dem Gelände des Familiensitzes reflektiert Marion Dönhoff mit folgenden Worten:

> Nun war ich also nur eine halbe Stunde von diesem Ort entfernt – sollte ich ihn besuchen oder ihn lieber so im Herzen bewahren, wie er für mich zum Inbegriff von Heimat geworden war? Ich schwankte. Schließlich war die Anziehungskraft stärker als das Bedenken. Wir fuhren. Als wir nach Löwenhagen kamen und links nach Friedrichstein einbogen, hielt ich den Atem an (Dönhoff 1989).

Im danach folgenden Bericht über das Wiedersehen wird der Schmerz verborgen gehalten, gedämpft vom bewusst gewählten Weg, die Beziehungen mit den heutigen Bewohnern mit zu gestalten (vgl. Lenz 2002: 45). Alexander zu Dohna-Schlobitten schreibt über „eine unbestimmbare Scheu vor der Reise" (Dohna-Schlobitten 1999: 348), die er jedes Mal bei dem Besuch in Schlobitten fühlt. „Eine seltsame Scheu, ein Zögern und Zaudern" (Krockow 1986: 245) – auf diese Weise skizziert Christian von Krockow seinen psychischen Zustand vor dem Besuch der heimischen Höfe und Felder.

Zu den konstitutiven Elementen des Heimatbildes dieser Autoren gehören vor allem Familiensitz, Baumalleen, Friedhof, Kirche und die nächstgelegene Stadt. Eine exklusive Stelle wird dem Familiensitz als dem Erinnerungsort (Pierre Nora) im Familiengedächtnis zugeschrieben. Mit ihm sind die Erinnerungen an das Familienleben und den adligen Lebensstil verbunden (Funck / Malinowski 2000: 73). Dieser

Familiensitz, dessen Schicksal nach 1945 einem „russischen Roulette glich" (Krockow 1986: 244), ist ein Motiv, das zum Sinnbild für Vergänglichkeit wird. Chronikartig wird von der Suche nach den Spuren der Vergangenheit auf den Familiengutshöfen berichtet. Eine besondere Rolle wird dabei der Landschaft zugeschrieben. Die Natur ist eben jener Teil der Heimat, der unberührt von der Zeit bleibt und ein „ahistorisches Element" (Orłowski 2003b: 71) bildet. Die Landschaft ermöglicht es, das Gefühl der Vertrautheit sowie der Zugehörigkeit zum Lande wiederzugewinnen, trotz der Grenzverschiebung und trotz des Austausches von Menschen und Sprache. Störche, alte Bäume, „stille Wälder" und „dunkle Seen" werden zu den Metaphern für Beständigkeit und Kontinuität. Von Krockow schreibt dazu: „Störche: wie lange nicht mehr gesehen und fast schon zur Sage entrückt. Hier sind sie noch zu Hause, sie unterscheiden nicht zwischen Pomorze und Pommern; das Land ist ihre Heimat geblieben" (Krockow 1986: 231f.). Marion Dönhoff drückte ihre Reflexionen in diesem Zusammenhang auf folgende Weise aus:

> Ich bin seither mehrfach in Polen – auch in Ostpreußen – gewesen. Und jedes Mal, wenn ich die Alleen wieder sah, die einsamen Seen und stillen Wälder, meinte ich nach Hause zu kommen. Landschaft ist eben wichtiger und gewiss prägender als alles Andere. Sie gehört im letzten und höheren Sinne ohnehin niemandem, allenfalls vielleicht dem, der imstande ist zu lieben ohne zu besitzen (Dönhoff 2002: 8).

Manchmal bereisen die Autoren die einst vertrauten Orte „ohne eine Spur von Erinnerungsvermögen", „doch dann setzt die Erinnerung wieder ein" (Krockow 1986: 235) oder „der Erinnerung bleibt genug" (Krockow 1986: 237) sogar an einem anderen Ort. Zwar erfolgt die Planung der Reise nach den Orientierungspunkten ihrer eigenen *mental maps*, die Autoren konzentrieren sich aber nicht nur auf den Vergleich des Vergangenheitsbildes mit dem der Gegenwart. Wie schon erwähnt wurde, recherchieren sie vor der Reise und knüpfen Kontakte. Die in der Erinnerung verfestigten Heimatbilder verschleiern die Gegenwart nicht.

Bei Christian von Krockow erhält der Leser detaillierte Informationen über das Neue und die Lebensweise der Fremden, sogar mit wirtschaftlichen Hintergründen, Zahlen und Prozenten versehen. Es werden auch die kleinsten Zeichen der Kontinuität wahrgenommen: „Die polnischen Bewohner lieben Blumen, wie ihre Vorgänger" (Krockow 1986: 242) – bemerkt Krockow bei einer Gelegenheit. Mit dem Gesehenen und Erfahrenen wird eher sachorientiert und chronikartig umgegangen. Das scharfe Auge eines Inspekteurs (vgl. Borzyszkowska-Szewczyk 2004) fällt aber auf den Zustand des Familiengutshofs. Es wird getadelt, wenn etwas zu kritisieren ist, und gelobt, falls ein Anlass dazu gefunden wird (Dohna-Schlobitten 1999: 349).

Eine besondere Rolle kommt – sowohl bei Klaus von Bismarck (Bismarck 1997: 188ff.) als auch bei Alexander zu Dohna-Schlobitten und Christian von Krockow (Krockow 1986: 245ff.) – der Figur des Direktors vom Staatsgut zu, in das der einst adelige Besitz verwandelt wurde. Der Direktor übernimmt die Rolle eines gleichgestellten Ansprechpartners, wenn etwa Alexander zu Dohna-Schlobitten über Herrn Konarzewski schreibt: „Mit diesem außerordentlich tüchtigen, vielleicht etwas altfränkischen Mann, […] verband mich vieles: eine vergleichbare Herkunft sowie gemeinsame landwirtschaftliche und forstliche Interessen. Vor allem haben wir den gleichen Betrieb bewirtschaftet" (Dohna-Schlobitten 1999: 352).[8] Auch wenn Christian von Krockow sich über seine Besichtigung der Familiengüter äußert, kommt er als der zufrieden gestellte Inspektor zu Wort: „Kurzum: Es ist ein Erlebnis, mit Herrn Melka in der vertrauten Umgebung die Landwirtschaft neu kennen zu lernen. Sie ist in guten Händen, und das Herz geht einem auf, wenn man das Engagement des Direktors verspürt" (Krockow 1986: 249).

Die Autoren dieser Berichte versuchen bewusst die Bilder der Vergangenheit vor den Bildern der erzählten Gegenwart zu schützen. Eine „zweite Entheimatung" (Lehmann 1991: 115) ist in diesen Fällen nicht feststellbar. Der Hamburger Volkskundler Albrecht Lehmann führte diesen Begriff ein, um das Phänomen zu beschreiben, wenn das Wiedersehen der einst vertrauten Orte zur Zerstörung des Erinnerungsbildes und zum Gefühl einer zweiten Heimatberaubung führt (Lehmann 1991: 114). Das Bewusstsein dieser Gefahr kommt zwar in den Reiseberichten zum Ausdruck, was man u. a. dem oben angeführten Zitat von Marion Dönhoff betreffend den emotionalen Zwiespalt vor der

---

[8] Herr Konarzewski kommt aus der Familie eines Gutsbesitzers aus Zentralpolen, die nach 1945 enteignet wurde.

Ankunft in Friedrichstein entnehmen kann. Jedoch von einer wiederholten Beraubung der Heimat zu schreiben, wäre übertrieben. Dönhoff selbst erklärt die Konsequenzen der Wiederbegegnung als eine neue Bestimmung des Heimatbildes zum Raum der Wirklichkeit, indem sie schreibt:

> [Es] hat sich für mich ein merkwürdiger Bedeutungswandel vollzogen. War Friedrichstein bisher eine Realität, unerreichbar zwar, aber doch existent, so ist es jetzt zu einer unwirklichen Erscheinung der Traumwelt geworden – und da ist es eigentlich ganz gut aufgehoben (Dönhoff 1989).

Zu Friedrich Dönhoff, der mit seiner Großtante viele gemeinsame Reisen unternahm, soll Marion Dönhoff bei ihrem nächsten Besuch in Friedrichstein im Jahre 1992 gesagt haben: „Am Ende habe ich mir gesagt: Das ist nicht meine Realität. Meine Realität sind die Erinnerungen" (F. Dönhoff 2002: 62).

Das Phänomen, dass man es im Falle dieser adeligen Heimatbesucher nicht mit einer „Entheimatung" zu tun hat, könnte man damit erklären, dass ihr Erinnerungsbild nicht primär an real existierenden Objekten haftet, sondern absichtlich an den Figuren der Erinnerung. Diese bewusste Gestaltung und Bewahrung des Familiengedächtnisses erreichte gerade bei den adeligen Familien über die Jahrhunderte hinweg die Qualität einer Kunst, stellten die deutschen Adelsforscher Funck und Malinowski fest (Funck / Malinowski 2002). Ihre These haben sie im Titel des Beitrages *Masters of Memory* pointiert formuliert. Das Familiengedächtnis[9] sollte die Position der gesellschaftlichen Oberschicht legitimieren und das Prestige sichern, indem es den Familienmitgliedern eine Quelle für die Überwindung von Krisen bereitstellte (Funck / Malinowski 2002: 88f.). Im Laufe der Zeit entwickelte der Adel ein Repertoire an Erinnerungsträgern /-medien, die die kollektive Identität fundieren sollten. Dazu gehören nach Funck und Malinowski u. a. die Ausstattung der Schlösser und Burgen, Ahnengalerien, Herkunftsurkunden, Familienverbände, Familientreffen, Jagdrituale, die Beschäftigung mit der Genealogie und Familiengeschichten

---

[9] Das Familiengedächtnis kann zweifach verstanden werden: als Gedächtnis der adligen Familie und als Gedächtnis der Familie des Adels. Eine adlige Familie sowie die Familie des Adels sind als „Gedächtnisgemeinschaften" (Pierre Nora) zu betrachten, also Gruppen, in denen die Frage „Was dürfen wir nicht vergessen?" eine zentrale Rolle einnimmt (Assmann 2000: 30).

(Funck / Malinowski 2002: 88). Diese Elemente gehören auch zum thematischen Gerüst bzw. zu den Pflichtmotiven der Erinnerungsbücher der Nachkommen der adeligen Familien des Ostens.

Die Welt von Morgen mitgestalten oder „Was darf nicht vergessen werden?"

An dieser Stelle wäre legitim zu fragen, ob es in den behandelten Reiseberichten Raum für das Trauma der Vertreibung gibt. Anhand der eingeführten Passagen kann man zum Schluss gelangen, dass die Schilderungen der Wiederbegegnung mit der „alten" Heimat als eine Art intellektueller Verarbeitung einer Grenzerfahrung zu verstehen sind. In Bezug auf die heutigen Bewohner übernehmen die adeligen Reisenden bewusst die Position des Brückenschlagenden, der seine Rolle als Vermittler zwischen den Nationen sieht, der regelmäßig kommt, der viele, darunter offizielle Kontakte zu Polen hat, der sich für die wirtschaftliche Lage des Landes und der Leute interessiert, der die Zukunft der alten Heimat aktiv mitgestalten will. Der letzte deutsche Besitzer von Schlobitten schreibt dazu:

> Ich habe es als meine Aufgabe angesehen, den Polen beim Wiederaufbau des zerstörten Landes mit allen Kräften zu helfen. Ich schickte Bücher, Fotos von Grundrissen, Wappen und Gebäuden an Museen und Denkmalämter, half, Gemälde zu identifizieren, und schickte Materialien, die es in Polen nicht gab. Bei einem meiner letzten Besuche übergab mir Frau Wróblewska zum Dank für meine Bemühungen eine von ihrem Museum herausgegebene Kopernikus-Medaille (Dohna-Schlobitten 1999: 355).

Eine Rezension des Krockow'schen Buches erschien in der Wochenzeitschrift *Die Zeit* unter dem viel sagenden und in manchen Kreisen wohl revolutionären Titel *Wo heute vertriebene Polen leben. Christian Graf Krockows Erfahrungen in Pommern* (Klemz 1985). Krockows sachorientierte Berichterstattung vermittelte nicht nur dem Leser in der Bundesrepublik Wissen über die Gegenwart der „alten" Heimat und ihrer Bevölkerung in den 1980er Jahren, was der Rezensent besonders hervorhob, sondern seine polnischen Presseartikel und Ausgaben der Bücher schufen auch in Polen Verständnis für die Gefühle der ehemaligen Bewohner zu ihrer alten „Heimat". Die zahlreichen Besuche aller hier behandelten Autoren, ihr Kontaktnetz zu Polen, ihre Präsenz in den Medien, die Übersetzungen ihrer Schriften ins Polnische sowie mehrere Interviews führten und führen höchstwahrscheinlich dazu, dass ihre Erinnerungsbilder mit der Zeit zum gemeinsamen Gut der alten und neuen Bevölkerung Ostpreußens und Pommerns werden. Zu Recht werden Namen wie Dönhoff, Krockow und Bismarck in die Reihe der Vorreiter der deutsch-polnischen Aussöhnung eingeordnet sowie als „Menschen des schwierigen Grenzgebietes" bezeichnet (Budrewicz 1990).

In diesem Kontext sollte man auf den zeitlichen Horizont der Ausgabe der behandelten Reiseschilderungen hinweisen. Alle Texte wurden seit der Mitte der 1980er Jahre veröffentlicht oder neu aufgelegt. Diese Tatsache thematisiert Rudolph von Thadden, der Rezensent des Erinnerungsbuches von Christian von Krockow sowie ein Nachkomme eines anderen hinterpommerschen gräflichen Geschlechts. Indem von Thadden sich selbst als „Landsmann und Schicksalsgefährte des Autors" vorstellt, erklärt er in *Die Zeit* (die Rezension erschien in der Rubrik „Politisches Buch") den Erfolg der Reiseschilderung „über eine auch schon früher als hinterwäldlerisch angesehene Gegend" bei der Leserschaft u. a. mit dem Zeitpunkt seines Erscheinens. Er stellt fest:

> Erst heute gibt der Himmel der Nachkriegszeit den Blick auf das Vergangene so unverhangen frei, dass man wie Krockow in ein und demselben Buch mit gleicher Anteilnahme über das alte Pommern und das neue polnische Pomorze schreiben kann (Thadden 1985).

Die Erinnerungen an die „alte" Heimat könnte man auch als „Elegien der Vergangenheit" (vgl. Czermińska 2000: 117)[10] betrachten. Schreibt man jedoch einen Bericht nach einer Reise, dann dokumentiert man die eigene Anwesenheit und hat die Möglichkeit, das Interesse an dem Heute und an dem Fremden zu beweisen. Man vergegenwärtigt das Vergangene, kommuniziert darüber und gewinnt die Chance, mit der Zeit samt persönlichen und familiären Geschichten in das kollektive Gedächtnis der Landsleute aus anderen Kreisen sowie der morgen in Pommern und Ostpreußen lebenden polnischen Bevöl-

---

[10] „Elegie przeszłości" – diesen Ausdruck verwendet die Danziger Polonistin M. Czermińska in Bezug auf das Erinnerungsbuch *Ród Abaczów* von Zbigniew Żakiewicz, eines Danziger Schriftstellers, der aus dem ehemaligen polnischen Osten, aus den *Kresy*, stammt.

kerung Eingang zu finden. Diejenigen, die sich nicht in die alte Heimat wagten, wie z. B. Ottfried Graf von Finckenstein, ein ostpreußischer Schriftsteller und der Autor vom interessanten Erinnerungsbuch *Nur die Störche sind geblieben*, dringen mit ihrem Vergangenheitsbild im heutigen Ostpreußen nicht durch. Die behandelten Reiseberichte sind daher nicht nur als *recherche du temps perdu* – die Dokumentation einer Reise auf der Suche nach der verlorenen Zeit zu verstehen. Man bereichert und erweitert damit das kollektive Bewusstsein der ehemaligen und heutigen Einwohner und regt an, die Identität nicht nur der Nachkommen aus den adeligen Kreisen sowie der Landsleute zu bewahren, sondern auch die der heutigen Gesellschaft in diesen Landstrichen mitzugestalten. Diese Literatur wird damit zum Hilfsmittel auf dem Wege zur Überwindung der Kluft der Befremdung in diesen ehemals deutschen Gebieten. Damit wird eine Kontinuität zwischen den alten und den neuen Bewohnern geschaffen (vgl. François / Schulze 2003: 14). Insbesondere die ins Polnische übertragenen Texte nehmen am Diskurs über das kollektive Gedächtnis der Polen nach 1989 teil, an den Prozessen „przywracania pamięci" (Wiedergewinnung des Gedächtnisses), die als Reaktion nach der Periode der „odmowy pamięci" (Absage des Gedächtnisses) zu beobachten sind (Ziółkowski 2001: 18). In diesem Zusammenhang kann man die Präsenz der Vertreter der alten preußischen Adelsfamilien im Gedächtnis bzw. Bewusstsein eines immer größeren Kreises polnischer Leser als Folge der Rückkehr der Demokratie sowie als Ergebnis der Zulassung zum Dialog mehrerer Standpunkte und Berücksichtigung von Interessen und Überzeugungen der Gesprächspartner behandeln (vgl. Ziółkowski 2001: 3).

Die Dokumentation einer Wiederbegegnung wird zu einer Strategie des Erinnerns im Sinne des Erinnert-Werdens. So wird die in Worte gefasste Wiederbegegnung zu einer Brücke zwischen der Vergangenheit, dem Heute und der Zukunft. Da die Adeligen die Bedeutung der Erinnerung und die Techniken des Erinnerns von Generation zu Generation tradiert haben, wissen sie im „Zeitalter des Gedenkens" (Pierre Nora) von ihrer Anwesenheit Spuren zu hinterlassen. Sie füllen mit ihren Vergangenheitsbildern ein Vakuum mit Inhalt, ein Vakuum, das die Anwesenheit der Schlossmauer und -ruinen in den ostpreußischen und hinterpommerschen Landschaften nach dem Krieg hervorrief.

Damit üben diese Inhalte auch für die heutige Bevölkerung eine Identität stiftende Funktion aus (vgl. Traba 2003: 271). Die Autoren der Reiseberichte setzen die von Paul Ricœur als bürgerliche Pflicht formulierte Aufgabe in die Tat um: „Urteil und Strafe sind Sache des Richters; der Kampf gegen das Vergessen und für eine wahrhafte Erinnerung ist die Sache des Bürgers" (zitiert nach Schulze / François 2003: 24). Festzustellen, inwieweit dieses Erinnerungskonstrukt kontrolliert selektiv[11] ist, bleibt die Aufgabe der Historiker; wobei gleichzeitig das Postulat wirksam wird, dass auch Distanz zum Gedächtnis der Historiker zu bewahren ist (Fried 2004: 366f.). Im Falle der Schriftsteller adeliger Herkunft hat man es zweifelsohne mit einem „autoritativen Gedächtnis" zu tun, „deren Zeugnis, ohne professionell zu sein, vor anderen Wahrheit zugebilligt wurde", es neigt „zur Kanonisation, selektiert bewußt oder unbewußt und unterliegt besonders leicht späterer Verformung" (Fried 2004: 301). Den Impetus der Erinnerungsarbeit zwischen dem Gestern, Heute und Morgen, der sich bei allen hier untersuchten Autoren findet und gleichsam die Antriebsfeder für ihr Schreiben ist, kann überaus treffend an einer Aussage über Marion Dönhoff – stellvertretend auch für die anderen Autoren – belegt werden. Einer ihrer engsten Mitarbeiter in *Die Zeit* – Haug von Kuenheim –, der selbst aus einer ostpreußischen hochadeligen Familie stammt, schreibt: „Marion Dönhoff weiß, was sie will. Sie will durch Schreiben gestalten, Einfluss nehmen, wirken, Probleme ausbreiten, klären und aufklären" (Kuenheim 2000: 46).

---

[11] Selektive Aufmerksamkeit ist eines der Hauptmerkmale des Gedächtnisses. Der polnische Psychologe Andrzej Hankała behandelt diese Frage im Buch *Wybiórczość ludzkiej pamięci* (2001). In Bezug auf das kollektive Gedächtnis unterscheidet die polnische Sozialwissenschaftlerin Barbara Szacka drei Hauptmechanismen der Selektivität. Die erste Auswahl von Informationen vollbringen die Historiker selbst, indem sie festlegen, welche Fragen exklusiv für den wissenschaftlichen Kreis als das Fachwissen bestimmt werden sollen und welche für die Schulbücher. Die zweite Selektion betrifft den Absender von Informationen. Der wichtigste Absender ist der Staat, der u. a. das Bildungswesen weitgehend kontrolliert, damit die Informationen dem Interesse des Staates gemäß ausgewählt werden. Die dritte Selektion kommt auf der Ebene des Adressaten zustande (Szacka 2003: 11).

Quellenverzeichnis

Bismarck, Klaus von: Aufbruch aus Pommern. Erinnerungen und Perspektiven. München 1992.
Bismarck, Klaus von: Wspomnienia. Übersetzung und Anmerkungen von Wanda Tycner und Janusz Tycner. Warszawa 1997.
Dohna-Schlobitten, Alexander Fürst zu: Erinnerungen eines alten Ostpreußen. Berlin 1999 (Erstpublikation 1989).
Dönhoff, Marion Gräfin: Namen, die keiner mehr nennt. Ostpreußen – Menschen und Geschichte. München 2002 (Erstpublikation 1962).
Dönhoff, Marion Gräfin: Reise ins verschlossene Land. Oder: eine Fahrt für und mit Kant, in: Die Zeit, 01.09.1989.
Krockow, Christian Graf von: Die Reise nach Pommern. Bericht aus einem verschwiegenen Land. Stuttgart 1986 (Erstpublikation 1985).
Krockow, Christian Graf von: Preussen. Eine Bilanz. Stuttgart 2001.

Literaturverzeichnis

Assmann, Jan: Das kulturelle Gedächtnis. Schrift, Erinnerung und politische Identität in frühen Hochkulturen. München 2000.
Borzyszkowska-Szewczyk, Miłosława: Erinnerung und Gegenwart. Reiseberichte aus Pommern in der „Pommerschen Zeitung" (1989-2001), in: Neumann, Bernd / Albrecht, Dietmar / Talarczyk, Andrzej (Hg.): Literatur, Grenzen, Erinnerungsräume. Erkundungen des deutsch-polnisch-baltischen Ostseeraumes als einer Literaturlandschaft. Würzburg 2004, 163-180.
Budrewicz, Olgierd: Ludzie trudnego pogranicza. Warszawa 1990.
Chłosta, Jan: Prusy Wschodnie w literaturze niemieckiej 1945-1990. Biografie pisarzy. Olsztyn 1993.
Chłosta, Jan: Warmia i Mazury w literaturze polskiej i niemieckiej w latach 1945-1995. Przewodnik monograficzny. Olsztyn 1997.
Czermińska, Małgorzata: Autobiograficzny trójkąt. Świadectwo, wyznanie i wyzwanie. Kraków 2000.
Dönhoff, Friedrich: „Die Welt ist so, wie man sie sieht". Erinnerungen an Marion Dönhoff. Hamburg 2002.
François, Etienne / Schulze, Hagen: Einleitung, in: dies. (Hg.): Deutsche Erinnerungsorte. Bd. 1. München 2003, 9-24.
Fried, Johannes: Der Schleier der Erinnerung. Grundzüge einer historischen Memorik. München 2004.
Funck, Marcus / Malinowski, Stephan: The Strategic Use of Autobiographical Memory by the German Nobility, in: Confino, Alon / Fritzsche, Peter (Hg.): The Work of Memory. New Directions in the Study of German Society and Culture. Urbana 2002, 86-103.
Funck, Marcus / Malinowski, Stephan: „Charakter ist alles!" Erziehungsideale und Erziehungspraktiken in deutschen Adelsfamilien des 19. und 20. Jahrhunderts, in: Jahrbuch für Historische Bildungsforschung 6, 2000, 71-91.
Głowiński, Michał: Podróż, in: Sławiński, Janusz (Hg.): Słownik terminów literackich. Wrocław-Warszawa-Kraków 2002, 394-395.
Hankała, Andrzej: Wybiórczość ludzkiej pamięci. Warszawa 2001.

Helbig, Louis Ferdinand: Der ungeheure Verlust. Flucht und Vertreibung in der deutschsprachigen Belletristik der Nachkriegszeit. Wiesbaden 1996 (= Studien zur Forschungsstelle Ostmitteleuropa an der Universität Dortmund; 3).

Hendryk, Ewa (1998): Hinterpommern als Weltmodell in der deutschen Literatur nach 1945. Frankfurt am Main 1998 (= Europäische Hochschulschriften: Deutsche Sprache und Literatur; 1701).

Jäger, Werner: Paideia. Formowanie człowieka greckiego. Warszawa 2001.

Klemz, Bernhard: Wo heute vertriebene Polen leben. Christian Graf von Krockows Erfahrungen in Pommern, in: Die Welt, 25.04.1985.

Krzemiński, Adam: Coś jakby cień Prus w nas samych, in: Nowe Książki 3, 1991, 1-5.

Kuczyński, Ernest: Historia i teraźniejszość. Życie i twórczość Marion Gräfin Dönhoff. Wrocław 2007.

Kuenheim, Haug von: Marion Dönhoff. Reinbek bei Hamburg 2000.

Lehmann, Albrecht: Im Fremden ungewollt zuhaus. Flüchtlinge und Vertriebene in Westdeutschland 1945-1990. München 1991.

Lenz, Siegfried: Schreiben ist Handeln, in: Frankfurter Allgemeine Zeitung, 12.03.2002.

Malinowski, Stephan: Vom König zum Führer. Sozialer Niedergang und politische Radikalisierung im deutschen Adel zwischen Kaiserreich und NS-Staat. Berlin 2003 (Elitenwandel in der Moderne, Bd. 4).

Neues Handbuch der deutschsprachigen Gegenwartsliteratur seit 1945. Begr. von Hermann Kunisch, fortgef. von Herbert Wiesner und Sybille Cramer, neu hg. von Dieter-Rüdiger Moser unter Mitwirkung von Petra Ernst, Thomas Kraft und Heidi Zimmer. München 1993.

Orłowski, Hubert: Das Bild Ostpreußens in der deutschen Literatur des 20. Jahrhunderts, in: Weber, Mathias (Hg.): Preußen in Ostmitteleuropa. Geschehensgeschichte und Verstehensgeschichte. München 2003(a), 259-282 (= Schriften des Bundesinstituts für Kultur und die Geschichte der Deutschen im östlichen Europa; 21).

Orłowski, Hubert: Za górami, za lasami ... O niemieckiej literaturze Prus Wschodnich 1863-1945. Olsztyn 2003(b).

Schwarzer, Alice: Marion Dönhoff. Ein widerständiges Leben. Köln 1996.

Svašek, Maruška: Gewähltes Trauma. Die Dynamik der erinnerten und (wieder-) erfahrenen Emotion, in: Fendl, Elisabeth (Hg.): Zur Ikonographie des Heimwehs. Erinnerungskultur von Heimatvertriebenen. Freiburg 2002, 55-78 (= Schriftenreihe des Johannes-Künzig-Instituts; 6).

Szacka, Barbara: Historia a pamięć zbiorowa, in: Kultura i społeczeństwo 4, 2003, 3-15.

Thadden, Rudolph von: Keine Flucht aus der Gegenwart. Gedanken zu Christian Graf von Krockows erfolgreichem Pommern-Buch, in: Die Zeit, 11.10.1985.

Traba, Robert: Kraina tysiąca granic. Szkice o historii i pamięci. Olsztyn 2003 (= Biblioteka Borussii).

Wóycicki, Kazimierz: Moje Prusy już odeszły. Rozmowa z Marion von Doenhoff, wydawcą tygodnika „Die Zeit", in: Życie Warszawy, 23-24.02.1991.

Ziółkowski, Marek: Pamięć i zapominanie. Trupy w szafie polskiej zbiorowej pamięci, in: Kultura i Społeczeństwo 3-4, 2001, 3-21.

Katharina Nahlbom

**Authentizität und Stabilität.
Die erträumte Heimat im Werk Reinhard Lettaus**

Das Leben des deutschen Autors Reinhard Lettau (1929-1996), der 1962 mit der Geschichtesammlung *Schwierigkeiten beim Häuserbauen* debütierte und danach noch fünf literarische Bücher unterschiedlicher Gattungen veröffentlichte, war vom häufigen Aufbruch und Wechsel der Wohnorte geprägt. Er wurde in Erfurt geboren, zog aber mit der Familie gleich nach Kriegsende in den westlichen Teil Deutschlands. Nach dem Abitur fuhr er in die USA, um weiter zu studieren, und lebte danach als Schriftsteller und Literaturwissenschaftler abwechselnd in den USA, wo er Staatsbürger wurde, und in Deutschland (vgl. Lettau 1998: 375-381).

Reisen und Aufbrüche sowie die damit verbundene Auffassung von der Welt als veränderlich und relativ sind auch wichtige Themen der Bücher Lettaus. Ein großes Thema ist auch die Suche nach festen Orten und absoluten Standpunkten, was sich als eine Reaktion auf die Erfahrung der überall vorherrschenden Relativität versteht. Die Figuren der Bücher wollen sich häufig von der Welt isolieren, die als chaotisch, unüberblickbar und anonym erlebt wird. Sie suchen dabei einen im Gegensatz zur Welt stabilen Ort, eine Heimat, die häufig mit ihrem Haus zusammenfällt. Die Durchgängigkeit dieser Thematik in Lettaus Werk zeigt sich darin, dass sie sich sogar in seiner mittleren politisch engagierten Phase durchsetzt, und zwar im Erzählband *Feinde* (1968) und im Theaterstück *Frühstücksgespräche in Miami* (1978), in denen Lettau sich hauptsächlich mit dem Vietnamkrieg beziehungsweise lateinamerikanischen Diktaturen auseinandersetzt. Die Militärs oder die lateinamerikanischen Diktatoren dieser Bücher erweisen sich nämlich nicht in erster Linie als tatkräftige Machtmenschen, sondern eher als häusliche und passive Träumer, die sich der Macht und den Kriegen, die sie begonnen haben, eigentlich entziehen wollen. Die Offiziere in *Feinde* verschanzen sich in ihrem Hauptquartier, das wenig militärisch aussieht und eher den Eindruck erweckt, ein gemütliches und geschütztes, etwas biedermännisches Privatheim zu sein. Die Geräusche der Außenwelt dringen nur „wattiert" darin ein: „Das Zimmer: kleine

Blumentapete, weißer Kaminsims, Schiffsbild. Braune, spiegelnde Diele. Einzelne, entfernte, wattierte Rufe von außen" (Lettau 1998: 180).

Im Folgenden soll zunächst der Heimatbegriff, und zwar die Bedeutung des isolierten Lebens der Figuren in ihrer Heimat erörtert werden. Eine weitere Frage, die auch untersucht wird, ist die Verortung der Heimat, ob sie ein real existierender Ort oder eher ein Traum und ein Ideal der Figuren ist.

Ein wichtiges Kennzeichen des isolierten Lebens im Haus in Lettaus Erzählungen ist seine Überblickbarkeit und Vorhersehbarkeit, was wahrscheinlich ein Grund dafür ist, dass die Figuren die Isolation als Lebensstrategie häufig wählen. Im Haus der Protagonisten geschieht nie etwas Neues, sondern alles wiederholt sich ständig auf dieselbe Weise. Dies bedeutet, dass sie dort keine schwierigen existentiellen Entscheidungen treffen müssen. In der Erzählung *Wettlauf* im Debütbuch *Schwierigkeiten beim Häuserbauen* (1962) führt der Protagonist, Herr Faber, ein einsames Routineleben im eigenen Haus (vgl. Lettau 1998: 66-69). Morgens zündet er ein Feuer im Kamin an und widmet sich dann seiner täglichen Arbeit. Auf diese Weise verlaufen alle Tage, bis Faber plötzlich eines Morgens bemerkt, dass ein Fremder ihn durch sein Fenster beobachtet und anscheinend alle seine Bewegungen draußen nachahmt. Diese Spiegelung bedeutet, dass Fabers Leben perspektiviert wird. Er sieht ein, dass andere Lebensweisen möglich wären und wird zu kritischer Überprüfung seines Lebens gezwungen. Dies lockt ihn und schreckt ihn gleichzeitig ab, eine gespaltene Verhaltensweise, die bei den Figuren Lettaus gewöhnlich ist. Zum einen fängt er an, sich alternative Lebensweisen vorzustellen, z. B. sich dem Fremden draußen anzuschließen oder alle Möbel im Haus zu entfernen und stattdessen „im entleerten Raum ein Karussell errichten [zu] lassen, das einen herumführte mit Musik" (Lettau 1998: 69). Zum anderen und vor allem versucht er aber den Blicken des Fremden zu entkommen, was ein andauerndes Laufen durch das Haus zur Folge hat.

Der Unwille, Entscheidungen zu treffen, prägt auch General von Unkugen in der Erzählung Ein *Feldzug* in *Schwierigkeiten beim Häuserbauen,* der sich dem Denken statt dem Handeln widmet, was im Text ironischerweise eine „militärische Gabe" genannt wird. Dies bedeutet schließlich, dass er sich dem Wählen und Handeln und dadurch der Welt ganz entzieht und vor dem Kamin im Hauptquartier der streitenden Armee der Erzählung landet, das auch hier eher an ein Privatheim erinnert:

> Zögern, einer Sache nachzudenken, ehe man zu einem Entschluß kommt, das schätzte der General von Unkugen mehr als andere militärische Gaben. [...] „Wer außer mir, versteht etwas von Entscheidungen?" rief er. Eine Sache in jede Richtung hin durchdenken, für die Folgen hellhörig sein, vorher oder zugleich auch schon gehandelt haben [...], das bedeutet manchmal, gar nichts zu tun, die Hände in den Schoß legen, am Kamin sitzen, ins Feuer starren, dieweil sich woanders etwas abspielt (Lettau 1998: 25).

Neben der Vorhersehbarkeit des Lebens und der Möglichkeit, sich dem Handeln und Wählen zu entziehen, repräsentieren die Heimat und das eigene Haus in Lettaus Büchern auch ein authentisches Leben und eine stabile und geschichtlich zusammenhängende Identität. In der Erzählung *Die Umgebung* (1964) wählt der Protagonist, der Hausherr, in seinem Haus zu bleiben und nie hinaus zu gehen, weil niemand draußen sich für das, was seinem Erscheinen in der Welt unmittelbar voranging, und zwar sein „Aufstehen", interessieren würde. Er würde somit in der Welt seine Identität konstituierende geschichtliche Kontinuität verlieren:

> Ich bitte Sie inständig, mir die Gründe zu nennen, die mich veranlassen sollen, mich zu erheben. [...] Und draußen? Bereits Leben und Bewegung? Mein Auftritt dort wird nicht verwundern. Niemand wird sagen: Da ist er ja. An das Aufstehn, das vorher nötig war, denkt sowieso keiner mehr. Es gerät in Vergessenheit, wenn man bei einem Freunde eintritt. Ruft er: Ah, Du bist aufgestanden? Die Antwort kennen Sie (Lettau 1998: 165).

Die Isolation im eigenen Haus ist aber nicht ganz unproblematisch. Der Nachteil an ihr ist, dass sie jede Kommunikation mit der Außenwelt ausschließt und dass man, obwohl man sich selbst als wahr und authentisch erlebt, für den Rest der Welt unsichtbar wird. Der Hausherr in *In der Umgebung* ist sich dieser Problematik bewusst:

> Mit einem gewissen Recht, wie gesagt, sagen Sie, daß man vergißt, daß ich da bin. Daraufhin antworte ich: Glauben Sie, man merkt sich Ihre Anwesenheit? Natürlich können Sie hoppsen und trällern. Aber was soll die Hüpferei, bei kleinem Publikum? (Lettau 1998: 165).

Einerseits zielt das Isolieren also darauf ab, die eigene Identität vor der Anonymität der Welt zu schützen. Anderseits führt die Isolation aus der Perspektive der Außenwelt nur zu größerer Anonymität, und zwar zum totalen Verschwinden von der Welt. Wie aus dem Zitat oben hervorgeht, bevorzugt aber der Hausherr trotz allem die Isolation im eigenen Haus. Im Gegenteil zum gezierten, für die Aufmerksamkeit erforderlichen „[H]oppsen und [T]rällern" draußen in der Welt, das er im Zitat einem seiner Gäste vorwirft, garantiert dies nämlich zumindest ein authentisches Leben.

In vielen Erzählungen sind die Figuren aber von der Außenwelt direkt abhängig, weshalb ihre Isolation von ihr scheitert. In der Titelerzählung von *Schwierigkeiten beim Häuserbauen* versucht der Protagonist, ein Baumeister, der lange vergebens die ideale Stelle für einen Hausbau gesucht hat, schließlich das Haus um seinen eigenen Körper herum zu bauen, was deutlich das Verschmelzen des Hauses mit dem eigenen Selbst und der Identität unterstreicht (vgl. Lettau 1998: 61-65). Für dieses Einmauern von sich selbst braucht aber der Baumeister die Hilfe von Bauarbeitern. Diese sind ihrerseits von den Befehlen des Baumeisters abhängig. Je mehr der Baumeister aber hinter den Ziegeln verschwindet, desto schlechter hören die Arbeiter seine Stimme, was zur Folge hat, dass sie die Arbeit nicht vollführen können, sondern sie frühzeitig, ehe der Baumeister vollständig eingemauert und von der Welt isoliert ist, aufgeben müssen.

Ein weiteres Problem des Isolierens und ein Grund für sein Scheitern ist die nur unvollständige Geschütztheit des Hauses. In *Wettlauf* bedeuten die Fenster des Hauses Fabers, vor denen der Fremde plötzlich auftaucht, einen zum Teil unwillkommenen Einblick und Kontakt mit der Außenwelt, und in *In der Umgebung* ist das Haus derart groß, dass es für den Hausherrn unüberblickbar wird und ihn ironischerweise vor Wahlschwierigkeiten stellt. Er kann sich nämlich nicht dafür entscheiden, in welchem Zimmer er sein Frühstück einnehmen will (vgl. Lettau 1998: 160 f.).

Die Folge dieser Unzulänglichkeit des Hauses ist, dass die Figuren der Erzählungen Lettaus häufig einen noch stärker isolierten Platz suchen. Am Ende von *Wettlauf* stellt sich Faber vor, durch andauerndes Liegen „unterhalb der Fenstersimse" sich ganz unsichtbar zu machen:

> Auch ein Leben unterhalb der Fenstersimse ließ sich denken. Ein Leben wie früher, nur daß man sich nicht aufrichtete, ohne draußen sichtbar und aufs neue herausgefordert zu werden. Nichts war verloren, wenn man vor dem Kamin lag, statt davor zu stehen oder zu sitzen (Lettau 1998: 69).

Das Liegenbleiben, von dem Faber träumt, ließe sich natürlich schwer realisieren. In vielen Erzählungen führt das Streben nach absoluter Isolation und Schutz vor der Welt dazu, dass die Heimat sich als ein in der Realität existierender Ort aufzulösen neigt, um lediglich ein Ideal oder ein Traum zu werden. Die Tendenz, die Heimat eher als einen Traum bewahren zu wollen, zeigt sich u. a. in der Erzählung *Ein neues Kursbuch* in *Schwierigkeiten beim Häuserbauen* (vgl. Lettau 1998: 16-21). Der Protagonist dieser Erzählung, der Bahnvorsteher Muck-Bruggenau, errichtet ein neues Bahnnetz, dessen Zentrum ein Ort ist, der seinen eigenen Namen trägt, und der sich deswegen als sein Heimatort versteht. Die Fiktivität dieses Ortes zeigt sich aber darin, dass Muck-Bruggenau, obwohl er dorthin zieht, sich jedem Vorschlag, den Ort in der Wirklichkeit zu errichten „mit Erfolg [...] widersetzte" (Lettau 1998: 21).

Statt sich in ihren Häusern zu isolieren, entfliehen auch viele Figuren der realen Welt zugunsten der Welt der Bücher, in der, wie einer der abgesetzten Diktatoren im Theaterstück *Frühstücksgespräche in Miami* (1978) feststellt, alles „schon entschieden [ist], man braucht nicht mehr einzugreifen" (Lettau 1998: 214). Eine extreme Variante der Weltflucht wird in der Erzählung *Herr am Platze* des ersten Buches thematisiert, in der alle Einwohner einer Stadt nur in Erwartung des Todes leben und Grabstätten anlegen, auf denen sie sich ansiedeln, während die wirkliche Welt, die Stadt, um sie herum wegen ihrer Vernachlässigung ganz zerfällt (vgl. Lettau 1998: 70-73).

Im Frühwerk Lettaus ist der erstrebte Heimatort der Figuren meistens sehr vage beschrieben und geografisch unbestimmt. Er wird meistens nur „das Haus" genannt und neigt, wie gezeigt, auch dazu, sich als realer Ort aufzulösen und nur einen Platz in der Welt der Träume einzunehmen. Das Spätwerk *Zur Frage der Himmelsrichtungen* (1988) thematisiert aber einen in der Wirklichkeit existierenden Ort, nämlich Erfurt in Thüringen, das nicht nur der Heimatort des Erzählers des Buches, sondern auch der des Autors Reinhard Lettau ist (vgl. Lettau 1998: 269-304). Die Leser und Kritiker, die wegen dieses Wirklichkeitsbezugs ein autobiografisches Buch und ein realistisches und konkret geschildertes Erfurt erwartet hätten, wurden aber enttäuscht. So wirft der Rezensent Walter Hinck der Schilderung von Erfurt Vagheit vor und stellt kritisch fest: „Die Kindheit und Jugend in

Thüringen (Erfurt) drängen wieder ins Bewußtsein, aber auch sie bleiben merkwürdig konturlos" (Hinck 1988; vgl. auch Kaiser 1998). Anstatt realistisch dargestellt zu werden, repräsentieren Erfurt und Thüringen in *Zur Frage der Himmelsrichtungen* nämlich, ähnlich wie die Häuser in den früheren Büchern, eine ideale Heimat, die für dasselbe steht wie die im Frühwerk dargestellten Häuser, und zwar Stabilität, eine feste Identität und geschichtliche Kontinuität. Das erzählte Thüringen hat z. B. aus dem Gesichtspunkt des Erzählers eine sehr alte Geschichte und im Unterschied zum Rest der Welt, die durchaus instabil, relativ und veränderlich ist und in der die Menschen hauptsächlich in Zelten wohnen, erscheinen die Häuser in Thüringen als fest und stabil:

> Reisende bewundern die Standhaftigkeit unsrer Häuser. „Man tritt" rufen sie, „bei Ihnen gegen ein Haus, und es bleibt ruhig stehn." Je weiter von Erfurt entfernt, desto zarter die Häuser, die der Wanderer antrifft. Wer in ihnen lacht, steht im Freien, über ihm steigt das Haus schillernd empor (Lettau 1998: 283).

Darüber hinaus macht das erzählte Erfurt laut dem Erzähler den absoluten Mittelpunkt der Welt aus, der als solcher von ihm in seiner Auseinandersetzung mit dem Relativismus entdeckt wird. Im Weltzentrum Erfurt sind seiner Meinung nach nämlich alle Erscheinungen, die sich sonst immer relativ darstellen, vor allem die Himmelsrichtungen, konstant und objektiv wahr. Was westlich oder östlich von Erfurt liegt, sind objektiv gesehen Westen bzw. Osten.

> Legt man sich nun als Wissenschaftler die Frage vor, zu welchem Ort der Erde man aufbrechen müßte, um die Himmelsrichtungen, wie sie uns überliefert sind, zu bezeichnen, ohne hierbei den jeweiligen geographischen Standort zu leugnen, so wird man sich nach Europa, genauer: nach Erfurt in Thüringen begeben müssen. Von hier aus ist es nun möglich, Paris oder Fulda als westlich, was zutrifft, Nordhausen, Oslo als nördlich zu erkennen [...]. Wer Belgrad im Norden vermutet, irrt oder ist übel placiert (Lettau 1998: 271).

Dass Thüringen und Erfurt eher ein ideales Traumbild als wirkliche geografische Orte darstellen, zeigt sich im Buch vor allem in dem Moment, in dem die Perspektive plötzlich wechselt und Thüringen aus den Augen von Fremden betrachtet wird, die dort ankommen. Diese Fremden sehen nämlich überhaupt kein bewohntes Thüringen, keine festen Häuser, sondern nur eine leere Wiese, auf der sie ihrerseits ein Land und eine Heimat gründen wollen (vgl. Lettau 1998: 291). Gegen die Absolutheitsansprüche des Erzählers ist die erzählte Welt des Buches somit in Wirklichkeit relativ und unbeständig und die Stabilität und Authentizität versprechende Heimat ist in subjektiven Wunschvorstellungen eher als in einer Realität verortet.

Die realistische Schreibweise, die den Rezensenten bei *Zur Frage der Himmelsrichtungen* fehlte, setzt sich stattdessen im allerletzten Buch Lettaus durch, im Kurzroman *Flucht vor Gästen* (1996), der von den Kritikern einstimmig gelobt und dem zwei prestigevolle Preise, der Bremer Literaturpreis und der Berliner Preis verliehen wurden. Neben den absurden, phantastischen und deutlich erfundenen Zügen, die auch das Buch prägen, liest sich *Flucht vor Gästen* zum großen Teil als Autobiografie. Im Unterschied zum vorangehenden Buch, in dem der Erzähler zwar einige Lebensdaten, vor allem den Geburtsort, mit dem Autor gemeinsam hat, stimmt in diesem Fall der Lebenslauf des Ich-Erzählers, der wie Lettau in Del Mar in Kalifornien lebt und der zusammen mit seiner Frau Dawn als alter Mann nach Deutschland zurückkehrt, im kleinsten Detail mit dem des Autors zusammen (vgl. Lettau: 1998: 305-359; 375-381). Dazu ist das Erzählen, das voll detaillierter Beschreibungen von Reisen, Orten und häuslichen Interieuren ist, konkreter und weniger stilisiert als in den früheren Büchern.

Dies zum Trotz greift aber die Thematik von *Flucht vor Gästen* auch in einem hohen Ausmaß auf die der früheren Bücher zurück. Ein zentrales Thema ist dabei die Suche nach einer Heimat, die auch hier eher ein erträumtes, in der Wirklichkeit unerreichbares Ideal bleibt und ähnlich wie in den früheren Büchern absolute Ordnung, Stabilität und Vorhersagbarkeit repräsentiert. Wie viele Figuren und Erzähler in den Büchern Lettaus ist der Ich-Erzähler des Buches stark ordnungsliebend und häuslich. Er bleibt gerne in seinem Haus, in dem wie im Haus Fabers in *Wettlauf* das Leben sich ständig zu wiederholen scheint. Er sitzt häufig still vor dem Kamin; ein Motiv der Geschütztheit, das in Lettaus Büchern durchgehend ist, und er versucht eine strikte Systematik und perfekte Struktur der Gegenstände aufrechtzuerhalten, die nicht geändert werden dürfen:

> Als unwürdig empfinde ich auch die ewige Kritik an der von mir bevorzugten kreisförmigen Anordnung von Früchten der gleichen Sorte auf einem einzelnen Teller, je nach Größe der Früchte zwischen neun und fünfzehn Stück. Wird vom Birnenteller eine Birne entfernt, muß ein kleinerer Kreis auf dem Teller

gebaut werden, bis später immer kleinere Teller die immer kleineren Kreise akkomodieren (Lettau 1998: 314).

Als Garant der Ordnung und Ruhe erweist sich aber das Haus als unzulänglich. Der Erzähler wird ständig von Gästen belästigt, die nicht nur seiner Meinung nach „hässlich" sind und schon dadurch gegen seine Ideale der Perfektion verstoßen (vgl. Lettau 1998: 309), sondern häufig ohne eingeladen zu sein sich ihm aufdrängen und seine Ordnung auf den Kopf stellen. Der Erzähler sieht sich deswegen ähnlich wie den vom Fremden bedrohten Protagonisten in *Wettlauf* gezwungen, seinem Haus zu entfliehen, wobei er sich Geheimgänge unter dem Haus, durch die er sich davonschleichen kann, ausdenkt (vgl. Lettau 1998: 310). Er überlegt sich auch, den Kontakt mit anderen Menschen, da diese destabilisierend auf seine heimatliche Ordnung wirken, ganz abzubrechen und sich von der Welt zu isolieren. Dabei muss er aber einen noch besser verborgenen Ort als das Haus finden, und zwar einen Ort, den es in der Wirklichkeit nicht gibt, da die totale Isolation, die absolute Ordnung und Sicherheit, die die Heimatvorstellung des Erzählers ausmacht, garantieren könnte, ähnlich wie in den früheren Büchern Lettaus in der Wirklichkeit nicht durchsetzbar ist. Ganz am Anfang des Buches beschreibt der Erzähler eine öde Kreuzung zwischen „Uelzen und Gümse", an der die Zeit still zu stehen scheint und an der er sich vorstellt zurückzuziehen. An der Kreuzung liegt ein Wirtshaus, in dem absolute Ruhe vorherrscht und in dem weder der Wirt noch die Gäste miteinander reden. In der Beschreibung des Ortes deuten sowohl die Konjunktive als auch die vielen Negationen, die gleichsam die Existenz des Ortes aufheben, darauf hin, dass es diesen absolut stillen Ort in der Wirklichkeit nicht gibt, sondern dass er nur einen Traum des Erzählers ausmacht:

> An der Stirnseite der Kreuzung ein nach Eröffnung bald wieder geschlossenes Gasthaus, wo der Wirt, wenn es offen wäre und wir ein Bier bestellten, nach wortloser Hin- und Rückwendung des Körpers eine Flasche vor uns hinstellen würde. Freunde des Wirtes gruppiert um eine auf einem runden Tisch ausgebreitete Zeitung, von der sie, jeder aus seiner gegebenen Position heraus, mit manchmal zur Schulter verdrehtem Kopf lesen. Stille der guten Stube. / Ich stellte mir vor, dort zu leben [...] Nichts Fremdes. Keine Gefahr, keine Frau, keine Post, keine Rettung, keine Not (Lettau 1998: 307).

Die Vorstellung von einer total geschützten und geordneten Heimat führt also den Erzähler von Flucht *vor Gästen* aus der Realität hinaus in die Welt der Träume. Die Isolation lässt sich auch aus dem Grund nicht realisieren, dass der Erzähler offenbar andere Menschen braucht. Gleich anderen Figuren in Lettaus Büchern schwankt er zwischen Weltabgewandtheit und Kontaktbedürfnis, was sich deutlich in der Darstellung der öden Kreuzung zeigt, in der der Erzähler auch über sein Verhalten zu einem möglichen Besucher nachdenkt: „Ödnis, Zuflucht. Kommt doch mal einer. Geh´ weg! Geh´nicht weg!" (Lettau 1998: 307). Dazu scheint er, obwohl er meistens seine Gäste lästig findet, nicht ganz zufrieden, wenn sie abwesend sind. Zweimal im Buch wiederholt er mit denselben Worten, dass kein Gast in sein Haus hinein tritt, ihn beim Feuer sieht und ihm zuhört, wenn er seine täglichen Erlebnisse rekapituliert, was sich als ein Bedauern dieser Tatsache versteht (vgl. Lettau 1998: 315; 327). Obwohl andere Menschen sein Dasein destabilisieren, braucht er offenbar, ähnlich wie zum Beispiel der Baumeister in *Schwierigkeiten beim Häuserbauen*, Menschen, die seine Existenz und das, was er erlebt hat, was seine Identität konstituiert, bestätigen.

Durchgehend suchen die Figuren in Lettaus Büchern also eine Art stabilen Heimatorts, in dem sie sich von der Welt, die als unbeständig und anonym erlebt wird, isolieren wollen.

Die Heimat in Lettaus Werk repräsentiert u. a. Vorhersehbarkeit und Überblickbarkeit des Lebens, das sich in den Häusern der Figuren ständig auf dieselbe Weise wiederholt. Sie ist auch mit Authentizität und dem Gefühl, eine zeitlich zusammenhängende Identität zu haben, verbunden. Die absolute Isolation im Heimatort lässt sich aber schwer realisieren. Man kann nicht, was die Figuren häufig wollen, auf Kommunikation mit der Welt ganz verzichten, sondern man steht immer in Verbindung mit ihr, was sich auf verschiedene Weise in Lettaus Texten zeigt. Der Baumeister in *Schwierigkeiten beim Häuserbauen* braucht paradoxerweise Hilfe, um sich selbst einzumauern und von der Welt abzutrennen. In der Erzählung *Wettlauf* wird der Protagonist Faber durch sein Fenster von einem Fremden betrachtet und kritisch beurteilt und in *Flucht vor Gästen* misslingt es dem Ich-Erzähler, unwillkommene Gäste, die seine häusliche Ordnung in Frage stellen und stören, fern von seinem Haus zu halten. Sowohl Herr Faber als auch der Ich-Erzähler und Protagonist von *Flucht vor Gästen* schwanken auch dazwischen, sich selbst isolieren und Kontakt mit anderen Menschen haben zu wollen, die sie nicht ganz entbehren können. In *Zur Frage der Himmelsrichtungen* stellt das vom Erzähler zum absoluten, stabilen Weltzentrum ernannte Erfurt ebenfalls keine Ausnahme vom Rest der Welt dar, indem die Wahrnehmung der Stadt wie die des Restes der Welt veränderlich und perspektivenabhängig ist. Die Heimatorte und die Stabilität und Authentizität, die sie repräsentieren, verstehen sich in Lettaus Werk deswegen eher als Träume und Idealvorstellungen der Figuren denn als reale Erscheinungen.

Literaturverzeichnis

Hinck, Walter: Gedämpfte Freude mit der Dialektik. Reinhard Lettaus Rückkehr zur Literatur, in: Frankfurter Allgemeiner Zeitung, 29.03.1988.
Kaiser, Joachim: Leichtigkeit und Leere. Zur Frage der perfekten Schreibekunst Reinhard Lettaus, in: Süddeutsche Zeitung, 30.03.1988.
Lettau, Reinhard: Alle Geschichten. München / Wien 1998.

Julia Liderman

Bilder der Selbstreflexion für den heimischen Kinomarkt und den Beobachter von außen: Der russländische Film 2003 bis 2008

Allgemeine Entstehungsbedingungen von filmischen Mustern und ihre soziologische Interpretation

Der Film ist eine Kunstform, die vom Zuschauererfolg abhängig ist. Er eröffnet eine Landkarte der Vorlieben, Wünsche, Phobien und Weltanschauungen der Massen. Film und Filmschaffende sind – aufgrund der Herstellungsbedingungen von Kinoproduktionen – weitaus stärker auf die „Resonanz" einer breiten Zuschauerschaft ausgerichtet, als dies bei anderen Kunstformen der Fall ist. Ein Literat oder ein bildender Künstler etwa haben bereits Erfolg, wenn sie von einem gewissen Teil der Gesellschaft anerkannt werden und diese Anerkennung mit einem fachlichen Interesse am Thema des künstlerischen Experiments einhergeht. Die Motivation des modernen Künstlers ist der Wissenschaftsethik verwandt, nämlich die Kultivierung der Selbsterkenntnis, das Streben nach Entdeckungen sowie das Fokussieren auf die Erkundung einer äußeren Realität. Dies alles ist jedoch für den Filmschaffenden, der seine Arbeit an einer Kinoproduktion zudem im Filmteam gestalten muss, nicht vorrangig, da er sich Forderungen ganz anderer Art gegenüber sieht. In seinem Fall erscheint die Forderung nach Kommunikation mit der führenden und/oder maßgebenden Gruppe innerhalb der Gesellschaft wichtiger.

Die Forschung eröffnet einige Möglichkeiten, die Zuschauerzustimmung darzustellen bzw. die Solidarität seitens der Zuschauer zu beschreiben. So kann man die Zustimmung mit jenen semantischen Strukturen koppeln, die von der Seher-Gemeinschaft geteilt werden. In diesem Fall richtet sich die Bewertung eines Films nach der höchsten Trefferanzahl eines filmischen Musters auf der Folie der bereits bestehenden kollektiven Vorstellungen bzw. des Allgemeinwissens der Masse. Der Erfolg oder Misserfolg eines Films kann in diesem Fall als Verringerung oder Vergrößerung der Kluft zwischen stereotypem Wissen, das in den Mustern des kollektiven Unbewussten reorganisiert ist, und einem filmischen Muster gesehen werden. Dieser Analysezugang zur Bestimmung der Zuschauersolidarität kann als „stereotyp" bezeichnet werden. Eine zweite Möglichkeit, das Wesen der Zuschauersolidarität darzustellen, ist mit den Vorstellungen von der Spezifik und Einzigartigkeit der filmischen Zuschauererfahrung im Vergleich zu jeder anderen Rezeptionserfahrung verknüpft, wobei die Kinoerfahrung der realen Lebenserfahrung wohl am nächsten kommt. In diesem Fall ist die Interpretation des Erfolgs oder Misserfolgs eines Films mit der Bewertung der Konsistenz, Eindringlichkeit und Ganzheit des Kinoerlebnisses durch den Zuschauer verknüpft, wobei das Alltägliche adäquat oder übersteigert gezeigt wird. Dieser Analysezugang zur Bestimmung der Zuschauersolidarität kann als „singulär" bezeichnet werden. Der Unterschied zwischen den beiden Analysezugängen besteht darin, dass im ersten Fall die semantischen Strukturen der Zuschauersolidarität im Fokus der Untersuchung stehen, während im zweiten Fall den suggestiven Strukturen sowie den magischen Attributen des filmischen Musters mehr Aufmerksamkeit zukommt.

Im Folgenden werde ich russländische Filme aus den Jahren 2003 bis 2008 vorstellen und mich dabei auf einige relevante Charakteristika kommunikativer Erfolge oder Misserfolge konzentrieren. Ich lege das Augenmerk insbesondere auf inhaltliche Klischees, die durch den Filmtext aktualisiert werden, und weiters auf Raum-Zeit-Modelle, die die Konsistenz und Überzeugungskraft populärer Filmmuster sicherstellen. Ein weiterer, wichtiger Begriff für diese Untersuchung sind die „formelhaften Narrationen" *(formula stories)* nach John G. Cawelti, der das literarische Genre mit dem Format der Freizeit gleichsetzt. Nach Cawelti löst die literarische Formel beim Zeitgenossen einen Entspannungsprozess von den Mühen und Anstrengungen des Alltags aus. Diese Tatsache ist insofern wichtig, als sie erlaubt, die Kinoerfahrung als Leistungsvermögen des Menschen der Moderne zu thematisieren. In Bezug auf den russländischen Film ist im Rahmen ein und derselben Filmvorführung so die Überlagerung von archaischen und zeitgenössischen Praktiken im Kinoerlebnis zu erkennen.

Literarische Codes der Filmkommunikation

Selbst bei einem flüchtigen Blick auf die russländische Filmlandschaft der letzen Jahre ist die Diskrepanz in Bezug auf Thematik und Genre zwischen jenen Kinoproduktionen, welche bei Festivals Erfolge erzielen konnten, und denen, welche auf dem „heimischen" Kinomarkt Gewinne feierten, deutlich erkennbar. Die Tradition des sowjetischen Autorenkinos der 1970er Jahre dient der internationalen Filmkritik nach wie vor als Messlatte für das künstlerische Leistungspotenzial des sowjetischen Kinos – und in dessen Nachfolge auch für das russländische Kino. Auf dem internationalen Parkett sind für die Jurys die Filme von Andrej Tarkovskij, Kira Muratova und Aleksej German die stillschweigenden Bezugspunkte für den russischen Stil.[1] Der filmgeschichtliche Kontext wirkt sich somit auf die Bewertung der neueren Kinoproduktionen aus. Der „heimische", innerrussische Erfolg hingegen hängt davon ab, ob ein Film es schafft, eine möglichst große Zuschauerzahl in die Kinosäle zu locken und ihren Erwartungen zu entsprechen. Für das Anlocken der Zuschauer sind nicht nur Sujet und Genre entscheidend, sondern auch das Zusammenspiel von Filmkonzeption mit dem nationalkulturellen Kontext, wobei dieser mit dem postsowjetischen Erbe und einer neuen russländischen nationalen Politik verknüpft ist. So waren in Russland die erfolgreichsten Filme der letzten Jahre die Fantasy-Filme *Nočnoj Dozor* (2004) und *Dnevnoj dozor* (2005) von Timur Bekmambetov sowie *Ostrov* (2006) von Pavel Lungin. Diese Tatsache bestätigt meine These, wonach der Erfolg neuer russländischer Filmproduktionen immer noch mit der Kompen-

---

[1] An dieser Stelle seien einige Filme genannt, die an internationalen Festivals teilgenommen bzw. dort Preise erhalten haben: Unter ihnen findet sich Nikolaj Chomerikis Film *977* als Teilnehmer der Sektion „Un Certain Regard" des Filmfestivals in Cannes 2006, weiters Aleksandr Sokurovs *Aleksandra* und Andrej Zvjagincevs *Izgnanie* als Teilnehmer am Wettbewerb in Cannes 2007. Im Jahr 2007 erhält Nikita Michalkov auf dem Filmfestival in Venedig den Spezialpreis für das „geschlossenste Werk" und dafür, dass Michalkov im Film *12* „seine Meisterschaft im Nachspüren und Aufdecken der Komplexität des Seins mit großer Menschlichkeit und Gefühl unter Beweis stellt". Der russische Pavillon auf dem Filmfestival in Cannes bietet 2008 im Rahmen des Kulturprogramms ein Treffen mit den Regisseuren Aleksej German, Aleksandr Sokurov und zudem mit Sergej Bodrov (für den Film *Mongol*) an.

sation eines Defizits in bestimmten Genres der Massenkultur verknüpft ist. Ein zweiter Faktor, der den Erfolg des russländischen Films beeinflusst, ist die Bedienung von Leseerfahrungen. Viele erfolgreiche Filme sind „cineastische Varianten der Gegenwart", welche nicht unter Berücksichtigung der filmischen Erfahrung des russländischen Zuschauers sondern unter Berücksichtigung seiner Leseerfahrung konzipiert worden sind – einer Erfahrung des Lesens formelhafter Massenliteratur.

Das Wort und Konzept „Heimat" steht vom künstlerischen Prozess losgelöst und findet sich lediglich in der staatlich-patriotischen Rhetorik. In der Kunst, insbesondere auch in der Filmkunst, werden „Heimat" und „Vaterland" nicht in Titeln verwendet, man begegnet diesen Begriffen fast nie in Filmdialogen (wenn man von den bescheidenen und in Russland raren Fällen politischer Kunst absieht). Dafür verfügt der Film über eine Vielzahl anderer Möglichkeiten, die kritische Reflexion der Zuschauer bezüglich der Semantik der Konzepte von „Heimat", „Vaterland", „Nation" und anderen nahestehenden Begriffen anzuregen. Der besondere Status des Territoriums, des Ortes (im Kino wird den Handlungsorten ein besonderer Status zugeordnet) wird in der Kultur mit mindestens drei Verfahrensweisen erreicht: durch das Hinzufügen einer historischen, einer poetischen und einer mythologischen Dimension. Diese kulturellen Codes erlauben es, den hohen Stellenwert bestimmter Territorien und ihrer Grenzen zu begründen.

Die historische Dimension eines Ortes wird etwa in Monumenten zu Ehren historischer Ereignisse visualisiert (im russischen Kontext sind hier vor allem Siegesdenkmäler im Rahmen des Städtebaus zu nennen). In diesem Fall eröffnet sich der symbolische Wert des Ortes dank der Berufung auf das Gedächtnis: Es wird an Rückschläge und Opfer erinnert, die mit siegreichen Kämpfen im Zusammenhang stehen. Dieser Erinnerungsprozess an die Siege teilt die Zuschauer unmittelbar in „Eigene" *(svoi)* und „Fremde" *(čužie)* und verordnet den „Eigenen" das Gefühl der Trauer und des Stolzes, den „Fremden" hingegen das Gefühl des Respekts und der Furcht. Als Form der filmischen Auseinandersetzung sind hier historische Filme und Fernsehserien über den Krieg zu nennen. Diese waren bei den russländischen Regisseuren der 1990er und 2000er Jahre überaus beliebt. Zur 60-Jahr-Feier anlässlich des Sieges im „Großen Vaterländischen Krieg" (gemeint ist hier im russischen Kontext der Zweite Weltkrieg) kamen im Jahr 2005 gleich mehrere solche Filme ins Kino. Einige der Filmprojekte, wie beispielsweise der Film *9 rota* von Fedor Bondarčuk, erzielten beachtliche Einspielerfolge.[2] Fedor Bondarčuk fing mit seinem Film die russländische Nostalgie nach der vergangenen Größe ein und machte das sinnlose Opfer im Namen des zerfallenden Sowjetimperiums zum zentralen Sujet seines Films.

Die poetische Dimension eröffnet sich dank der Kennzeichnung eines Territoriums durch Zeichen des unmittelbaren, entrückenden und flüchtigen Jetzt. Einen besonderen Status erhält der Ort aufgrund der Berufung auf eine gegenwartsbezogene, einzigartige und unwiederholbare Erfahrung, welche den Regisseur und die Zuschauer im Prozess des Sehens oder im Erkennen von nur für sie offensichtlichen Banalitäten des Alltags vereint. Dieses Verfahren der Sakralisierung des Ortes ist ungleich zeitgenössischer, insofern als die Grenze zwischen Zuschauern, die den zeit-räumlichen Kontext mit dem Regisseur teilen und somit dem Regisseur nahe stehen, und den anderen Zuschauern hier nicht so scharf verläuft wie im Fall der historischen Dimension, die eine Unterteilung in „Eigene" und „Feinde" *(svoi* vs. *vragi)* impliziert. Die Komplexität dieser Erfahrung besteht darin, dass diejenigen, die die „offensichtlichen Banalitäten" nicht sehen können, diese auch durchaus nicht erahnen müssen, sondern einfach das Sujet, die Charaktere, die Konflikte betrachten können, ohne sich aus der Zuschauer-Gemeinschaft ausgeschlossen zu fühlen. In einem solchen Film kann das Territorium einen wertvollen Charakter erlangen und zwar durch die Idee einer allgemeinen Jetztheit, durch rätselhafte und vor allem für die Erzählung „unnütze" Details, die für den „externen" Betrachter überschüssige Elemente darstellen. Im zeitgenössischen russländischen Kino gibt es einige wenige Filme, die auf ein solches Verständnis rekurrieren. Diese Filme sind mit der Bewegung „doc"[3] verknüpft, für die, wie es scheint, europäische Regisseure wie Ulrich

---

[2] Die Angaben zu den Einspielergebnissen von Filmen in Russland können unter http://www.kinopoisk.ru/level/6/view_best_box/3/ eingesehen werden. Näheres zu Kriegsfilmen im russländischen Kontext siehe die Publikationen von Liderman 2005, 2006 und 2007a.
[3] Zu „KINOTEATR.doc" vgl. http://www.kinoteatrdoc.ru/.

Seidl und Michael Haneke zu heimlichen Bezugspunkten werden könnten.

Im dritten Fall, jenem der mythologischen Dimension, erhält das Territorium seinen Sonderstatus dank seines zeitlosen, unvergänglichen und ahistorischen Charakters. Ein solcher Ort ist einer, wo sich ein zeitloses, sich ewig wiederholendes Sujet entspinnt. Gerade der Rückgriff auf die mythologische Legitimation des wertvollen russländischen Territoriums dominiert im Kino der letzten Jahre. Sowohl fantastische als auch hagiografische Erzählungen realisieren die Möglichkeit, dem russländischen Territorium einen sakralen Charakter zu verleihen.

Es gibt eine ganze Reihe von Verfahren, welche die eine oder die andere Auffassung des Status des Handlungsortes aktualisieren. Auf eine historische Dimension verweisen beispielsweise Bezugnahmen auf geschichtliche Ereignisse (entweder in der Biografie des Helden oder im Inneren der Erzählung). Im russländischen Kino bleibt nach wie vor der Zweite Weltkrieg (im russischen Sprachgebrauch der „Große Vaterländische Krieg") das historische Ereignis, dem am häufigsten gedacht wird. Andere historische Fakten, beispielsweise der Zerfall der UdSSR oder gar die Zeit der Revolution von 1917, finden kaum Eingang in das Kino, da diese einen umstrittenen und daher nicht instrumentalisierbaren Status in der öffentlichen Meinung besitzen.

Die mythologische Dimension (in der Russland ein Ort der sich wiederholenden Sujets ist, ein Ort, der auf den ahistorischen Charakter, der dem Russen eigen ist, oder auf das Wesen einer despotischen starken Macht, einwirkt) ist verknüpft mit dem Einsatz von visuellen Klischees: eine russische Landschaft, eine Kirche, der Kreml oder Ansichten von Moskau, oder allgemeiner: Schlamm und Schmutz, die Weiten, Ebenen und andere Eigentümlichkeiten einer stereotypen russischen Landschaft. Es ist interessant, dass dieser Code sowohl dem innerrussischen Zuschauer als auch dem Betrachter von außen verständlich und nachvollziehbar ist. Landschaftsstereotype haben in vielerlei Hinsicht gerade aufgrund der im Massendruck der Sowjetzeit entstandenen Reproduktionen der russischen Landschaftsmalerei eine große Verbreitung gefunden. Die Filme *Bumer*[4] (2003) und *Bumer-2* (2006) von Petr Buslov auf der einen Seite und *Ostrov*[5] (2006) von Pavel Lungin auf der anderen Seite, verwenden gerade jene Merkmale, welche ein mythologisches Raumerleben auslösen.

Auf ein poetisches Erleben des Ortes deutet das „Dokumentarische" als Verfahren. Die Bewegung „doc",[6] die großen Anklang bei der Kritik fand, bildet eine schwache, aber immerhin vorhandene Konkurrenz zu der mythologischen und historischen Dimension des russländischen Territoriums. „doc" ist durch einige Filme bereits im Verleih vertreten, zeigt sich in bescheidenem Ausmaß auf internationalen Kinofestivals und hat sogar die Benennung „Welle" erhalten. Unter den künstlerischen Filmen, die mit der Bewegung „doc" verknüpft und in den Verleih gekommen sind, sind etwa die Filme *Pyl'* (2005) von Sergej Loban, *Svobodnoe plavanie* (2006) von Boris Chlebnikov und *Izobražaja žertvu* (2006) von Kirill Serebrennikov zu nennen. Diese Filme unterscheiden sich in Bezug auf das Genre, und doch verbindet sie die Dokumentation augenscheinlicher Banalitäten alltäglicher Erlebnisse. Zweifellos ist das Erlebnis des Sonderstatus des eigenen Territoriums viel zeitgemäßer als Formen der historischen und der mythologischen Dimension. Mit dem poetischen Erleben des Territoriums ist das Gefühl der Solidarität verbunden, das auf dem Erkennen banaler Details und auf dem Verständnis einer flüchtigen Gegenwart basiert.

---

[4] Der Film *Bumer* hat im Jahr 2003 unerwartet über eine Million Dollar im russischen Verleih eingespielt, was damals für einen Film aus russländischer Produktion einen herausragenden Erfolg darstellte.

[5] Der Film *Ostrov* erreichte bei seiner Fernsehübertragung eine Einschaltquote vergleichbar mit jener der Neujahrsansprache des russischen Präsidenten. Vgl. auch Liderman 2007b.

[6] Der Bewegung „doc" im Theater- und Filmbereich wurden bereits zwei Themenhefte der renommierten Zeitschrift *Seans* gewidmet (vgl. *Seans* 31 und *Seans* 32). Das Inhaltsverzeichnis der Zeitschrift ist online abrufbar unter http://www.seance.ru/category/n/31/ und unter http://www.seance.ru/category/n/32/. Weiter ist eine Auswahl an einschlägigen Artikeln unter der Rubrik „Zeitgenössische russische Literatur: jenseits der Grenzen der akademischen Disziplinen" in der Zeitschrift NLO 89/2008 publiziert. Siehe dazu http://www.nlobooks.ru/rus/magazines/nlo/196/789/.

Die Betrachtung der russländischen Filmproduktion erlaubt, einige maßgebliche genrehafte „Paradigmen" sichtbar zu machen, im Rahmen derer die Zuschauer das eine oder andere Verfahren des Erlebens des Handlungsortes einer Kinoerzählung wiederfinden.

Die Parabel

2003 trat in Russland die Parabel als eines der renommiertesten „Formate" in Erscheinung, was in engem Zusammenhang mit dem Erfolg des Debütfilms *Vozvraščenie* von Andrej Zvjagincev steht. 2008 wurde dieses Format durch Russlands einflussreichsten Regisseur, Nikita Michalkov, auch in das kommerzielle Kino eingeführt: *12* ist das Remake des Films *12 Angry Men* von Sidney Lumet aus dem Jahr 1957 und spielte nicht nur im russischen Verleih, sondern auch auf internationalen Festivals große Erfolge ein. *Vozvraščenie* von Andrej Zvjagincev wurde bei den Internationalen Filmfestspielen von Venedig prämiert und führte den Regisseur blitzartig zum Ruhm. 2007 stellte der Regisseur seinen neuen Film *Izgnanie* (der Film trägt deutlich die „Handschrift" von Zvjagincev) in Cannes vor, diesmal jedoch wurde nur Hauptdarsteller Konstantin Lavronenko preisgekrönt. Im Wettbewerbsprogramm der Filmfestspiele von Cannes war auch der Film *Aleksandra* von Regisseur Aleksandr Sokurov vertreten, der eine weitere Variation parabelhafter Erzählungen darstellt. Das Genre „Parabel" verbindet diese Filme. Der belehrende Charakter der Parabel stellt einen besonderen Bezug zwischen Regisseur (der erzählenden Instanz) und Zuschauer her. Die Situation grundsätzlicher Ungleichwertigkeit – auf der einen Seite der Regisseur mit allumfassendem Wissen und auf der anderen Seite die der Belehrung, Anleitung und Berichtigung bedürftigen Zuschauer – erhält im politischen Kontext Russlands noch eine zusätzliche Valenz. Die Parabel schafft eine mythologische Zeit- und Raumdimension (nicht umsonst wird der Raum im Film Zvjagincevs von Bühnenbildner und Regisseur kreiert und unterliegt keiner territorialen Lokalisierung bzw. realen Verortung). Eine ähnliche Raumauffassung führt auch Aleksandr Sokurov in *Aleksandra* vor. Die Protagonisten – die Großmutter und ihr Enkel (eine Frau und ein Soldat) – verbringen ein paar Tage gemeinsam im Militärlager. Doch sowohl Regisseur als auch Zuschauer kommen bei der Geschichte ohne jegliche Details zum konkreten Lager, zu einem konkreten Ort und zu konkreten Personen aus. Dies gilt sogar dann, wenn konkrete Details im Filmbild zu sehen sind und etwa den Raum als bescheidene und unbequeme Schlafstatt einer stickigen Offizierskammer erkennen lassen; weitere Details sind ein Esstisch, gedeckt mit einem Plastiktischtuch, die eilig zusammengezimmerten Laufstege des Militärlagers u. a. m. Diese Einsicht in den Raum genügt für eine völlig andere Auslegung des Sujets: Die unbequeme Schlafstatt ist nicht von Bedeutung in ihrer Konkretheit, sondern in der Symbolhaftigkeit ihrer Intimität. Sie grenzt die bescheidene, enge Welt des Individuums vom äußeren, fremden Raum, dem fremden Territorium hinter den Schranken des Militärlagers ab. Ebenso ist nicht die konkrete Materialität der Schranken von Bedeutung – von Bedeutung ist die Grenze zwischen Eigenem und Fremdem; gleiches gilt für die Ladentische auf dem improvisierten Basar der vom Krieg zerstörten Stadt. Im Film Nikita Michalkovs lässt sich der Raum, in dem sich das Sujet des Films entwickelt, durch die ikonografischen Reminiszenzen, die Arbeit von Kamera und Schauspielern, bereits zum Ende des Films hin nicht als gewöhnlicher Schul-Turnsaal auffassen, sondern als Ort der Gerichtsbarkeit, als mythologischer Raum des Jüngsten Gerichts. Da die mythologische Dimension zur Darstellung aktueller Probleme in Russland auch in einem völlig anderen Genre, nämlich Fantasy, auf das ich im Folgenden eingehen werde, bedient wird, ist von einer Solidarität des russischen Zuschauers mit dieser Art des emotionalen Erlebens eigener Orte und eigener territorialer Identitäten auszugehen. Die mythologische Dimension übt offensichtlich großen Einfluss auf die Erlebniswelt des russischen Zuschauers aus.

Fantasy

Es ist verwunderlich, dass Fantasy-Stoffe ein der Parabel ähnliches Raumerleben voraussetzen. In den Jahren von 2003 bis 2008 erschien eine Reihe von Filmen, die Fantasy-Elemente enthielten.[7] Darunter fanden sich Verfilmungen von Texten der Brüder Strugackij und Sergej Luk'janenko, aber auch Filme nach Originaldrehbüchern: *Pyl'* (2005) von Sergej Loban und *Pervye na lune* (2005) von Aleksej Fedorčenko.

Fantastische Stoffe können gesellschaftlich erzeugten Druck von den Zuschauern nehmen, wie etwa die Angst vor dem Neuen (seien es nun neue technische Entwicklungen, das Verhalten der Jugend oder das Entstehen neuer Lebensstile durch die unterschiedlichen finanziellen Verhältnisse).[8] Bemerkenswert ist die Tatsache, dass sich das Genre Fantasy durch die neuesten russischen Filmproduktionen zieht. Es verbindet Regisseure der kommerziell erfolgreichsten Unterhaltungs-Genres mit den Lowbudget-Erfolgen eines Sergej Loban. Fantasy wurde sogar zu einem Genre der Festivalfilme.

Hagiografische Erzählungen

Der Film *Ostrov* von Pavel Lungin war 2007 *das* Filmereignis. Es trat nämlich jener interessante Fall ein, dass *Ostrov* genau den Erwartungen des Massenpublikums entsprach und sich zudem eine mythologische Raumauslegung etablieren konnte. Die schauspielerische Darbietung Petr Mamonovs, die von Kritikern als Beispiel „absoluter Authentizität" gelobt wurde (Brodskij 2007), basiert auf dem Prinzip serieller Episoden, eine Art von ikonischen „Claims". Interessant dabei ist, dass die Akzeptanz von Seiten der Kritiker wie auch vom gewöhnlichen Zuseher im gegenwärtigen Kontext gerade durch das literarische Genre der „Heiligenviten" hergestellt wurde.

Zum eindeutigen Erfolg des Films haben auch die Wahl von Kameramann Andrej Žegalov und dem Filmkomponisten Vladimir Martynov beigetragen. Neben dem Genre, das schon an sich auf Wiederholungen aufbaut, also auf dem Wechsel plötzlicher Spannung und Katharsis, üben die minimalistische Filmmusik von Vladimir Martynov

---

[7] *Pervye na lune* (2005) von Aleksandr Fedorčenko; *Gadkie lebedi* (2006) von Konstantin Lopušanskij; *977* (2006) von Nikolaj Chomeriki; *Pyl'* (2005) von Sergej Loban; *Nočnoj dozor* (2004) von Timur Bekmambetov.

[8] Vgl. dazu auch Kuprijanov 2006.

und die Landschaftsaufnahmen von Andrej Žegalov eine Art psychotherapeutischer Wirkung aus. Der Kameramann Andrej Žegalov ist dem Publikum bereits durch die Filme Aleksandr Rogožkins bekannt und zeigt hier einmal mehr seine Meisterschaft in der Gestaltung von Landschaftsaufnahmen. Die Musik von Vladimir Martynov basiert auf der Wiederholung von Mikromotiven und nimmt immer wieder das Motiv des Rauschens der Wellen auf. Die Bewegung der Wellen wird sowohl auf einer visuellen als auch auf einer auditiven Ebene umgesetzt. Der Regisseur ergänzt dieses „psychotherapeutische" Stilmittel durch ein weiteres: Beinahe jeder Episodenwechsel endet mit einem weinenden Gesicht in Nahaufnahme. In ihrer Gesamtheit schufen diese Elemente, die sich gegenseitig verstärken, einen Raum wie aus einer Kunst-Therapie, den Entspannungspraktiken moderner Gesellschaften verwandt.

Offensichtlich hat die beruhigende Wirkung, die Tatsache, dass Spannungs- und Konfliktpotenziale der heutigen Realität im Film nicht wahrgenommen werden, auch zum immensen Erfolg des Filmes beigetragen. Pavel Lungin hat wohl gerade damit den Publikumsgeschmack getroffen.

Der Massenerfolg dieser Genres hängt mit ethischen Zwängen zusammen. Der russländische Zuschauer erlangt in solchen Situationen Befriedigung, die in äußerst fiktionalen Erzählungen die Wahl des Guten geradezu erzwingen, in denen die menschlichen Emotionen (die beim Genre Parabel ebenso wie beim Genre Fantasy und den hagiografischen Erzählungen im Überfluss vorhanden sind) keinen realen Charakter besitzen, sondern bloß die Funktion erfüllen, auf die Möglichkeit einer Übertragung der vorliegenden Geschichte in den menschlichen Lebenszusammenhang hinzuweisen, die aber in keinerlei Hinsicht die Menschlichkeit der sich entwickelnden Geschichte selbst repräsentieren.[9] Die Geschichte in den genannten Genres besteht immer ohne den Menschen, nicht durch den Menschen. Die Geschichte illustriert ein friedliches Zusammenspiel der Dinge, die menschlichen Leiden sind darin nur Anzeichen des Konflikts, sie stellen kein Leiden (als Arbeit des Zuschauers) dar, sondern sind Besänf-

---

[9] Für den Hinweis in Bezug auf die Bedeutung der Emotion für das Genre der Parabel danke ich Boris Dubin.

tigung, sei sie auch noch so unerwartet wie im Film *12* von Nikita Michalkov, wo die Ordnung der Dinge den Status des äußerst Allgemeinen annimmt, die ausnahmslos für alle Bedeutung innehat. Die Popularität des parabelhaften Genres verdeutlicht diese ernsthafte, öffentliche Resonanz der „Freizeitmoral". Bemerkenswert ist die Tatsache, dass sowohl dem russländischen Zuschauer wie dem Kritiker „die guten Geschichten über das Gute und das Böse" nach wie vor gefallen, Publikum wie Kritiker sind anspruchslos der Beschaffenheit der Umstände gegenüber (auch anspruchslos den Genres gegenüber), in denen diese in eine einzige, defizitäre Geschichte verpackt ist. Dabei ist in der russländischen Variante, wie sie von Nikita Michalkov nachempfunden wird, eine konkrete Autorität, die von einer starken Männerfigur verkörpert wird, für das Gute oder das Werteverständnis verantwortlich. Dies könnte man als eine neurotische und masochistische Rückkehr des russischen Publikums zum Topos der starken Hand deuten.

Gegenwart / Dokumentarisches

Und dennoch sind im heutigen Filmschaffen in Russland Varianten der poetischen Erlebnis-Dimension heutiger russländischer Lebenswelten vertreten, wenn diese auch bisher nicht stark ins Gewicht gefallen sind. Das Festival „"doc", das sich auf Filme über die „Realität"[10] spezialisiert hat, fand bislang bereits fünf Mal statt. Diese Filme bleiben allerdings – trotz der beachtlichen Kritiken – nach wie vor weitgehend eine marginalisierte Strömung im russländischen Kulturleben. Obwohl einigen Regisseuren dieser Gruppe die Aufnahme in den Filmverleih und die Einladung zu renommierten Festivals gelang (so nahmen 2008 Filme von Regisseuren, die beim Festival „Kinoteatr.doc" prämiert wurden, an drei Programmveranstaltungen der Internationalen Filmfestspiele von Cannes teil),[11] ist der Einfluss dieser Strömung im russischen Filmverleih noch sehr gering. Eine ganze

---

[10] Aus dem Manifest des Filmfestivals „KINOTEATR.doc": http://www.kino teatrdoc.ru/festival.php.

[11] Weiterführendes zur Teilnahme der Regisseure von „KINOTEATR.doc" in Cannes in: http://kinoteatrdoc.ru/press.php?id=64.

Reihe von Filmen enthalten Anspielungen auf überflüssige, banale Details, wodurch sie dem Zuschauer es ermöglichen, den Handlungsraum als jetzigen und gegenwärtigen zu erleben. Filme dieser Art sind aber bislang lediglich Arthouse oder Festivalproduktionen. Hierzu zählen etwa *Prostye vešči* (2006) von Aleksej Popogrebskij, *Svobodnoe plavanie* (2006) von Boris Chlebnikov, *Izobražaja žertvu* (2006) von Kirill Serebrennikov. Diese Regisseure tragen dazu bei, im Bewusstsein der einzigartigen Filmerfahrung, die in ihren Filmen zum Ausdruck kommt, den Kinobesuchern die Möglichkeit zu eröffnen, die Optik des Films (die Erfahrung dieser unbedeutenden, überflüssigen Details) im eigenen Alltag zu erfahren. Auf diese Weise wird versucht, die stereotypen (mythologischen) und rituellen (historischen) Erlebensweisen von Heimat zu verlassen und in einen individuellen Raum der seherspezifischen Erlebenswelt einzutreten.

Schwarzer Humor

Der kontroverseste und gleichzeitig wohl unterbewertetste und ungewöhnlichste Film des Jahres 2007, der in den etablierten Verleih drängte, ist zweifellos der Film *Gruz 200* von Aleksej Balabanov. Ohne bislang einen Festival-Preis gewonnen zu haben, wurde der Film zum Aufreger, der Journalisten und Filmwelt eine Zeit lang in Aufruhr versetzte.[12] Die Filmhandlung spielt zur Zeit der UdSSR, genauer 1984, zum einem also zur Zeit des Afghanistan-Krieges und zum anderen zur Zeit des antiutopischen Romans George Orwells. Meinungsumfragen in der Bevölkerung haben gezeigt, dass heute die Mehrzahl der Russen die Zeit der vormals so genannten „Stagnation", die heute „Brežnev-Zeit" genannt wird, überaus schätzt und die Lebensbedingungen zu dieser Zeit für die besten der gesamten Sowjetepoche hält, weshalb man sich heute nach dieser Zeit zurücksehnt (vgl. Dubin 2003). Als Folie zur Interpretation dieses Films dienen literarische Vorlagen, deren Wurzeln in der Avantgarde der ersten Hälfte des 20. Jahrhunderts liegen. „Das Lächeln Maldorors, der gar nicht fähig ist zu lächeln und daher den Mund mit einem Dolch auftrennt",

---

[12] Vgl. die dem Film gewidmete Ausgabe der Zeitschrift *Iskusstvo kino* 7/2007.

nennt André Breton, der Erfinder dieser kritischen Methode in der Kunst, den „schwarzen Humor". Die Tradition des schwarzen Humors, wie auch des Surrealismus überhaupt, war aufgrund der historischen Gegebenheiten jene Strömung, die in der russischen Kultur des 20. Jahrhunderts wohl am geringsten geschätzt und aufgenommen worden ist. Hierin liegen, wie es scheint, in vielerlei Hinsicht auch Gründe für das Fehlen eines Moderne-Programms in der russländischen Kulturlandschaft (vgl. auch Breton 1999). Das Experiment von Regisseur Aleksej Balabanov dient dazu, jede Möglichkeit des Transfers, der von ihm entwickelten stilistischen Erzählmittel, zu unterbinden. Dieser Film sieht keine Nachfolger vor, nur Epigonen. Die Vorstellungen über heimatliche Räume, über den russischen Charakter und den Charakter unserer sozialen Beziehungen, werden von schockierenden Bildern abgelöst, ähnlich der Zerteilung des Augapfels in *Ein andalusischer Hund* (1928) von Luis Bunuel. Die Bilder in *Gruz 200* besitzen eine Qualität, die eine Interpretation unterbindet. Ihre Bedeutung ist mit den Worten „aussagekräftige Blasphemie" zu beschreiben, ihre Haupteigenschaft: Penetranz und Aufdringlichkeit. Im postmodernistischen Kontext ist der Erfolg von Filmen mit fantastischen Elementen und das Aufkommen ebensolcher Kinoerlebnisse für mich nicht nur tröstlich, sondern macht auch Hoffnung. Mit dem Film *Gruz 200* hat der russländische Zuschauer die Möglichkeit, sich der ephemeren Seher-Gemeinschaft der Skeptiker und Zyniker anzuschließen, die die Idealisten von Heute sind.

Aus dem Russischen von Sylvia Hölzl und Christine Roner

Literaturverzeichnis

Breton, André: Antologija černogo jumora. Moskva 1999 (Erstveröffentlichung 1940).
Brodskij, Vsevolod: Bes dostovernosti, in: Ekspert 7/548, 19.02.2007. URL: http://www.expert.ru/printissues/expert/2007/07/interview_hlebnikov/print
Dubin, Boris: Lico épochi. Brežnevskij period v stolknovenii različnych ocenok, in: Vestnik obščestvennogo mnenija 3/65, 2003, 25-32.
Kuprijanov, B. (Hg.): Dozor kak simptom. Kul'turologičeskij sbornik. Moskva 2006.
Liderman, Julia: Wie hat der 60. Jahrestag des Kriegsendes das Deutschlandbild

in Russland beeinflusst? Der neue russische Spielfilm über den Krieg, in: Russlandbild – Deutschlandbild. Was und wie vermitteln die Massenmedien? Dokumentation eines Workshops an der Ruhr-Universität Bochum. Bochum: AKF boSKop, 2005, 37-45.

Liderman, Julia: „Die 9. Kompanie": Der Krieg im russländischen Kino 2005, in: kultura. Russland-Kulturanalysen 3, 2006, 17-19.

Liderman, Julija: Kurs na patriotizm i otvet rossijskogo kinematografa v 2000-e gody. Novye bjudžety, novye žanry, novye fil'my o vojne, in: Larjuèl', Marlen (Hg.): Sovremennye interpretacii russkogo nacionalizma. Stuttgart 2007(a), 289-318 (= Soviet and Post-Soviet Politics and Society; 50).

Liderman, Julija: Samopovtor – strategija uspecha v rossijskom kino: intelligentskie kody kak uspokoitel'nye praktiki, in: Nikulin, Aleksandr M. (Hg.): Puti Rossii: preemstvennost' i preryvistost' obščestvennogo razvitija. Moskva 2007(b), 193-201.

Heimat versetzen

Nadežda Pazuhina

Das Leben ohne Heimat: Dogmatische und soziale Erfahrung der russisch-orthodoxen Altgläubigen in Lettland

Heimatlosigkeit, Bodenlosigkeit – diese Begriffe, die eine Abwesenheit, eine Not oder einen Mangel bezeichnen, wirken immer als ein Hinweis auf ein tragisches Schicksal oder auf ein freiwillig gewähltes Vagabundendasein. Ist das Heimatgefühl unbedingt mit einem geografischen Geburtsort verbunden? Oder ist es eher eine psychologisch bedingte Aneignung eines Raumes, in dem man sich emotional wohl fühlt? Ist es ein symbolischer Raum, in dem man seine eigenen „Wurzeln" sucht und auch findet? Man beginnt, diese Fragen zu stellen und eine Antwort zu finden, sobald es sich um eine besondere Erfahrung handelt – man versucht sich selbst zu bestimmen im eigenen Lebensraum. Und man sucht nach einem Koordinatensystem in diesem Raum.

Etymologisch ist die Bedeutung des russischen Wortes für ‚Heimat' *(rodina)* nicht nur mit einem bestimmten Ort (einer bestimmten Region oder Landschaft im geografischen Sinne) verbunden, in den der Mensch hineingeboren wird *(rodit'sja* ‚zur Welt kommen', ‚geboren werden'), sondern auch mit der Verwandtschaft *(rodnja)* und mit dem Stamm *(rod)*, deren Nähe zur ursprünglichen Bedeutung auch in der deutschen Sprache zu finden ist – die Heimat als der elterliche Hof *(das Heim)*. Die sprachlich geprägte Bedeutung dieses Begriffes weist darauf hin, dass die Vorstellungen über die Heimat emotionalen Färbungen unterliegen. Man denkt an die eigene Heimat in der Regel nicht aus der inneren Distanz, so wie an einen beliebigen neutralen Ort, sondern man hat immer eine persönliche Verbindung dazu, die direkt von der Lebenserfahrung abhängig ist.

Erfundene Heimat: Die russische Minderheit in Lettland

Die Frage nach der Heimat fordert von denen, die eine Antwort zu geben versuchen, immer die Notwendigkeit, sich selbst zu „lokalisieren", sich mit einem bestimmten Ort zu verbinden. Besonders schwer fällt dies dann, wenn mehrere *loci* die persönliche lebensweltliche Orientierung beeinflusst haben wie etwa im Fall der Migration: Was für die ältere Generation eine „geografische" Heimat gewesen war, ist keine mehr für die jüngere. Oder aber wenn der „faktische" Geburtsort keine direkte Beziehung zur weiteren Sozialisation einer Person hat, weil etwa die Kindheit schon in einer anderen Region verbracht wurde. Das Beispiel der gegenwärtigen russischen Minorität in Lettland ist in diesem Zusammenhang besonders markant. Die ältere und die mittlere Generation sind eng mit dem „geografischen" Russland verbunden. Besonders die Russen, die in der Nachkriegszeit nach Lettland gekommen sind, besitzen eine tiefe emotionale Verbindung zum Herkunftsland. Die jüngere Generation von heute hingegen hat zu Russland nur eine indirekte Verbindung, die überwiegend durch die Schulausbildung (in den Minoritätenschulen) geprägt oder durch die Medien unterstützt wird.

In Lettland wird immer wieder die Frage nach der ethnischen Heimat thematisiert – sowohl im öffentlich-medialen Bereich als auch im Alltag. Und viele „lettische Russen" versuchen immer wieder, mit einem nostalgischen Gefühl das gegenwärtige Russland als einen geografischen *locus* der „russischen Heimat" zu definieren. Die russisch-orthodoxen Altgläubigen als ein Bestandteil der russischen Minderheit in Lettland haben aber eine ganz andere Vorstellung, was Heimat für sie bedeutet. Wenn man einen Altgläubigen irgendwo im Osten Lettlands[1] fragt, wo seine Heimat ist, würde man wohl in etwa die Antwort erhalten: „Dort, wo meine Vorfahren sind." Diese Antwort hilft aber wenig, sich einen geografischen Umriss dieser Heimat vorzustellen. Würde man weiter fragen, bekäme man genauere Erläuterung – die Heimat sei dort, wo die Großeltern (Urgroßeltern) begraben sind. So antworten nicht nur die Vertreter der mittleren Generation der Altgläubigen, sondern auch die jüngeren Leute, die dann manchmal schlicht hinzufügen, dass ihre Heimat doch Lettland sei.

---

[1] Im östlichen Teil Lettlands (lett. Latgale) haben sich seit Ende des 17. Jahrhunderts viele russisch-orthodoxe Einwanderer niedergelassen, die als Religionsflüchtlinge nach den Kirchenreformen des Patriarchen Nikon aus Russland gekommen sind. Bis heute befindet sich hier die Mehrheit der altgläubigen Gemeinden Lettlands. Mehr über die Geschichte der Altgläubigen in Latgale siehe Nikonov 2008.

Die „heilige" Heimat rettend: Symbolische Ortlosigkeit im kollektiven Gedächtnis der Altgläubigen

Die Altgläubigen sind „einheimische Russen", von denen gesagt wird, dass sie in Lettland zuhause sind. Ihre Präsenz auf diesem Territorium seit Ende des 17. Jahrhunderts ist ein ausreichend gewichtiger Grund für solche Behauptungen.[2] In öffentlichen Gesprächen und Interviews betonen die Altgläubigen allerdings, dieses Land habe ihnen zwar einst eine freundliche Unterkunft gegeben, es sei aber keine Heimat (Ivanov I. 2003: 8f.; Ivanov 2005: 13f.; Ivanovs 2006: 394-400). Die Staatsbürgerschaft und der lettische Pass werden von den Altgläubigen als ein Zugeständnis an den bestehenden politischen Raum betrachtet, sie fühlen sich diesem Raum aber nicht im Sinne von „Heimat" verbunden. Gerade das Fehlen der Heimat (als Topos) ist ein wichtiger Bestandteil der kollektiven Identität dieser Gemeinschaft. Die „echten" Altgläubigen sehen sich selbst als eine Glaubensgemeinschaft, die – einst und für alle Zeiten – aus ihrer Heimat vertrieben wurde. Die Kirchenreformen des Patriarchen Nikon bedeuteten für die Gegner dieser Reformen das Ende der christlichen Geschichte und das Ende des „heiligen Russlands" (vgl. Hauptmann 1963). Die Altgläubigen sind somit Orthodoxe, die ihre Heimat für alle Zeiten verlassen mussten, da diese in die Herrschaft des Antichristen geraten war (vgl. Šachov 1997: 89-108). Das „echte" orthodoxe Russland existiert in den Augen der Altgläubigen nicht mehr. Das „nachnikonianische" Russland liegt zwar im selben geografischen Raum, hat aber keine Bedeutung mehr im Sinne einer wahrhaftigen Heimat, mit der man eine geistige Verbindung fühlt. Die Vorstellung von der „geistigen Heimat" wurde von den Altgläubigen auf die Erfahrung ihrer Vorfahren übertragen. Das Konzept des „Alten Glaubens" (*Staraja Vera* ‚Altglaube' < alter Glaube), das dem Widerstandsdenken gegen die

---

[2] Die Zahl der Altgläubigen in Lettland ist verhältnismäßig groß und liegt nach Angaben der altgläubigen Organisationen bei etwa 70.000 (vgl. Ivanov 2003: 399). Die statistischen Angaben des Justizministeriums Lettlands zeigen nur die juristisch angemeldeten Mitglieder der Selbstverwaltungen von den altgläubigen Gemeinden – 2005 waren in 66 Gemeinden 2.483 Gemeindemitglieder registriert. Vgl. *Religisko lietu pārvaldes 2006. gada publiskais pārskats* 4/11, in: http://www.tm.gov.lv/lv/documents/parskati/2006/RLP_publiskais_parskats_20 06.doc (Zugriff vom 13.03.2008).

Reformen Nikons zugrunde liegt, war nämlich direkt mit den religiösen Praktiken in der „vornikonianischen" russisch-orthodoxen Kirche verbunden. Zu diesen religiösen Praktiken gehören beispielsweise der gottesdienstliche Gesang, die Ordnung der Gottesdienste, die Gebetsregeln, die Komposition und das Lesen von theologischen Büchern, die Prinzipien der Ikonenmalerei.

Diese Übertragung der Wahrnehmung von der physisch greifbaren Ebene auf die symbolische Ebene folgt bei den priesterlosen Altgläubigen der immanenten Logik ihrer religiösen Weltauffassung. Die Rede ist vom Diskurs über das „Unsichtbare" *(nezrimoe)* als theologische Dominante in der kulturellen Erfahrung der priesterlosen Altgläubigen. Ihrer Auffassung nach erleben die russisch-orthodoxen Christen nach den Kirchenreformen des Patriarchen Nikon eine große geistige Not *(velikaja nužda)* (Burdo 2004: 213; Denisov 1911: 364f.). Es gebe keine Verbindung mehr mit der heiligen apostolischen Tradition in der russisch-orthodoxen Kirche, was auch bedeutete, dass es keine Hierarchie mehr gebe und keine Sakramente außer jenen, die auch von Laien durchgeführt werden dürfen (Vlasov 2003: 3-6, 12-14). In ihrer theologischen Polemik vom 18. bis ins 20. Jahrhundert betonten aber die priesterlosen Altgläubigen, dass ihre Einstellung nicht prinzipiell gegen die Institution Kirche oder gegen kirchliche Hierarchie im Allgemeinen gerichtet sei, sondern es wird deklariert, dass dies nur ein provisorischer Zustand sei, der aber sehr lange dauern könne (Šachov 1997: 84-88).[3] Schon in der ersten Hälfte des 18. Jahrhunderts hatten die geistigen Führer des priesterlosen Altgläubigentums, die Brüder Andrej und Simeon Denisov, das Konzept des „unsichtbaren" Sakramentes (in erster Linie der geistigen Kommunion – *duchovnoe pričastie*) formuliert (Denisov 1911: 364-368). Demnach bekommen die priesterlosen Altgläubigen wegen der Abwesenheit des

---

[3] Hier sollte man hinzufügen, dass die gegenwärtigen priesterlosen Altgläubigen der *Pomorower* Denomination (*Pomorcy*) in Lettland die Unmöglichkeit der „sichtbaren" Hierarchie klar deklariert haben. Auf dem letzten Konzil der Altgläubigen-*Pomorcy* in Lettland (2006 in Daugavpils) wurde festgehalten, dass die Suche nach der kirchlichen Hierarchie historisch ausgeschöpft sei. Vgl. Ustav Drevlepravoslavnoj Pomorskoj Cerkvi Latvii, p.2.3: http://www.staroverec.lv/index.Php?a=ustav%20LVPB&m=34&l=1 (Zugriff vom 13.03.2008).

Priesters eine „geistige", unsichtbare Kommunion durch ihre Gebete, also durch ihre Frömmigkeit. Ein kanonisches Vorbild dafür seien die Anachoreten, die in der Wüste (welche auch als ein symbolischer Raum betrachtet werden könnte) im Gebet versunken gelebt und von Gott die Gnade erhalten hatten (Zen'kovskij 1995: 464f.). Die Idee der „unsichtbaren" Welt hatte bei den Gläubigen bereits am Anfang der Bewegung der priesterlosen Altgläubigen in der ersten Hälfte des 18. Jahrhunderts eine sehr große Zustimmung gefunden. Diese Vorstellungen waren im Grunde nicht weit von der heidnischen Weltauffassung entfernt, von der christlich-heidnischen synkretischen Wahrnehmung der „Geisteswelt", die für die intellektuell unerfahrenen Laien damals näher als theologische Argumente waren. Eine solch unsichtbare Form erhielt bei den priesterlosen Altgläubigen auch die Ehe (da keine Trauung ohne Priester möglich ist). In letzter Konsequenz wird auch Heimat nicht mehr als ein geografischer Ort, sondern als eine symbolische Utopie (im Sinne der „Ortslosigkeit") interpretiert, die um die temporale Dimension – das „heilige vornikonianische, Moskauer Russland" – angereichert ist (mehr dazu: Juchimenko 2002).

Im Vergleich zu den radikal eschatologischen Auffassungen der priesterlosen Altgläubigen, die im Anschluss an die Reformen Ende des 17. bis Anfang des 18. Jahrhunderts entstanden, sind die Vorstellungen der Altgläubigen Anfang des 20. Jahrhunderts und heutzutage deutlich liberaler geworden. Insbesondere nach der Religionsduldungsdeklaration in Russland (1905) versuchten die Altgläubigen, die Möglichkeiten ihres neuen rechtlichen Status auszuschöpfen. Im damaligen russischen Zarenreich fanden in Form von Kongressen Altgläubigenzusammenkünfte statt (1906 in Wilno / Vilnius, 1909 in Moskau, 1911 in Dvinsk / Daugavpils, 1912 wieder in Moskau) und später in den 1920er Jahren auch in den unabhängigen baltischen Staaten – in Lettland, Estland und Litauen. Die seit dem Ende des 17. Jahrhunderts an der Ablehnung staatlicher Gewalt orientierten Praktiken der Altgläubigen mussten zunächst teilweise überdacht werden, um später durch neue Vorstellungen und Praktiken der Zusammenarbeit mit den staatlichen Institutionen ersetzt zu werden. In der Nachkriegszeit mussten sie erneut revidiert werden. In den ersten Jahrzehnten des 20. Jahrhunderts erlangten neue Persönlichkeiten die führenden Positionen unter den Altgläubigen. Neben den geistlichen Vätern der Altgläubigen gewannen auch die säkular gebildeten Altgläubigen, die eine neue Bildungsschicht ausmachten, an Popularität. In der Zwischenkriegszeit entwickelten Altgläubige gerade in den baltischen Staaten und in Polen weitere neue Selbstorganisationspraktiken. Diese zielten hauptsächlich auf die Bewahrung der kulturellen Identität, des kulturellen Erbes und die Stärkung des sozialen Prestiges des Altglaubens ab. Die politische Situation in diesen Ländern bildete einen günstigen juristischen Hintergrund für das Auftreten der Altgläubigen in der Öffentlichkeit, aber auch in der Wirtschaft und in der Politik. Dabei darf nicht außer Acht gelassen werden, dass sich in jedem dieser Länder eine besondere politische Strategie gegenüber religiösen und ethnischen Minderheiten entwickelt hat (vgl. Apine 2001: 315-318; Feigmane 2000; Rauch 1990: 132-141).

Es ist wichtig zu betonen, dass es sich im Falle der kulturellen Erfahrung der Altgläubigen um zwei miteinander eng verbundene Ebenen handelt: die dogmatische Ebene der religiösen Praxis innerhalb der altgläubigen Gemeinde und die alltägliche Ebene der sozialen Praktiken, die nicht nur von den dogmatischen Einstellungen beeinflusst werden, sondern sich auch den kontexttypischen Regeln (Regeln des Umgangs in sozialen Beziehungen, Verhaltensanforderungen im Beruf oder im öffentlichen Raum, Fähigkeiten im Umgang mit den neuen Artefakten, Technik, Medien etc.) unterordnen.

Die eschatologischen Vorstellungen der Altgläubigen sind eine unumstößliche Konstituente für die Selbstidentifikation der Altgläubigen als eine ethnisch-religiöse Gruppe. Da es in der Vorstellung der Altgläubigen keine Welt mehr gibt, die sich an der Frömmigkeit orientiere, sondern vielmehr die „Herrschaft des Antichristen" Einzug gehalten habe, solle man in dieser Welt keine Verankerung haben. Diese scheinbar eindeutige dogmatische Begründung der Distanzierung von der „säkularisierten" Welt, von der Welt „des Äußeren", weist in der Tat auf ein Paradox hin: Laut ihren religiösen Ansichten müssen die Altgläubigen den „richtigen" orthodoxen Glauben vor der Welt des Antichristen bewahren, aber um das zu ermöglichen, müssen sie in dieser Welt leben. Wie kann man sich dann die eigene „Reinheit" bewahren? Die Altgläubigen glauben, dies sei nur durch strenge Wiederholung der Lebensweise ihrer frommen Vorfahren möglich. Diese Vorbilder betreffen nicht nur die Ordnung der religiösen Praxis, sondern auch die Ordnung des Alltagslebens. Die engen Beziehungen zur Welt der Vorfahren und immer wieder der Appell an die Autorität der Vorfahren markieren die Unterschiede zwischen den kulturellen Erfahrungen der lettischen Altgläubigen und den anderen lettischen Russen.[4]

Heimat als genealogischer Raum: Leben gemäß dem „Glauben der Väter"

Die Erfahrungen des jahrhundertelangen Lebens im kulturell fremden Milieu in den verschiedenen geografischen Regionen bedingte eine spezifische Identitätsbildung der Altgläubigen, die nicht auf dem gemeinsamen „Heimatgefühl" basierte, sondern auf dem Gefühl der Zugehörigkeit zu der imaginären „Vorfahrenwelt". Mit dem Begriff „Vorfahren" *(predki)* bezeichnen die Altgläubigen sowohl die ersten Verteidiger „des Alten Glaubens" Mitte des 17. Jahrhunderts[5] als auch ihre direkte Verwandtschaft – ihre Eltern, Großeltern und Urgroßeltern. Betrachtet man die Frage nach der Heimat als Frage nach der Herkunft, so ist festzustellen, dass die Altgläubigen im kollektiven Gedächtnis die Heimat, verstanden als ein gemeinsamer *geografischer*

---

[4] In diesem Zusammenhang besonders interessant sind die Bemühungen der heutigen Altgläubigen, nach ihren eigenen Familiengenealogien zu forschen und diese auch zu veröffentlichen. Als Hauptmotivation dafür wird die Notwendigkeit genannt, die jüngere Generation der Altgläubigen emotional enger mit der älteren Generation zu verbinden, denn die Erinnerung an die Herkunft liegt der kulturellen (und auch religiösen) Identität der Altgläubigen zugrunde (vgl. Grjasnova 2004: 21-23; Ivanov 2003: 235-303; Ivanov 2007; Jemeljanov 2001: 15-17).

[5] Die priesterlosen Altgläubigen *(starovery-bespopovcy)* zählen nicht nur die ersten Reformgegner wie Protopop Avvakum *(Avvakum Petrov,* 1620/21-1682) und Bischof Pavel von Kolomna *(Pavel Kolomenskij,* ?-1656) zu ihren geistigen Vorfahren, sondern auch die Brüder des Wyg-Klosters *(Vygoreckij monastyr'),* die Autoren der *Pomorischen Antworten (Pomorskie otvety)* Andrej *(Andrej Denisov, knjaz' Myšeckij,* 1674-1730) und Simeon *(Simeon Denisov, knjaz' Myšeckij,* 1682-1740) (vgl. Vurgaft / Ušakov 1996). Die Anhänger der Fedoseewer Denomination der priesterlosen Altgläubigen *(fedoseevcy)* sehen sich selbst als Nachfolger von Feodosij Vasiljev *(Feodosij Vasil'ev,* 1660-1711). Vgl. Baranovskij / Potašenko 2005: 60-64.

Raum, durch die Vorstellung eines gemeinsamen *genealogischen* Raums ersetzt haben. Die Welt der Vorfahren stellt ein utopisches (im Sinne eines ‚ortlosen') Heimatbild dar. Es ist ein idealer Raum, in dem alle frommen Vorfahren zusammen kommen und in den man nach dem Tod eintritt. Die allgemeinen christlichen Vorstellungen über das Verhältnis zu den Verstorbenen besitzen jedoch bei den Altgläubigen eine eigene Spezifik.

Zum einen war einer der Gründe des Schismas in der russisch-orthodoxen Kirche Mitte des 17. Jahrhunderts der Widerstand *gegen den „Verrat" am Glauben der Väter.* So formulierten es die ersten Adepten des Alten Glaubens wie Avvakum oder Bischof Pavel von Kolomna (vgl. Robinson 1991: 83-102). Die Reformen in der Kirche wurden damals in erster Linie von der Warte der Bewahrung der Traditionen aus bewertet. Im russisch-orthodoxen theologischen Diskurs handelte es sich um den Begriff des „Altertums" *(starina),* dessen Inhalt mit der Konzeptualisierung der besonderen Variante des orthodoxen Christentums im 16./17. Jahrhundert verbunden ist. Die Festigung der Autokephalie der russisch-orthodoxen Kirche geschah in einer schwierigen kulturellen Konfrontation mit der griechisch-orthodoxen Tradition. Somit kann das Schisma in der russischen Kirche nicht nur als innerkirchlicher Konflikt, sondern auch als ein tiefer kultureller Konflikt, der von unterschiedlichen kulturellen Idealen hervorgerufen wurde, betrachtet werden. Die Hauptproblematik der Auseinandersetzungen um die Reformen lag im unterschiedlichen Verständnis des Altertums im Kontext der religiösen Tradition begründet. Das „Kriterium des Altertums" war entscheidend für die Reformen, die vom Patriarchen Nikon begonnen wurden und dessen Ziel eine Rückkehr zum „altertümlichen" griechischen Prototyp des Kirchenrituals sowie die Korrektur der Gottesdienstbücher zwecks eines einheitlichen griechisch-orientierten textologischen Standards war. Die Frage nach der Einhaltung der „Gebote des russischen Altertums" wurde zentral in der Polemik der Reformgegner mit den „Nikonianen": Das wichtigste Gegenargument der Altgläubigen betraf den offensichtlichen Widerspruch der von Nikon durchgeführten Reformen zur Autorität der russischen kirchlichen Tradition. Die konkurrierenden Seiten orientierten sich zwar beide an den von einer kirchlichen Tradition gesegneten Vorbildern, allerdings wollte der Patriarch Nikon zum altgriechischen

Vorbild zurückkehren, seine Gegner hingegen zum altrussischen. In beiden Fällen wurde auf die Autorität der Vorfahren rekurriert. Da die ersten aktiven Reformgegner von den „Nikonianen" physisch vernichtet wurden, bekam die Glaubensgemeinschaft der Altgläubigen seine Märtyrer, die zu Vorbildern für die aus ihrer Heimat vertriebenen Gläubigen wurden. Die Reformgegner waren damit die ersten Altgläubigen, die symbolisch auf ihre Heimat, die „in die Herrschaft des Antichristen" geraten war, verzichteten und die in ihren zahlreichen Schriften andere für eine Flucht begeisterten (vgl. Hauptmann 1963: 67-85; Robinson 1991: 83-244). Die radikalste Wahl der Gläubigen am Anfang des Schismas war die Flucht in den Tod (Autodafe), eigentlich die Flucht aus der Antichrist-Welt in den idealen Raum des Himmelreichs durch die Feuerreinigung. Die freiwillige Selbstverbrennung nicht nur einzelner radikaler Gläubiger, sondern der ganzen Gemeinde wurde Ende des 17. Jahrhunderts sogar von den geistigen Leitern der Altgläubigen unterstützt bzw. wurde von ihnen jedenfalls nicht verurteilt (vgl. Zen'kovskij 1995: 424-427, 444-447). Später wurde diese Art der radikalen Flucht durch die Flucht in andere geografische Gebiete ersetzt. Die Verfolgungen der Altgläubigen seitens der offiziellen russisch-orthodoxen Kirche bestärkten die Glaubensmigranten in ihrer Entscheidung.

Zum anderen – da die Altgläubigen einerseits keine gemeinsame dogmatische Lehre haben, andererseits davon überzeugt sind, dass sie die „wahre" Orthodoxie hüten und pflegen – spielt die lokale Tradition der Gemeinde und damit die Autorität der älteren Generation, die die religiösen Riten unverändert (wie man glaubt) weitergibt, eine entscheidende Rolle bei der Herausbildung der religiösen Identität innerhalb der einzelnen, verschiedenen Richtungen angehörenden Glaubensgemeinschaften der Altgläubigen. Die Mehrheit der gegenwärtigen Altgläubigen Lettlands gehört beispielsweise zu den *Pomorcy*, also zu einer der größten Glaubensgemeinschaft der priesterlosen Altgläubigen. Ihre Selbstbezeichnung geht auf die Region Pomorje (im Norden Russlands) zurück. Ende des 17. bzw. in der ersten Hälfte des 18. Jahrhunderts lag dort am Ufer des Flusses Wyg jenes Kloster, in dem die Leiter der Reformgegner ihr geistiges Zentrum gebildet hatten und wo die ersten verbindlichen Texte der priesterlosen Altgläubigen verfasst wurden. Die Texte und die Regeln des Klosterlebens in

Wyg gelten für die Altgläubigen bis heute als Vorbild der Frömmigkeit. Es gibt aber in Lettland auch eine andere Glaubensgemeinschaft, die *Fedoseevcy*, die sich in der Nachfolgerschaft von Feodosij Vasiljev positionieren. Feodosij Vasiljev war Ende des 17. Jahrhunderts einer der radikalsten geistigen Führer der Altgläubigen und hat die ersten Gemeinden außerhalb Russlands, im heutigen Litauen und Lettland gegründet (vgl. Baranovskij / Potašenko 2005: 60-64). Diese Gemeinden lebten praktisch vollkommen isoliert von der Gesellschaft weitab von den großen Städten, meist auch weit von den großen Durchgangsstraßen auf dem Land entfernt. Heutzutage hat diese Glaubensgemeinschaft nicht mehr viele Anhänger. Nichtsdestotrotz hält die einzige Gemeinde der *Fedoseevcy*, die heute in Lettland aktiv ist[6] streng an der lokalen Tradition des Gottesdienstes fest und behält auch die eigenartige Manier des kirchlichen Gesangs bei, welche sich von jener der *Pomorcy*-Gemeinden unterscheidet. Auch der Lebensstil im Allgemeinen unterscheidet sich in den beiden Glaubensgemeinschaften. Die *Fedoseevcy* praktizieren eine strikte Distanzierung, ja sogar Entfremdung vom gesellschaftlichen Leben und versuchen, sich auf möglichst wenige Kontakte außerhalb der Glaubensgemeinschaft zu den staatlichen Institutionen und zur Gesellschaft zu beschränken. Im Gegensatz dazu stehen die *Pomorcy* dem gesellschaftlichen Leben offener gegenüber und nehmen aktiv daran teil. Viele von ihnen sind erfolgreiche Privatunternehmer, staatliche Angestellte und sogar Wissenschaftler (vgl. Interviews: Demčenko 2006: 16; Posnjak 2004: 10; Jagodkin 2004: 14).

Ein dritter Punkt muss zudem beachtet werden – Da die Altgläubigen in Russland bis zum Manifest von Nikolai II. (1905) praktisch keine bürgerlichen Rechte besaßen und regelmäßig wegen ihrer religiösen Überzeugungen verfolgt wurden, waren sie gezwungen, häufig ihre Lebensorte zu wechseln. Auch jene Altgläubigen, die auf dem Territorium des heutigen Lettlands ansässig sind, haben sich hier in verschiedenen Zeitabschnitten niedergelassen. Es gab mindestens drei große Migrationswellen, die mit den politischen Umständen in Russ-

---

[6] Diese Gemeinde befindet sich im Osten Lettlands, in Latgale, im Dorf Rimši unweit von der Stadt Viļāni. Nach den zugänglichen schriftlichen Quellen datiert man die Gründung der Gemeinde auf das Jahr 1879. Heute sind in Rimši etwa 10 bis 15 Altgläubige ansässig (Baranovskij 2005: 341).

land zusammenhingen.[7] Daher spielte das Anknüpfen der Gläubigen an eine bestimmte geografische Region in den sozialen Praktiken der Altgläubigen immer eine sekundäre Rolle. Das wichtigste Element bei der Anerkennung eines Gläubigen als „Angehörigen" der Gemeinde war stets seine Herkunft aus einer altgläubigen Familie, also seine „kulturelle Herkunft", die seine Zugehörigkeit zur Erfahrung der Vorfahren bewies. Das bedeutete sowohl eine entsprechende Kompetenz im Bereich der religiösen Praktiken, die in der Orientierung und im Befolgen der alten religiösen Riten zum Ausdruck kam, als auch eine bestimmte Lebensweise, die in Formen der alltäglichen Sitten sozial feststellbar war. Dabei wird die Zugehörigkeit zur gemeinsamen kulturellen Erfahrung in der altgläubigen Gemeinde durch die enge emotionale Verbindung mit den vorherigen Generationen, darunter auch mit den bereits gestorbenen Vorfahren, unterstützt. Regelmäßige Gebete für die gestorbenen Verwandten und eine Reihe von speziellen Andachtstagen im Kirchenkalender werden auch von den heutigen Altgläubigen streng eingehalten und bewahrt.

Heimat als sozialer Raum: Die Rolle der Gemeinde bei den Altgläubigen

Die Erfahrung der Vorfahren wird im kollektiven Gedächtnis der Gemeinde und in der Erinnerung der einzelnen Gläubigen mit Hilfe der so genannten spürbaren Formen wie z. B. anhand von bestimmten Gegenständen aufrechterhalten und auf solche Weise auch an die jeweils nachkommende Generation weitergegeben. Im Privatbereich gebrauchen die Altgläubigen verschiedenste Gegenstände, die symbolisch aufgeladen sind: zum einen Gegenstände mit sakraler Bedeutung wie Ikonen und Gottesdienstbücher, die einen besonderen Mehrwert dadurch erhalten, weil sie bereits den Vorfahren gehörten; zum anderen

---

[7] Migrationswellen: 1) Ende des 17. Jahrhunderts bzw. Anfang des 18. Jahrhunderts, gleich nach den Kirchenreformen; 2) während der zweiten Hälfte des 18. Jahrhunderts, als Folge der liberalen Politik gegenüber den Glaubensmigranten in Polen (Ostlettland war damals polnisches Territorium); 3) während der 1860er Jahre nach der Aufhebung der Leibeigenschaft in Russland (vgl. Zavarina 1986: 10-13, 23-29, 37-42).

Gegenstände des alltäglichen Gebrauchs wie Tücher und Bekleidung, die eine „quasi sakrale" Bedeutung bekommen und daher bei besonderen Anlässen verwendet werden, wie etwa bei einer Taufe oder Beerdigung.

Handtücher aus der Mitgift von Kilikia A. Buklagina (1898-1924), Handarbeit. Foto: Valerij Plotnikov.

Weiter gelten als solche sichtbaren Formen für die altgläubige Gemeinde die Gebetshäuser und Friedhöfe. Diese beiden sind Orte, die nicht nur das Gefühl der Gemeinschaft stiften, sondern auch auf die gemeinsame Vergangenheit und geistige Herkunft der Altgläubigen hinweisen und diese beweisen. Sowohl die Gebetshäuser als auch die Friedhöfe existieren gleichzeitig in einem physischen Raum, sind damit an einem bestimmten geographischen Punkt lokalisierbar, und in einem imaginären (symbolischen) Raum der gemeinsamen religiösen und sozialen Erfahrung. Die Gebetshäuser und Friedhöfe spiegeln das kollektive Gedächtnis der Altgläubigen und ihre Verbindung zur Welt der Vorfahren wider. In ihren materiellen Formen sind sie jene Orte, die im Laufe der Zeit übrig bleiben und damit greifbare Spuren der Vergangenheit darstellen. Die Gebetshäuser und Friedhöfe markieren im physischen Raum jene Orte, um die durch die sozialen und kulturellen Praktiken der Altgläubigen bestimmte soziale und symbolische Räume konstituiert werden.[8]

Im Fall der Altgläubigen ist im Rahmen solcher sozial konstruierter Räume in erster Linie die Form der Selbstorganisation der Gemeinde zu nennen. Die Umstände, unter denen sich die Gemeinschaft der Altgläubigen etabliert hatte, haben zur Entstehung besonderer soziokultureller Praktiken dieser Religionsgemeinschaft beigetragen. Die dogmatisch festgelegte Abwesenheit einer kirchlichen Hierarchie bei den priesterlosen Altgläubigen bedingt die Struktur der religiös-sozialen Organisation der Nachfolger des „Alten Glaubens". Sie zeichnet sich durch die Autonomie und Selbstverwaltung der einzelnen altgläubigen Gemeinden aus. Den Versammlungsmitgliedern kommt eine wichtige Rolle bei den unterschiedlichen Entscheidungen zu, unter anderem bei der Nominierung der geistigen Leiter *(nastavniki)*, die aus den Reihen der Gemeindemitglieder gewählt werden. Im Gemeindeleben folgen die Altgläubigen dem Vorbild des Wyg-Klosters, wo das Gemeindeleben der Gläubigen weit über das gemeinsame Gebet hinausging und etwa auch eine gemeinsame wirtschaftliche Tätigkeit und materiellen Beistand bedeutete. Das Überleben trotz Repression ist wohl eine Wurzel für die pragmatische Weltanschauung der Altgläubigen und ihr Verständnis der Rolle der Gemeinde als eines geistlichen Zentrums des sozialen Lebens der Gläubigen.

In den Vorstellungen der altgläubigen *Pomorcy* gehört die Kirche zu den Erscheinungen der unsichtbaren Welt, weswegen sich die geistig-seelische Einheit in der physischen Welt auch in dem psychischen und materiellen Beistand gegenüber anderen Gemeindemitgliedern äußert. Große Altgläubigengemeinden übernehmen traditionell die Verantwortung nicht nur für ihre eigenen Mitglieder sondern auch für die Mitglieder kleinerer Gemeinden. Eine Gemeinde wird nicht nur als

---

[8] Im Kontext der Forschungen zu den Alltagspraktiken hat Michel de Certeau in seinem Werk *Kunst des Handels* den Unterschied zwischen den Begriffen „Ort" und „Raum" besonders anschaulich gezeigt. Seiner Auffassung nach ist der Ort immer durch die Objekte bestimmt, durch eine Ordnung, nach der Elemente sich in einer Konstellation befinden. Im Gegensatz dazu wird der Raum durch die Handlungen von Subjekten konstituiert, und zwar als ein Ort, mit dem man etwas macht (Certeau 1988: 217-219).

eine Gemeinschaft der Gläubigen wahrgenommen, sondern auch als Obhut für Flüchtende vor weltlichen Sorgen. In diesem Sinne bedeutet die Gemeinde für jedes Mitglied einen besonderen Raum, wo man sich wie „im Heim" fühlt. Die Wohltätigkeit innerhalb der Gemeinde ruft in den Gläubigen das Gefühl besonderer Verantwortung für Gemeindemitglieder und für ihre Stellung in der Gesellschaft hervor und bindet dies an die individuelle Verantwortung angesichts Gottes. Diese zusätzliche religiöse Bedeutung der Wohltätigkeitsarbeit der Altgläubigen wurde zentral für das Verständnis ihrer ethischen Normen im Alltag. Der wirtschaftliche Erfolg stellt für die Altgläubigen kein abstraktes oder weltliches Ziel dar, wird aber als Zeugnis der Aufrichtigkeit eines Menschen verstanden, welches auf seine Lebensweisheit hindeutet. Darüber hinaus dient dieser Erfolg als Beweis der Wahrhaftigkeit des „Alten Glaubens", da die materielle Stabilität als ein Anzeichen der geistig-seelischen Stabilität wahrgenommen wird.

Die Rolle der Gemeinde ist daher bei den Altgläubigen enorm groß. Die Gemeinde ist nicht nur eine Struktur, welche die gemeinsame religiöse Praxis sichert und entsprechend auch die religiöse Tradition kanonisch treu reproduziert. Die Gemeinde ist auch ein physisch existierender Raum, wo die Mitglieder in einen Sozialisierungsprozess eingefügt werden. Die ethischen Normen, das Verhalten und das Verhältnis zu anderen, Respekt gegenüber der älteren Generation und Ehrfurcht vor der Erfahrung der Älteren beeinflussen die persönliche Erfahrung jedes Gemeindemitgliedes und bestimmen sein routiniertes Handeln. Die Gemeinde reguliert die wichtigsten Momente des Lebens der Gläubigen, und zwar die Momente der Wandlung, die später für die Selbstidentität als Schlüsselmomente gelten: die Taufe des Kindes, die Einweihung des Familienlebens, die Beerdigung. Jede dieser Zeremonien wird auf eine über Jahrhunderte tradierte, (wie man glaubt) völlig unveränderte Weise vollzogen. Die Wahrhaftigkeit der Handlungen speist sich aus dem Glauben, dass die Zeremonien genau so vollzogen werden, wie es die Vorfahren getan haben. Die Realität liegt in einem „Dazwischen", außerhalb der bestimmten räumlich-zeitlichen Grenzen. Die Altgläubigen selbst versuchen dieses verinnerlichte Gefühl zum Ausdruck zu bringen und anschaulich zu machen. Man trägt eine andere, „altrussische" Bekleidung, man verwendet eine andere Lexik,[9] man bewegt sich anders – und das gilt nicht nur für kodifiziertes Verhalten während des Gottesdienstes, sondern überall, wo die Altgläubigen sich selbst als besondere Gruppe manifestieren wollen (etwa auf einer Tagung oder auch im Alltag – den Altgläubigen erkennt man auf der Straße gleich aufgrund seines Aussehens).

Dass die Gemeinde von den Altgläubigen als „Heimatersatz" empfunden wird, beweist eine auf dem Umgangsniveau verbreitete Formel der Selbstpräsentation von Altgläubigen. Sie stellen sich selbst als „von der Režica-Gemeinde"[10] *(iz režickich)* oder „von Rigaer" *(iz rižskich)* kommende Gemeindemitglieder vor, auch dann, wenn sie momentan irgendwo anders leben. Die Gemeinde, wo sie getauft wurden und die sie lange Zeit besuchten, wird zu ihrer Herkunftsbezeichnung und – metaphorisch gesprochen – zur Bezeichnung ihrer geistigen Heimat.

Erinnerungsorte der Heimat: Friedhöfe

Die Frage nach der Herkunft wird bei den Altgläubigen meist als Frage nach der Genealogie und nach dem genealogischen Gedächtnis interpretiert. Und obwohl die Erinnerungen an die Vorfahren in den Familien von Altgläubigen immer durch die religiöse Praxis unterstützt und aktualisiert werden, ist der Friedhof manchmal der einzige physische Beweis für die Familiengeschichte. Man weiß vielleicht nicht mehr genau, wo die Vorfahren geboren wurden und wann sie in dieses Gebiet gezogen waren, man kennt aber genau den Ort, wo sie begraben sind. Dieser Ort wird zum Erinnerungsort, der auch eine geografische Lokalisierung innehat.

---

[9] Es gibt bestimmte umgangssprachliche Klischees, die konventionell vor und nach dem Gottesdienst gebraucht werden. Auch die Gegenstände, die während des Gottesdienstes verwendet werden, nennt man stilisiert „altrussisch", z. B. Kerzen heißen *svešči* anstatt *sveči*.

[10] *Režica* ist die russische Bezeichnung für die Stadt Rēzekne im östlichen Teil Lettlands. In den 1920er Jahren (laut Gesetz über die Rechte, Grenzen und Namen der Selbstverwaltungseinheiten, 1922) wurden in den offiziellen Dokumenten allmählich ausschließlich die lettischen Namen benutzt (vgl. Ozoliņa 2001: 84-106).

Es ist üblich, dass die lettischen Altgläubigen ihre verstorbenen Verwandten dort beerdigen, wo die anderen Mitglieder der Familie bereits begraben liegen, oder aber dort, wo die Gemeinde, zu der diese Person gehörte, ihren Friedhof hat. Die Altgläubigen behalten auch heute die Tradition bei, ihre eigenen, separaten Friedhöfe zu pflegen, denn auch nach dem Tode bleiben die Verstorbenen Mitglieder der Gemeinde, die durch regelmäßige Andachten der Angehörigen ihre geistige Präsenz behalten. Die Altgläubigen auf dem Lande legten ihre Friedhöfe an versteckten Orten an, etwa im Wald oder weit vom Weg entfernt, damit die Verstorbenen dort ungestört ruhen konnten. Während der religiösen Repressionen sowohl im 18./19. Jahrhundert als auch zur Sowjetzeit waren die Friedhöfe die einzigen Orte, welche die religiöse Identität der Altgläubigen anschaulich zum Ausdruck brachten. Manchmal ist der Friedhof auch das Einzige, was von einer ganzen Gemeinde übrig geblieben ist.

Der Friedhof dokumentiert das Wesentliche, was auf die ethnische, kulturelle, soziale Identität eines Individuums verweist. Heutzutage sterben die kleinen altgläubigen Gemeinden auf dem Lande allmählich aus. Das Leben kehrt in diese Dörfer nur dann zurück, wenn einige Male im Jahr die jüngere Generation für die Andachtstage hierher kommt (vgl. Aleksejev 2004: 8; Kolosova 2005: 10). Die Andachtstage bleiben für die jüngere Generation der heutigen Altgläubigen das wichtigste (manchmal sogar das einzige) Ritual, das noch praktiziert wird. Die Verantwortung vor den Verstorbenen ist für die heutigen Altgläubigen noch immer sehr bedeutend, vielleicht als eine der letzten Spuren der traditionellen Lebensweise.

Die religiösen Rituale, welche die noch Lebenden immer wieder an die Verstorbenen denken lassen, verwandeln die Orte der Friedhöfe in einen symbolischen Raum der gemeinsamen Erfahrung, der nicht nur ein Raum der Erinnerung, der Vergangenheit ist, sondern auch ein Raum der Gegenwart, wo die wichtigen Orientierungen für das heutige Leben aktualisiert werden. Dabei ist zu betonen, dass nur dieser imaginäre Raum ein ausreichendes Fundament für die Identifizierung der Gläubigen mit ihrer Gemeinde bildet. Dann nämlich, wenn die Verbindung zu den Vorfahren ihre Bedeutung verliert, verschwindet auch die Motivation, in der Gemeinde zu bleiben. Der symbolische Sinn aller religiösen Riten der Altgläubigen ist in erster Linie mit der persönlichen religiösen Erfahrung verbunden, die darin besteht, dem Vorbild der Vorfahren zu folgen. Diese Form der engen Anknüpfung der Altgläubigen an den symbolischen Raum der Vorfahren, die praktisch in der Zugehörigkeit zur Gemeinde und im Befolgen der alten Riten zum Ausdruck kommt, verleiht den Altgläubigen anscheinend einen stabileren „Boden" für das Gefühl der Gemeinschaft als eine Zugehörigkeit zu einem gemeinsamen geografischen Ort es vermag.

Der Friedhof der Altgläubigen in Rimši, Lettland (2005).
Foto: Vladimir Nikonov

Das achteckige Kreuz der Altgläubigen (erste Hälfte 20. Jh.) als traditionelles Grabmal auf dem altgläubigen Friedhof in Rimši, Lettland (2005). Foto: Vladimir Nikonov.

Heimat als kulturelles Gedächtnis

Heimatlosigkeit ist eine der zentralen Kategorien der altgläubigen Selbstreflexion und damit auch ein wichtiger Bestandteil der kulturellen Identität der Altgläubigen, besonders außerhalb Russlands. Die wahre Heimat sei jenes Russland, das vor dem Schisma in der russisch-orthodoxen Kirche Bestand hatte – die „Moskauer Rus'". Dieses Bild „des frommen Russlands", das bereits in der Mitte des 17. Jahrhunderts eine von den konservativen Geistlichen formulierte rhetorische Konstruktion war, hatte durch zahlreiche apologetische Werke von den frühen Altgläubigen wie etwa Protopop Avvakum und den Brüdern Denisov bis hin in den Artikeln der Altgläubigen Anfang des 20. Jahrhunderts das gemeinsame kulturelle Gedächtnis tief geprägt. In der ersten Hälfte des 20. Jahrhunderts war dieses Bild im Mittelpunkt der periodischen Ausgaben der Altgläubigen Lettlands. Man pflegte damals und man pflegt auch heute noch die Vorstellung, dass das geografische Russland eigentlich etwas ganz anderes als dieses fromme Bild sei. Das „echte Russland" entspräche hingegen genau diesem Bild (Bechčanov 1998: 50-53; Miroljubov 2000: 8; Nikiforov 1931: 22f.; Zavoloko 1928: 9f.). Die ethnische Herkunft der Altgläubigen ist damit mit einem Raum verbunden, der eigentlich als Ort (Land) nicht mehr existiert. Dieser Raum besteht nur als eine Erinnerung, welche durch die Erinnerung an die Vorfahren greifbare Spuren erhält. Die Rückkehr in ihre ethnische Heimat kommt für die Altgläubigen nicht in Frage. Sie würden sich im heutigen Russland gleichermaßen fremd fühlen wie überall anders auch. Man könne nicht heimkehren, da man in der Tat kein Heim habe.

Die altgläubige Gemeinde gibt ihren Mitgliedern das Gefühl der Zugehörigkeit zum „geistigen Ganzen", das sonst wegen der Heimatlosigkeit auch verloren wäre. Die Altgläubigen sind keine einzelnen Vagabunden, sie gehören zu einem gemeinsamen Raum, zur Gemeinde und dadurch auch zur Welt der Vorfahren. Das Fehlen der Heimat als eines bestimmten geografischen Ortes ist logisch in die Weltanschauung der Altgläubigen integriert. Die Altgläubigen wurden aus ihrer wahren Heimat vertrieben, ihre historische Heimat existiert seither nicht mehr. Sie leben in einer verfallenen Welt – wie einst die ersten christlichen Gemeinden. Diese Parallelen, die eigentlich keine historischen, sondern eher hagiografische Parallelen sind, die man mit bestimmten rhetorischen Mitteln konstruiert, werden von den Altgläubigen als eine emotionale Motivation dafür benutzt, um eine relativ autonome Existenz – weitgehend unabhängig vom politischen Leben oder sogar vom Staat – zu pflegen. Tatsächlich besitzen fast alle Altgläubigen die lettische Staatsangehörigkeit. Werden sie aber nach ihrer Heimat gefragt, so nennen sie kein Land.

Literaturverzeichnis

Alekseev, Pjetr: Tat'jana Kolosova „Nado dejstvovat'", in: Meč Duchovnyj 11, 2004, 8.
Apine, Ilga: Ethnic Policy in the Baltic States, in: Talavs, Jundzis (Hg.): The Baltic States at Historical Crossroads. Political, Economic, and Legal Problems and Opportunities in the Context of International Co-operation at the Beginning of the 21st Century. Riga, 2001, 315-333.
Baranovskij, Vasilij / Potašenko Grigorij: Starovere Baltii i Pol'ši. Kratkij istoričeskij i biografičeskij slovar'. Vilnius 2005.
http://www.kopajglubze.boom.ru/staroverie.htm (13.03.2008).
Bechčanov, Feodor: Istoričeskaja suščnost' Drevlepravoslavnoj Pomorskoj Cerkvi, eje sobornost' i cerkovnye tainstva, in: Staroobrjadčeskij cerkovnyj kalendar' na 1998 god. Daugavpils 1998.
Burdo, Majkl / Filatov, Sergej (Hg.): Sovremennaja religiosnaja žisn' Rossii. Opyt sistematičeskogo opisanija, Bd. 1. Moskva 2004.
Certeau, Michel de: Kunst des Handelns. Berlin 1988.
Demčenko, Lidija: Sport – eto nepreryvnaja cepočka pobed, in: Meč Duchovnyj 19, 2006, 16.
Denisov, Andrej (Vtorušin, knjaz' Myšeckij): Pomorskie otvety. Moskva 1911.
Feigmane, Tat'jana: Russkie v dovoennoj Latvii. Na puti k integracii. Riga 2000.
Grjaznova, Zinaida: Rodoslovnaja staroobrjadčeskoj sem'i. Starikovy i Plotnikovy iz Arkanskoj obščiny, in: Pomorskij Vestnik 1/13, 2004, 21-23.
Hauptmann, Peter: Altrussischer Glaube: der Kampf des Protopopen Avvakum gegen die Kirchenreformen. Göttingen 1963.
Ivanov, Illarion: Dannye o zaregistrirovannych v Latvii religioznych organizacijach (1980-1999), in: ders. (Hg.): Russkie v Latvii. Iz istorii i kul'tury staroverija, Bd. 3. Riga 2003, 399.
Ivanov, Illarion: Ot redaktora-sostavitelja, in: ders. (Hg.): Staroverie Latvii. Riga 2005, 13-14.
Ivanov, Nikolaj: Iz istorii staroobrjadčeskich rodov (opyt sostavlenija rodoslovnych), in: Ivanov, Illarion (Hg.): Russkie v Latvii. Iz istorii i kul'tury staroverija, Bd. 3. Riga 2003, 235-303.
Ivanov, Nikolaj / Bučel' Tat'jana / Gavrilova Svetlana: Rodoslovnye rospisi. Daugavpils 2007.

Ivanovs, Illarions: Vecticība kā Latvijas krievu etnokonfesionālā kopība, in: Tirans, Ivars (Hg.): Letonikas Pirmais kongress. Modernitāte: Filosofija, kristīgās vērtības, mutvārdu vēsture Latvijā. Rīga 2006, 394-400.

Jagodkin, Aleksej: Starover iz Folvarkovskoj obščiny, in: Meč Duchovnyj 12, 2004, 14.

Jemel'janov, Aleksandr: Rodoslovnaja staroobrjadčeskoj sem'i. Rod Kudrjaševych, in: Pomorskij Vestnik 1/8, 2001, 15-17.

Juchimenko, Elena: Vygovskaja staroobrjadčeskaja pustyn': Duchovnaja žizn' i literatura, Bd. 1. Moskva 2002.

Kolosova, Tat'jana: Otec Maksim Volkov „Moja vojna byla korotkoj ...", in: Meč Duchovnyj 16, 2005, 10.

Miroljubov, Ivan: Slovo Pastyrja, in: Pomorskij Vestnik 3, 2000, 8-9.

Murnikov, Aleksandr: Kuržeckij sobor 1656 g. Moskva 2001.

Nikiforov, Ivan: Moskovskoe cerkovnoe zodčestvo, in: Rodnaja Starina 10, 1931, 22-23.

Nikonov, Vladimir: Staroverie Latgalii (Očerki po istorii staroverčeskich obščestv Režickogo i Ljucinskogo uezdov, vtoraja polovina XVII – pervaja polovina XX veka). Rēzekne 2008.

Ozoliņa, Dzidra: 1918. - 1934. gads Latvijas pilsētu pašvaldību dzīvē, in: Latvijas Vēstures Institūta Žurnāls. Nr. 1, 2001, 84-106 (Zusammenfassung auf English: *Town self-governments in Latvia 1918-1934*, 107-108).

Posnjak, Tat'jana: Starovery vsegda umeli nachodit' kompromiss, in: Meč Duchovnyj 14, 2004, 10.

Rauch, Georg von: Geschichte der baltischen Staaten. München 1990.

Reliģisko lietu pārvaldes 2006. gada publiskais pārskats, 4, in: http://www.tm.gov.lv/lv/documents/parskati/2006/RLP_publiskais_parskats _2006.doc (13.03.2008).

Robinson, Andrej (Hg.): Žitie Avvakuma i drugie ego sočinenija. Moskva 1991.

Šachov, Michail: Filosofskie aspekty staroverija. Moskva 1997.

Vlasov, Michail: Počemu u staroverov net vidimogo pričastija. Moskva 2003.

Vurgaft, Sergej / Ušakov Ivan: Staroobrjadčestvo. Lica, predmety, sobytija i simvoly. Opyt enciklopedičeskogo slovarja. Moskva 1996.

Zavarina, Antonina: Russkoe naselenie Vostočnoj Latvii vo vtoroj polovine XIX – načale XX veka. Riga 1986.

Zavoloko, Ivan: Kratkaja letopis' russkogo ikonopisanija, in: Rodnaja Starina 5-6, 1928, 9-10.

Zen'kovskij, Sergej: Russkoe staroobrjadčestvo. Duchovnye dviženija semnadcatogo veka. Moskva 1995.

Karolina Novinšćak / Grazia Prontera

Neue Arbeit, neue Heimat? Politische und wirtschaftliche Hintergründe der Gastarbeiter-Anwerbeabkommen zwischen der Bundesrepublik Deutschland mit Italien (1955) und der Sozialistischen Föderativen Republik Jugoslawien (1968)

Die bundesdeutsche „Gastarbeiter-Ära" beginnt mit dem Jahr 1955, als die Bundesrepublik Deutschland das erste Gastarbeiter-Anwerbeabkommen mit Italien schloss und endet mit dem Anwerbestopp 1973. Zwischen dem ersten Abkommen mit Italien und dem letzen, das 1968 mit der Sozialistischen Föderativen Republik Jugoslawien geschlossen wurde, liegen sechs weitere Anwerbeverträge der Bundesrepublik Deutschland mit Spanien (1960), Griechenland (1960) und der Türkei (1961), Marokko (1963), Portugal (1964) und Tunesien (1965).

Die gezielte Anwerbung von ausländischen Arbeitnehmern aus dem Mittelmeerraum spiegelt sich noch heute in der demografischen Zusammensetzung der bundesdeutschen Gesellschaft. Die größte Ausländergruppe bilden mit 1,7 Millionen die türkischen Staatsangehörigen, gefolgt von der zweitgrößten Ausländergruppe, die sich aus rund 800.000 Menschen mit Staatsangehörigkeiten der Nachfolgerepubliken des ehemaligen Jugoslawien zusammensetzt und der drittgrößten Gruppe mit rund 530.000 italienischen Staatsangehörigen.[1] Die Zahl der Personen mit Migrationshintergrund lag 2005 in Deutschland bei 15,3 Millionen, was 18,6 % der Bevölkerung entsprach.[2] Der Großteil dieser Menschen kam im Zuge der Gastarbeiteranwerbung und des Familiennachzuges in den 1950er, 1960er oder 1970er Jahren oder wurde bereits in Deutschland geboren: 89,3 % der Kroaten, 86,2 % der Slowenen, 85,7 % der Italiener, 85,4 % der Griechen, 83,5 % der Türken und 78,1 % der Spanier, die in der Ausländerstatistik aufgeführt werden, leben mindestens zehn Jahre oder länger in Deutschland.

---

[1] Vgl. Bundesamt für Migration und Flüchtlinge 2007: 8-11.
[2] Statistisches Bundesamt, Bevölkerung 2007: 17.

In dem halben Jahrhundert der bundesdeutschen Einwanderungsgeschichte haben die bilateralen Abschlüsse der „Gastarbeiterabkommen" nicht nur „temporäre Arbeitskräfte" zwischen zwei Ländern bewegt, sondern eine neue Heimat für mehrere Generationen geschaffen und Prozesse der Eingliederung oder Ausgrenzung von Minderheiten innerhalb der Aufnahmegesellschaft in Gang gebracht. Der Prozess der Arbeitsmigration umfasst sowohl den Emigrationsprozess aus der „Heimat" als auch den Immigrationsprozess ins Aufnahmeland. In diesem transnationalen Rahmen finden verschiedene und veränderbare Konstruktionen des Konzepts Heimat statt, die auf internationaler, nationaler und individueller Ebene zu analysieren sind. In diesem Beitrag werden die politischen und wirtschaftlichen Hintergründe der deutsch-italienischen und deutsch-jugoslawischen Gastarbeiter-Anwerbeabkommen vergleichend gegenübergestellt und die Gemeinsamkeiten und Unterschiede der staatlichen Arbeitsmigrations- und Heimatkonzepte während des Arbeitskräftetransfers thematisiert. Der Artikel nimmt den Beginn der Einwanderungsgeschichte der italienischen und ehemals jugoslawischen Arbeitsmigranten in der Bundesrepublik Deutschland in den Fokus und stellt das institutionalisierte bilaterale Anwerbeverfahren, das die Bundesrepublik mit den einzelnen Herkunftsländern vereinbart hatte, in den Mittelpunkt der Betrachtung. Der erste Gastarbeiter-Anwerbevertrag der Bundesrepublik mit Italien (1955) und der letzte mit Jugoslawien (1968) werden in ihren internationalen, politischen und ökonomischen Kontext eingebettet. In der hier gebotenen Kürze wird dabei die Verzahnung der Politiken und Ökonomien zwischen den Herkunftsländern und der Bundesrepublik während der Anwerbe-Verhandlungen skizziert. Der Anwerbung von Gastarbeitern aus der Republik Italien, einer ab 1957 in die Europäische Gemeinschaft eingebundenen Demokratie, wird dabei die Anwerbung aus Jugoslawien, einem sozialistischen und blockfreien Staat, gegenübergestellt. Beide Arbeitsmigrationsprozesse, so ein zentrales Argument, zeigen aufgrund der gesamteuropäischen Wirtschaftsentwicklung ökonomische Gemeinsamkeiten auf, wurden jedoch aufgrund der unterschiedlichen gesellschaftspolitischen Systeme der Entsenderländer von verschiedenen Arbeitsmigrations- und Heimatpolitiken begleitet. In Italien wurden die Arbeitsmigranten offiziell als *manodopera italiana* (italienische Arbeiter) bezeichnet, die jugoslawischen Arbeiter wurden in ihrem Herkunftsland offiziell *radnici na privremenom radu u inozemstvu* (temporär im Ausland beschäftigte Arbeiter) genannt. In der Bundesrepublik Deutschland setzte sich der Begriff „Gastarbeiter" für alle angeworbenen ausländischen Arbeitnehmer durch, der den Gaststatus und die damit verbundene Zeitweiligkeit des Aufenthalts der Ausländer implizierte, wobei die verschiedenen Herkünfte der Arbeitsmigranten in den Hintergrund traten.

Das Wirtschaftswachstum erforderte in der Bundesrepublik ab Ende der 1950er bis Anfang der 1970er Jahre einen großen Bedarf an Arbeitskräften – mit Ausnahme der Rezessionsjahre 1966/67 – den die deutsche Bevölkerung, nicht zuletzt wegen des Mauerbaus und dem Versiegen des Flüchtlingsstromes aus der DDR, nicht mehr abdecken konnte (Herbert 2001: 208). In den südeuropäischen Ländern hingegen begleitete den Industrialisierungsprozess eine steigende Arbeitslosigkeit hauptsächlich im Agrarsektor, die eine soziale und politische Bedrohung für die christdemokratische Regierung Italiens und die kommunistische Regierung Jugoslawiens darstellte.

Die italienische Auswanderung erstreckte sich in den ersten Nachkriegsjahren in Richtung USA, Lateinamerika, Kanada und Australien. Seit Mitte der 1950er Jahre zogen die italienischen Emigranten vornehmlich in die industriell besser entwickelten europäischen Länder: Frankreich, Belgien, die Schweiz und die Bundesrepublik Deutschland (Bade 2000: 315). Fast sieben Millionen Italiener verließen zwischen 1946 und Mitte der 1970er Jahre ihr Land, mehr als fünf Millionen davon blieben in Europa (Favero / Tassello 1978: 37). In den 1960er Jahren, so der Soziologe Enrico Pugliese, stellte „Deutschland das wichtigste Ziel italienischer Emigration", und „die Italiener den wichtigsten Bestandteil deutscher Immigration" dar (Pugliese 2002: 128).

Die italienische Regierung von Ministerpräsident Alcide De Gasperi hatte, wie der Historiker Federico Romero betont, Ende der 1940er und Anfang der 1950er Jahre die Migration in den Mittelpunkt ihrer Europapolitik gestellt (Romero 2001: 413). Die Migration der Arbeiter wurde organisiert durch bilaterale Verträge und abgewickelt über Emigrationszentren. Diese wurden seit 1946 eigens dafür in Mailand, Genua, Neapel, Messina und Verona eingerichtet und waren für die Auswahl und Ausreise der Arbeiter und ihrer Familien zuständig. Die bilateralen Abkommen jedoch zeigten bald ihre Grenzen, sie erlaubten zwar die Emigration italienischer Arbeiter, aber den Strom steuerten ausschließlich die Empfängerländer (Tosi 2002: 451). Die Gründung der Europäischen Wirtschaftsgemeinschaft (EWG) und der ökonomische Boom in vielen Ländern Westeuropas führten zu einer neuen Emigrationspolitik, die nicht mehr durch bilaterale Abkommen, sondern von der Freizügigkeit der Arbeit geprägt war. Für die Entwicklung einer konkurrenzfähigen Wirtschaft auf europäischer Ebene stellte Italien die Herstellung und den Export von Massen- und Luxusgütern in den Mittelpunkt. Die Industrie war hauptsächlich angesiedelt im Nordwesten des Landes zwischen Mailand, Turin und Genua. Mit dieser grundsätzlichen ökonomischen Orientierung konnte das Problem der hohen Arbeitslosigkeit nicht gelöst werden, weil die Mehrzahl der Arbeitsuchenden in den hoch spezialisierten Produktionen nicht eingesetzt werden konnte und als Konsequenz daraus das Land als Arbeitsmigranten verließ. Zudem stagnierte durch die Konzentration der Industrie auf Norditalien die wirtschaftliche Entwicklung des Südens nahezu vollständig (Graziani 2002: 60, 71).

Die italienische Migrationspolitik wurde zunächst von allen politischen und wirtschaftlichen Akteuren mitgetragen, bis die kommunistische Partei 1948 in die Opposition kam und eine kritischere Haltung bezog. Ihr Interesse verlagerte sich von der Quantität an Auswanderern zur Qualität der Lebens- und Arbeitsbedingungen für die Migranten. Die Kommunisten argumentierten, die Migration offenbare die Schwächen des kapitalistischen Wirtschaftssystems – zum einen, weil in Italien keine Arbeitsplätze geschaffen würden und zum anderen, weil es aus den Ländern des kommunistischen Ostblocks keine Arbeitsmigration in den Westen gebe; darin spiegele sich die Überlegenheit der kommunistischen Wirtschaft gegenüber dem Kapitalismus (Colucci 2008: 71f.).

Allerdings gab es durchaus auch aus einigen osteuropäischen Ländern Migrationsbewegungen gen Westen – wenngleich sie dort anders bewertet wurden. Im jugoslawisch-sozialistischen Gesellschafts- und Staatskonzept der siegreichen Partisanen unter der Führung Titos wurde die Auswanderung oder Arbeitsmigration aus Jugoslawien nach Westeuropa und Übersee im ersten Nachkriegsjahrzehnt als systemfremde Erscheinung verurteilt, obwohl die Abwanderung ins Ausland bis dahin für viele Familien ein probates Mittel zur Existenzsicherung war. Um den ökonomisch bedingten Abwanderungsstrom zu stoppen, bestand bis Anfang der 1960er Jahre die Migrationspolitik der regierenden kommunistischen Partei hauptsächlich aus restriktiven Maßnahmen zur Eindämmung der Abwanderung. Getreu der marxistischen Arbeitslehre interpretierten die jugoslawischen Kommunisten die fremdbestimmte Lohnarbeit im Kapitalismus als Entfremdung des Menschen von sich selbst und seinem Produkt sowie als Betrug am Ertrag seiner Arbeit, vor dem der einheimische Arbeiter zu schützen sei. Gemäß sozialistischer Ideologie galt Arbeit als moralische Pflicht, und Arbeitslosigkeit bedeutete nicht nur „moralischen Skandal und persönliche Scham", sondern wurde zudem als krimineller Zustand wahrgenommen (Niedermüller 2004: 25). Arbeit war im ideologischen System Jugoslawiens ein wichtiges Identitätsmerkmal des gesamten Staates, der ausschließlich als Arbeiterstaat definiert wurde. Dementsprechend kam auch eine ökonomisch motivierte Migration einem politischen Verrat gleich (Marković 2006: 239). So war die Arbeitsannahme im kapitalistischen Ausland verboten und wurde im Falle des Verstoßes mit einem Wiedereinreiseverbot bestraft.

Ziel der kommunistischen Partei war es, den Wiederaufbau und die Industrialisierung des Landes so schnell wie möglich voranzutreiben und damit den Migrationsfluss, auch mithilfe einer Vollbeschäftigungspolitik, zum versiegen zu bringen. Die in den 1950er und 1960er Jahren einschneidenden und für das sozialistische Land spektakulären Wirtschaftsreformen mit der Einführung des Selbstverwaltungssozialismus und die damit einhergehende Öffnung der jugoslawischen Wirtschaft gegenüber dem internationalen Markt erforderten jedoch die Aufgabe der bislang praktizierten Vollbeschäftigungspolitik. Die gleichzeitige Schließung unrentabler Unternehmen forderte bald ihren Tribut: Der Arbeitskräftetransfer aus dem landwirtschaftlichen Sektor in den Industrie- und Dienstleistungssektor stockte, und gleichzeitig drängten geburtenstarke Jahrgänge der Landbevölkerung auf den Arbeits- und Wohnungsmarkt. So stieg die Zahl der Arbeitslosen von 1952 bis zum Jahr 1975 um durchschnittlich 11,4 % pro Jahr an (Künne 1979: 30). Von 1953 bis 1963 wanderten nach offiziellen Statistiken 227.675 Personen aus; indes gibt es auch Schätzungen, die eine halbe Million illegaler Auswanderer aus Jugoslawien vermuten

(Mesić 1991: 13). Als Folge der hohen Anzahl von illegalen Auswanderungen, dem hohen Druck auf dem Arbeitsmarkt und der zunehmenden wirtschaftlichen Abhängigkeit von den westlichen Staaten kam es zu Beginn der 1960er Jahre zu einer ideologischen Kehrtwende in der Interpretation des gesellschaftlichen Phänomens der Arbeitsmigration. Der „jugoslawische Sonderweg", der das politische und wirtschaftliche System liberalisierte, begünstigte eine ideologische Neuinterpretation des Phänomens der Arbeitsmigration. In den Fokus rückte die ökonomische Entlastungsfunktion der Arbeitsmigration, hingegen wurde ihre bislang ideologisch begründete Ablehnung kaum mehr thematisiert (Haberl 1978: 27). Ein Amnestiegesetz aus dem Jahr 1962 hob das gesellschaftliche Phänomen der Arbeitsmigration schließlich aus der Illegalität.[3] Es handelte sich hierbei um das am weitesten gehende Amnestiegesetz seit Kriegsende und ermöglichte Personen – außer Kollaborateuren, Spionen und Kriegsverbrechern –, die seit 1945 illegal die Grenze überschritten hatten, eine Rückkehr oder den Besuch ihrer Heimat. In den Folgejahren diskutierte der Bund der Kommunisten verstärkt die Möglichkeit der Auslandsbeschäftigung zur Unterstützung der Wirtschaftsreformen. Die Erwartungen waren hoch: Der jugoslawische Arbeitsmarkt wäre mit der Abwanderung der arbeitslosen Landbevölkerung auf einen Schlag entlastet und die Arbeitsmigranten könnten neben dem Tourismus zusätzliche Devisenquellen erschließen. Insbesondere Wirtschaftspolitiker erhofften sich vom ersparten Kapital der Arbeitsmigranten und von ihren erworbenen Kenntnissen volkswirtschaftliche Impulse, und es wurde in der innerparteilichen Diskussion gefordert, das Dogma aufzugeben, das Arbeitskraft keine Ware sei (Haberl 1978: 70). Die erfolgreiche Integration der jugoslawischen Wirtschaft in den Weltmarkt müsse neben der freien Zirkulation von Waren und Kapital auch die Freiheit des Arbeitertransfers einschließen. Außerdem wurde in Berufung auf den ‚humanen Sozialismus' die Arbeitssuche im Ausland der individuellen Freiheit des Einzelnen überlassen. Laut Tito hatte es fortan „keinen Sinn, jemanden mit Gewalt zurückzuhalten und ihn daran zu hindern, eine Arbeit dort zu suchen, wo er sie finden

---

[3] Archiv der Gegenwart (ADG) 9738/C, 14.03.1962.

kann, wenn er ohnehin nicht sofort in unserem eigenen Land beschäftigt werden kann" (Haberl 1978: 73).

Die ideologische Legitimation der jugoslawischen Arbeitsmigration basierte auf der Prämisse, dass der ‚Gastarbeiter' nur ‚vorübergehend' im Ausland sei und er trotz seiner territorialen Entfernung „ein organischer Bestandteil der jugoslawischen Arbeiterklasse" (Tanić 1972: 446) bleibe. Die aus dieser Grundannahme abgeleitete offizielle Bezeichnung der Arbeitsmigranten als ‚temporär im Ausland beschäftigte Arbeiter' erfolgte außerdem auch in Abgrenzung zu der in Jugoslawien negativ besetzten Bezeichnung *emigrant,* die sich auf die politischen Exilanten der Nachkriegszeit bezog (Heršak 1998: 51).

Durch gezielte Arbeitsvermittlung der Arbeitslosen ins Ausland seitens der jugoslawischen Arbeitsbehörden und Abschlüssen von bilateralen Abkommen zwischen Jugoslawien und westlichen Anwerbestaaten wurde die Arbeitsmigration seit Mitte der 1960er Jahre staatlich forciert (Haberl 1978: 74-108). In den folgenden Jahren schloss die jugoslawische Regierung eine Reihe von Beschäftigungsverträgen: zuerst mit Frankreich und Österreich im Jahr 1965, dann mit Schweden (1966), mit der Bundesrepublik Deutschland (1968), schließlich auch mit Belgien, Luxemburg, den Niederlanden und Australien (1970).

Die Arbeitsmigration aus der Republik Italien und dem ehemaligen Jugoslawien in die Bundesrepublik Deutschland weist politische, systembedingte Unterschiede aber auch ökonomische Gemeinsamkeiten auf. Sowohl das Empfängerland Deutschland als auch die Entsenderländer Italien und Jugoslawien verfolgten mit der Institutionalisierung der Gastarbeiteranwerbung respektive -entsendung vornehmlich das Ziel, die nationale Wirtschaft zu fördern und im weltweiten Vergleich konkurrenzfähig zu halten. Aus wirtschaftlicher Perspektive war die bundesdeutsche, die jugoslawische wie auch die italienische Gastarbeiterpolitik angelegt auf langfristige Aufenthalte der Arbeiter in der Bundesrepublik, da die jeweiligen Arbeitsmärkte aufgrund der wirtschaftspolitischen Kurse keine schnelle Rückkehr in die alte Heimat möglich machten. Politisch jedoch wurde jahrzehntelang in allen drei Staaten am Mythos der Zeitweiligkeit des Arbeitsaufenthaltes und dem Ziel der Rückkehr der Arbeitsmigranten in die alte Heimat festgehalten.

Die bilateralen politischen und ökonomischen Beziehungen im Vorfeld der Unterzeichnung des deutsch-italienischen Anwerbevertrages von 1955

Am 20. Dezember 1955 unterzeichneten die Regierungen von Italien und der Bundesrepublik Deutschland in Rom die bilaterale „Vereinbarung über die Anwerbung und Vermittlung von italienischen Arbeitskräften nach der Bundesrepublik Deutschland".[4] Die Verhandlungen über das zwischenstaatliche Anwerbeabkommen für Arbeiter gehen bis in den Oktober 1953 zurück, als die italienische Regierung nach der mehrmaligen Reduzierung der deutschen Importe aus Italien die deutsche Regierung auf die Notwendigkeit einer Beschäftigung italienischer Saisonarbeiter hingewiesen hatte (Steinert 1995: 221). Die starke gegenseitige Abhängigkeit zwischen Italien und der Bundesrepublik war das Ergebnis des wirtschaftlichen Wiederaufbaus in der Nachkriegszeit, der auf der Liberalisierung des Außenhandels gründete. Dieser Prozess stellte Exporte in den Mittelpunkt der wirtschaftlichen Expansion Europas (Maier 1983: 40). Die Auseinandersetzung über die Anwerbung von Arbeitskräften hatte nicht nur die deutsch-italienischen Wirtschaftsbeziehungen gekennzeichnet, sondern in der Bundesrepublik selbst politische und gesellschaftliche Diskussionen und vor allem heftige Vorbehalte gegen ausländische Beschäftigte hervorgerufen. Erst Ende 1954, als erstmals Vollbeschäftigung in einigen Bundesländern erreicht war, gab es zwischen Wirtschafts- und Arbeitsministerium eine gemeinsame politische Linie, die auch von Arbeitgebern und Gewerkschaften akzeptiert wurde und deren Zweck darin bestand, eine „präventive" Beschäftigungspolitik mit Italien zu verfolgen. Eine Vereinbarung über die Anwerbung und Vermittlung von italienischen Arbeitskräften könnte unterzeichnet werden, falls es die Bundesrepublik Deutschland nötig hätte, d. h. wenn es keine Arbeitslosigkeit mehr gäbe, hieß es (Steinert 1993: 155). Ein Jahr später, Ende 1955, konnte dann das deutsch-italienische Anwerbeabkommen unterzeichnet werden. Es trat im Frühjahr 1956 in Kraft.

---

[4] Accordo fra il Governo della Repubblica Italiana e il Governo della Repubblica Federale di Germania per il reclutamento ed il collocamento della manodopera italiana nella Repubblica Federale di Germania, in: Gazzetta Ufficiale della Repubblica Italiana, n. 205/17, 1956, 3003-3018.

Die Unterzeichnung wurde in der deutschen Öffentlichkeit nicht ganz ohne Sorge wahrgenommen, es gab Befürchtungen, die Italiener könnten den Deutschen die Arbeitsplätze nehmen und das Lohnniveau drücken.⁵ Außerdem wurde kritisiert, dass es keine festgelegte Höchstquote für italienische Arbeiter gab – dazu gab die *Frankfurter Rundschau* jedoch den in Rom weilenden Bundesarbeitsminister Anton Storch wieder: „In dem Abkommen sei keine feste Quote von italienischen Arbeitern festgesetzt worden, weil die Bundesrepublik so viele wie möglich aufnehmen wolle. Gegenwärtig arbeiten über 50.000 Italiener in der Bundesrepublik, er [Storch] hoffe jedoch, dass es gegen Ende nächsten Jahres viel, viel mehr sein werden".⁶ Das sahen in der Tat nicht alle Deutschen so – und Storchs Staatsminister Maximilian Sauerborn selbst wird in den *Ruhr-Nachrichten* zitiert: „Eine Anwerbung italienischer Saisonarbeiter komme nicht in Frage, solange geeignete deutsche Arbeitskräfte zur Verfügung stünden [...] Daher sei in der Vereinbarung [...] auch nicht die Aufnahme einer bestimmten Zahl von Arbeitern festgelegt, so Sauerborn".⁷ Den enthusiastischen Behauptungen von Storch folgten also sofort die Verteidigungsbehauptungen von Sauerborn, die die Furcht einer unbegrenzten Ankunft von Italienern und eines deutschen Kontrollverlustes über den Arbeitsmarkt beruhigen sollten. Darüber hinaus betonte Sauerborn, dass keinem Deutschen durch die Einstellung der italienischen Arbeitskräfte geschadet würde, auch nicht bezüglich des Wohnraums: „Wir wollen nicht, dass die neugebauten Wohnungen für die deutschen Flüchtlinge und Evakuierten von den Italienern bezogen werden." Aus diesem Grund sei die Verwaltung der Wohnungen den Unternehmern und nicht dem Staat übertragen worden.⁸

Die Italiener sahen das Anwerbeabkommen weitaus positiver; sie hielten die organisiert zulässige Migration für angebracht und erhofften sich davon die politische und wirtschaftliche Stabilisierung ihres

---

⁵ Vgl. Italienische Arbeiter nach Deutschland, in: Der Tagesspiegel, 21.12.1955; Keine Italiener für den Bergbau, in: Ruhr-Nachrichten, 21.12.1955.
⁶ Arbeitsvertrag Rom – Bonn unterzeichnet, in: Frankfurter Rundschau, 21.12.1955.
⁷ Keine Italiener für den Bergbau, in: Ruhr-Nachrichten, 21.12.1955.
⁸ Abkommen über italienische Arbeiter. Nicht für Bergbau – Vermittlung für deutsche Kräfte bleibt wichtiger, in: Rhein-Neckarzeitung, 21.12.1955.

Landes (De Clementi 2003: 14). Diese Meinung spiegelte sich in den Zeitungen wider, die emphatisch über die Auswanderung schrieben[9] – im Gegensatz zu den deutschen Blättern, die die Italiener lediglich als vorübergehende Gastarbeiter bezeichneten. Darüber hinaus betonte die italienische Presse, dass das Abkommen auch einen politischen Sinn hatte: Seine Unterzeichnung wurde als Reaktion auf das industrielle Wachstum der Bundesrepublik gesehen, aber auch als Beweis der neuen innereuropäischen wirtschaftlichen und gesellschaftlichen Solidarität miteinander.[10] So sah es in Deutschland lediglich die *Frankfurter Allgemeine Zeitung*, die betonte, in diesem Abkommen habe „das Wort von der europäischen Solidarität [...] wirklich einen tieferen Sinn".[11] In der Präambel des Abkommens war der Gemeinsinn, die „europäische Solidarität" und das gegenseitige Interesse am Erreichen eines hohen Beschäftigungsgrades und einer Nutzung aller zur Verfügung stehenden Produktionsmöglichkeiten hervorgehoben worden.[12] Schon im ersten Kapitel des Anwerbeabkommens wurden jedoch die Kräfteverhältnisse zwischen den beiden Ländern geklärt: Nur die Bundesrepublik Deutschland konnte die Verhandlungen mit der italienischen Regierung über die Vermittlung von Gastarbeitern einleiten und nur die Bundesregierung konnte den quantitativen und qualitativen Bedarf an italienischen Arbeitskräften festlegen – nach der Feststellung eines Mangels an eigenen Arbeitskräften, denn die Beschäftigung deutscher Arbeiter hatte eindeutige Priorität.[13] In Deutschland war die Bundesanstalt für Arbeitsvermittlung und Arbeitslosenversicherung verantwortlich für die Rekrutierung und die Anstellung der Arbeitskräfte, in Italien der Ministero del Lavoro e della Previdenza Sociale. Die Bundesanstalt ernannte eine „Deutsche

---

[9] Firma dell'accordo emigratorio italo-tedesco a Palazzo Chigi, in: Giornale d'Italia, 21.12.1955.

[10] Firmato a Roma l'accordo per i lavoratori italiani in Germania, in: Corriere della Sera, 21.12.1955; Il significato dell'accordo emigratorio italo-tedesco, in: Giornale d'Italia, 21.12.1955.

[11] Arbeiter aus Italien, in: Frankfurter Allgemeine Zeitung, 29.12.1955.

[12] Accordo fra il Governo della Repubblica Italiana e il Governo della Repubblica Federale di Germania per il reclutamento ed il collocamento della manodopera italiana nella Repubblica Federale di Germania, in: Gazzetta Ufficiale della Repubblica Italiana, 1956: 3004.

[13] Ebd.

Kommission in Italien", die mit dem italienischen Arbeitsministerium kooperierte und am 6. Februar 1956 ihre Tätigkeit beim „Centro di Emigrazione" in Mailand aufnahm.

Die italienische Emigration nach Deutschland zwischen 1955 und 1975 kann in zwei Phasen unterteilt werden: Die erste war bestimmt durch das bilaterale Abkommen über die geregelte Arbeitsmigration und wurde vom Emigrationszentrum und der Deutschen Kommission organisiert; die zweite begann mit der Unterzeichnung des Rom-Abkommens am 15. März 1957 über die Freizügigkeit der Arbeiter und der Waren in der Europäischen Wirtschaftsgemeinschaft (EWG) – das allerdings nach einer Übergangszeit und mehreren kleineren Abkommen erst am 8. November 1968 vollständig in Kraft trat. Die dadurch gewonnene Freizügigkeit der Arbeiter bedeutete das Ende der Emigrationszentren für Arbeitsmigranten und den Beginn einer neuen von den Emigrationszentren unabhängigen Auswanderungsphase. Die Freizügigkeit der Arbeiter beeinflusste auch die Registrierung der Auswanderungsstatistiken. Da die erste Migrationsphase institutionell unterstützt und geregelt wurde und jeder auswanderungswillige Italiener sich einen speziellen Arbeits-Reisepass bei den zuständigen Behörden erstellen lassen musste und dort registriert wurde, sind die Daten des „Istat" (Italienische Statistikbehörde) zu den frühen Migrationsbewegungen äußerst zuverlässig. Ganz im Gegensatz zu den Daten der darauf folgenden Phase der Freizügigkeit, denn seit Ende der 1960er Jahre ist es beinahe unmöglich aus den Daten zu erkennen, wer aus Arbeitsgründen emigrierte, und wer andere Motive für die Ausreise hatte.[14]

Die Geschichte des Emigrationszentrums in Verona bezeugt diesen Übergang von einer bilateralen, institutionell unterstützten Migration hin zu der Arbeiterfreizügigkeit innerhalb der EWG. Die Behörde für die Auswanderung nach Deutschland, und damit auch die Deutsche Kommission, zog bereits im Juni 1956 von Mailand nach Verona um und bestand dort bis 1982. Erst in Mailand dann in Verona und zwischen 1960 und 1966 auch in einer Zweigstelle in Neapel wurden bei der Deutschen Kommission zunächst alle Anforderungen deutscher

---

[14] Die statistischen Daten über *espatriati* und *rimpatriati* sind ab 1969 in den Annuari di Statistiche Demografiche zu finden.

Unternehmen gesammelt und an das Emigrationszentrum weitergeleitet. Von dort gelangten die deutschen Anfragen an die lokalen italienischen Arbeitsämter. Jede Stadt hatte ihr eigenes Arbeitsamt, dessen wichtigste Aufgabe es war, Vermittler zu sein zwischen der Kommission, dem Emigrationszentrum und den Menschen, die ausreisen wollten. Diese Arbeitsämter leiteten nun ausreisewillige Arbeiter, die dem jeweils geforderten Profil am ehesten genügten, an das Emigrationszentrum weiter und die Deutsche Kommission schloss mit ihnen bereits vor Ort Arbeitsverträge ab; dann kamen sie nach Deutschland.

Der Migrationsfluss zwischen Italien und Deutschland änderte sich entsprechend der rechtlichen Lage, vor allem aber infolge des ökonomischen Wachstums in der Bundesrepublik. In einer ersten Phase von 1956 bis 1959 ist die zahlenmäßig geringe Emigration als saisonales Phänomen zu charakterisieren und betraf Arbeiter in der Landwirtschaft und im Bauwesen. Die Italiener, die hauptsächlich aus Apulien, dem Veneto und Campanien nach Deutschland vermittelt wurden, wurden in Niedersachsen kurzfristig als Landarbeiter und in Baden-Württemberg und Nordrhein-Westfalen als gewerbliche Arbeiter eingestellt.[15] Ab Beginn der 1960er Jahre, während des wirtschaftlichen Aufschwungs in Deutschland, waren die Emigrationsflüsse der Saison- und der festen Arbeiter ausgeglichen. Italiener kamen nun zunehmend für längere Anstellungen in die Bundesrepublik. Nach wie vor waren es meist Land- und Bauarbeiter und Maschinenbauer, die zu zwei Dritteln (67,2 %) aus den südlichen Regionen Apulien, Campanien, Sizilien und Sardinien stammten und nach Baden-Württemberg, Bayern, Hessen und Niedersachsen vermittelt wurden.[16]

---

[15] Centro Emigrazione Verona (CEV) Ministero del lavoro e della Previdenza Sociale, Relazione Annuale Centro Emigrazione Milano 1956; Bundesarchiv Koblenz (BA Ko) B 119/3582, Bundesanstalt für Arbeitsvermittlung und Arbeitslosenversicherung, Zusammenfassung der Berichte der Landesarbeitsämter über die Erfahrung bei der Anwerbung und der Beschäftigung italienischer Arbeitskräfte in der Bundesrepublik Deutschland im Jahre 1957.

[16] BA Ko B 119/3580, Bundesanstalt für Arbeitsvermittlung und Arbeitslosenversicherung, Zusammenfassung der Berichte der Landesarbeitsämter über die Erfahrung bei der Anwerbung und der Beschäftigung italienischer Arbeitskräfte in der Bundesrepublik Deutschland im Jahre 1959; BA Ko B119/3018, Deutsche Kommission in Italien, Anwerbung Vermittlung Italienischer Arbeitnehmer 1968.

Unbefristete Verträge für Gastarbeiter wurden hauptsächlich im industriellen Sektor abgeschlossen, dementsprechend wuchs hier die Quote der italienischen Arbeiter, die nach den Regeln des EWG-Freizügigkeitsabkommens von deutschen Unternehmern direkt angeworben wurden. Durch die EWG-Regelung 38/64 wurde Mitte der 60er Jahre die nationale Priorität auf dem deutschen Arbeitsmarkt gelockert und durch das Abkommen 1612/68 zum 8. November 1968 ganz aufgehoben.[17] Bereits 1965 waren die Auswirkungen der Lockerung auf die staatlich organisierte und unterstützte Migration deutlich geworden: Während über die Emigrationszentren von Verona und Neapel in diesem Jahr 26.579 Arbeiter in die Bundesrepublik emigrierten (15.557 aus Verona und 11.022 aus Neapel), kamen etwa 204.288 neu eingereiste italienische Arbeitnehmer in die Bundesrepublik Deutschland.[18] Die direkte Einstellung der italienischen Arbeiter kam auch den deutschen Arbeitgebern zugute, die 65 DM pro Arbeiter für die Vermittlung durch die Deutsche Kommission sparten. Insgesamt stieg in den 1960er Jahren die Anzahl italienischer Gastarbeiter in der Bundesrepublik durchgängig, von 144.000 (1961) auf 450.000 (1973), erst 1975 erreichte ihre Zahl bedingt durch die Folgen der weltweiten Ölkrise den vorläufig niedrigsten Wert (292.000). Seitdem hat sich die italienische Gemeinschaft in Deutschland zwischen 500.000 und 600.000 Menschen stabilisiert (Herbert 2001: 198f.)

Die politischen und ökonomischen bilateralen Beziehungen im Vorfeld der Unterzeichnung des deutsch-jugoslawischen Anwerbevertrages von 1968

Die deutsch-jugoslawischen Beziehungen waren zunächst von den aus dem Zweiten Weltkrieg hervorgegangenen Feindbildern stark belastet. Doch bereits im Jahr 1948 ermöglichte der Bruch Titos mit Stalin eine

---

[17] Regolamento n. 15/61/CEE, 16. August 1961, in: Gazzetta Ufficiale, n. 57, 26. August 1961; Regolamento n. 38/64/CEE del 25. März 1964, in: Gazzetta Ufficiale n. 62, 17. April 1964; Regolamento n. 1612/68/CEE, 15. Oktober 1968, in: Gazzetta Ufficiale, n. 257, 19. Oktober 1968.

[18] Amtliche Nachrichten der Bundesanstalt für Arbeit, Arbeitsstatistik 1973. Nürnberg 1974: 46.

politische Annäherung. Die jugoslawische Hinwendung zum Westen sowie die Unterstützung des jugoslawischen Alleingangs von Seiten der westeuropäischen Staaten und den USA führten auch zu einer schrittweisen Verbesserung der deutsch-jugoslawischen Beziehungen (Sundhaussen 1989: 134). Die bilaterale Kooperation zwischen der Bundesrepublik und Jugoslawien begann zunächst auf ökonomischer Ebene. Im Jahr 1956 bezogen deutsche Unternehmen den für die Produktion von Aluminium erforderlichen Rohstoff Bauxit zu 40 % aus jugoslawischen Minen (Anić de Osona 1990: 304). Andererseits waren für Jugoslawien die Importe sowie die großen Finanzhilfen der Bundesrepublik von besonderer Wichtigkeit für die beginnende Industrialisierung des Landes.

Auf politischer Ebene hingegen wurde im Jahr 1957 von der Bundesregierung gegen Jugoslawien die Hallstein-Doktrin, d. h. der Abbruch der diplomatischen Beziehungen mit Staaten, die die Deutsche Demokratische Republik anerkannten, angewandt. Für die kommenden elf Jahre herrschte daher eine politische Eiszeit zwischen den beiden Staaten. Trotzdem blieben die Handelsbeziehungen vital und die boomende bundesdeutsche Wirtschaft, die seit Beginn der 1960er Jahre einen zunehmenden Bedarf an ausländischen Arbeitskräften hatte, entwickelte auch eine Sogwirkung auf die Bevölkerung Jugoslawiens. Waren 1954 erst 1.801 Menschen aus Jugoslawien bei deutschen Arbeitsämtern registriert, so stieg ihre Zahl bis zum Jahr 1962 auf 23.608. (Baučić 1971/72: 27, Tab. II). Obwohl bis dahin Arbeitsmigration offiziell verboten war, wurde sie in Jugoslawien notgedrungen akzeptiert und jugoslawische Behörden stellten sogar Visa für Arbeitsuchende im Ausland aus (Baučić 1974: 195). Die Zahl der Jugoslawen in der Bundesrepublik Deutschland wuchs in den 1960er Jahren stetig. Die deutsche Zeitschrift *Der Arbeitgeber* erklärte den Anstieg folgendermaßen:

> Tatsächlich wird von den deutschen Betrieben, die Jugoslawen beschäftigen, bestätigt, dass die Jugoslawen besonders große Bereitschaft zeigen, sich im Betrieb einzugliedern, dass nahezu keine Anpassungsschwierigkeiten bestehen, die Jugoslawen fleißige und zum großen Teil qualifizierte Arbeitskräfte sind (Weber 1966: 651).

Als im Jahr 1968 der Anwerbevertrag unterzeichnet wurde, befanden sich bereits 148.400 jugoslawische Arbeitnehmer in der Bundesrepublik (Haberl 1978: 276, Tab.17). Bereits in den Jahren 1963, 1964 und 1965 hatten deutsch-jugoslawische Verhandlungen stattgefunden, in denen der Entwurf eines Abkommens über die Vermittlung und Beschäftigung jugoslawischer Arbeitnehmer in der Bundesrepublik erörtert worden war. Obwohl die jugoslawische Regierung bereits 1965 mit Frankreich begonnen hatte, die Arbeitsmigration mittels bilateraler Abkommen zu organisieren, hinderten die schlechten deutschjugoslawischen politischen Beziehungen, die von jugoslawischer Seite gewünschte Regelung und Kontrolle des Migrationsstroms in die Bundesrepublik. Zudem hatte die jugoslawische Regierung der steigenden Zahl an Arbeitsmigranten in die Bundesrepublik wegen der schlechten Wirtschaftslage nichts entgegenzusetzen und beklagte ihre fehlenden Einflussmöglichkeiten vor Ort.[19] Den Handlungsdruck der jugoslawischen Regierung erhöhten insbesondere die terroristischen Angriffe und anti-jugoslawischen Aktionen von politischen oppositionellen Gruppen kroatischer Exilanten innerhalb der Bundesrepublik.[20] Die jugoslawische Seite sah eine enge Verbindung zwischen den schlechten politischen Beziehungen zur Bundesrepublik und den Aktivitäten der radikalen Exilanten: Je schlechter die bilateralen Beziehungen desto intensiver die anti-jugoslawischen Aktionen innerhalb der jugoslawischen Migrantengemeinden der Bundesrepublik Deutschland.[21] Die Sorge um die nationale Entfremdung des jugoslawischen Arbeiters und die Gefahr ihrer politischen Mobilisierung durch radikale Exilanten ließ eine politische Präsenz des jugoslawischen Staates innerhalb der Migrantengemeinden in der Bundesrepublik umso dringlicher erscheinen.

Die jugoslawischen Vertreter drängten bei den deutschjugoslawischen außenwirtschaftlichen Verhandlungen immer wieder auf den Abschluss einer bilateralen Gastarbeiter-Vereinbarung, mit dem Argument, die faktische Benachteiligung der jugoslawischen Arbeiter gegenüber anderen ausländischen Arbeitern in der Bundesrepu-

---

[19] Archiv Jugoslawiens (AJ) 130/626/1034: Državni sekretarijat za inostrane poslove Saveznom Izvršnom Veću, br. 423534, Beograd, 04.06.1964, Bl. 1-2.
[20] Schüsse in Stuttgart, in: Die Zeit, 09.09.1966, Nr. 37, S. 13.
[21] AJ 130/626: Državni sekretarijat za inostrane poslove, II uprava, broj 418385; Informacija o poseti Jugoslaviji vice-kancelera i ministra spoljnih poslova SR Nemačke Willy Brandta, od 12. do 14. VI 1968, Beograd, 29.05.1968, Bl. 9.

blik Deutschland endlich zu beseitigen. Im Gegensatz zur positiven Einstellung der deutschen Arbeitgeber, waren die bundesdeutschen amtlichen Stellen, die Ausländerpolizei und der Verfassungsschutz gegenüber der Arbeiteranwerbung aus einem sozialistischen Staat skeptisch eingestellt (Weber 1966: 652). Der Historiker Ulrich Herbert hebt für die 1960er Jahre hervor, dass westdeutsche Behörden „außerordentliche Befürchtungen vor einem Import des Kommunismus in Gestalt kommunistischer Arbeiter" (Herbert 2001: 214) hegten und Karen Schönwälder beschreibt eine „panische Kommunistenangst" der Bundesregierung, die sich auch in der Ausländerpolitik in der Mitte der 1960er Jahre offenbarte (Schönwälder 2001: 281). Schließlich gab die neue Regierung der Großen Koalition und Ernennung Willy Brandts zum Bundesaußenminister und Vize-Kanzler im Dezember 1966 dem bilateralen Verhältnis zu Jugoslawien sowie der Klärung der noch offenen jugoslawischen Gastarbeiterfrage im Rahmen der Ostpolitik neue Impulse. Der vollzogene Abbruch der diplomatischen Beziehungen sowie die von bundesdeutscher Seite nicht erfüllbaren Entschädigungszahlungen für die jugoslawischen Opfer des Zweiten Weltkrieges behinderten zunächst die angestrebte Entspannungspolitik. Willy Brandt schlug daher Bundeskanzler Kiesinger im März 1967 ein Beamtengespräch in Belgrad vor, um zu klären, was unmittelbar geschehen könne, um die Beziehungen zwischen den beiden Staaten zu verbessern, und führte u. a. die Wiederaufnahme der Gespräche über ein Gastarbeiter- und Sozialversicherungsabkommen an.[22] Der deutsche Botschafter Emmel in Belgrad drängte in seinem Bericht auf eine schnelle Klärung der Gastarbeiter-Frage:

In der umfangreichen fernschriftlichen Berichterstattung aus Belgrad habe ich ständig darauf hingewiesen, dass bereits die kurzfristige, vor allem aber auch die längerfristige Entwicklung unseres Verhältnisses zu Jugoslawien entscheidend bestimmt wird durch den möglichst baldigen Beginn dieser Gastarbeiter-Verhandlungen. Wenn dies nicht geschieht, wird die derzeitige jugoslawische Einstellung uns gegenüber schlagartig und erheblich einem neuerlichen Tiefpunkt entgegengeführt werden, ein Zustand, der bei späteren Wirtschaftsver-

---

[22] Akten zur Auswärtigen Politik der Bundesrepublik Deutschland (AAPBRD), Jhg. 1967, Bd. I, Dok. 88, Bundesminister Brandt an Bundeskanzler Kiesinger, 6. März 1967, S. 412f.

handlungen durch die Gewährung aller noch verbleibenden Konzessionen nicht wieder auf den derzeitigen Stand zurückgebracht werden könnte.[23]

Trotz der widrigen wirtschaftlichen Umstände schien die Gastarbeiterthematik der zunächst einzige Berührungspunkt für eine Annäherung mit Jugoslawien zu sein. So schrieb Willy Brand noch am 21. April 1967 dem Bundesminister für Arbeit und Sozialordnung, Hans Katzer:

> Wie Sie wissen, ist die Bundesregierung im Rahmen ihrer Ostpolitik bemüht, auch das Verhältnis zu Jugoslawien zu verbessern. Die Fortsetzung der (bereits mehrfach unterbrochenen) deutsch-jugoslawischen Verhandlungen über ein Anwerbe- und ein Sozialversicherungsabkommen für jugoslawische Arbeiter in Deutschland bietet eine Gelegenheit, diesem Ziel einen Schritt näherzukommen. Die jugoslawische Regierung hat wiederholt zum Ausdruck gebracht, dass sie besonderen Wert auf eine möglichst baldige Wiederaufnahme dieser Verhandlungen legt. Ich würde es deshalb unter außenpolitischen Gesichtspunkten für gut halten, wenn wir dem Wunsch der Jugoslawen möglichst bald entsprechen könnten. Dabei verkenne ich nicht, dass bei der gegenwärtigen Arbeitsmarktlage und im Hinblick auf die anderen Länder, mit denen bereits Anwerbeabkommen geschlossen sind, gewisse Bedenken bestehen, die deutsch-jugoslawischen Verhandlungen gerade jetzt wieder aufzunehmen. Trotzdem glaube ich, dass die für eine Fortsetzung der Verhandlungen sprechenden außenpolitischen Gründe den Vorrang haben sollten.[24]

Bundesarbeitsminister Katzer lehnte jedoch einen Anwerbevertrag mit Jugoslawien bei der schwierigen Arbeitsmarktlage gänzlich ab. Katzer rechtfertigte im Kabinett seine kritische Haltung damit, dass die Zahl der in der Bundesrepublik beschäftigten Jugoslawen auch ohne Anwerbevereinbarung ständig gestiegen sei und mit dem Abschluss eines Anwerbevertrages „können nicht nur – wie bisher – Fachkräfte, sondern auch Hilfsarbeiter angeworben werden".[25] Auch warnte er vor einer Verstimmung der übrigen Anwerbeländer, vor allem der italienischen Regierung, die in dem Abschluss einer deutsch-jugoslawischen Vereinbarung einen Verstoß gegen die von ihr mit

---

[23] AAPBRD Jhg. 1967, Bd. II, Dok. 156, Aufzeichnung des Botschafters Emmel, Bericht über die deutsch-jugoslawischen Wirtschaftsverhandlungen vom 24. bis 29. April 1967 in Belgrad, S. 702f.
[24] BA Ko B 149/6241, Der Bundesminister des Auswärtigen an den Bundesminister für Arbeit und Sozialordnung Herrn Hans Katzer, Bonn, 21.04.1967, Bl. 1.
[25] BA Ko B 149/6241, Der Bundesminister für Arbeit und Sozialordnung an den Chef des Bundeskanzleramtes, Bonn, 09.06.1967, Bl. 2.

Nachdruck vertretene Rechtsauffassung sehen würde, dass der EWG-Arbeitsmarkt einen Vorrang gegenüber Drittstaaten genieße.[26] Dennoch trug die außenpolitische Annäherung Früchte und im Januar 1968 wurden zunächst die diplomatischen Beziehungen zwischen der Bundesrepublik und Jugoslawien wieder hergestellt. Als sich die Situation auf dem bundesdeutschen Arbeitsmarkt im selben Jahr entspannte, wurden im März 1968 die deutsch-jugoslawischen Gastarbeiterverhandlungen offiziell wieder aufgenommen. Der Beschluss des Bundes-Kabinetts am 31. Juli 1968, auch männliche jugoslawische Hilfskräfte in die Anwerbevereinbarung mit einzubeziehen,[27] läutete die finale Phase der deutsch-jugoslawischen Anwerbegespräche ein. Die im März noch offen gebliebenen Fragen wurden schließlich bei den nachfolgenden Verhandlungen vom 7. bis 12. Oktober 1968 einvernehmlich geklärt.

Die jugoslawische Seite verzichtete auf die Entsendung eines eigenen Betreuungsdienstes, bekam jedoch das Recht, von Zeit zu Zeit Beauftragte nach Deutschland zu entsenden. Um die jugoslawischen Arbeitnehmer in Deutschland angemessen zu betreuen, wurde eine Ausweitung des jugoslawischen Konsulardienstes vereinbart. Ferner wurde entschieden, dass die deutsche Bundesanstalt für Arbeit die Kosten für ihr in Jugoslawien tätiges Personal, für die Räume und Einrichtungsgegenstände selbst trägt. Auch die vollständigen Kosten der Sonderzugreisen der jugoslawischen Arbeitnehmer in die Bundesrepublik einschließlich der Reiseverpflegung wurden von deutscher Seite übernommen. Zudem wurde den jugoslawischen Arbeitnehmern in der Bundesrepublik das volle Kindergeld zugestanden – allerdings mit der Einschränkung, dass die Kindergeldregelung des Abkommens automatisch außer Kraft tritt, wenn zwei der bestehenden Abkommen im Sinne einer Einschränkung geändert werden.[28] Des Weiteren wurde ein Abkommen über eine Arbeitslosenversicherung abgeschlossen.

---

[26] Ebd., Bl. 2f.
[27] BA Ko B 149/22399, Abteilung II, IIa5 – 2430.6 – 208/68, Deutsch-jugoslawische Verhandlungen über den Abschluss einer Anwerbevereinbarung, eines Abkommens über soziale Sicherheit einschließlich des Kindergeldes und eines Abkommens über Arbeitslosenversicherung, Bonn, 18.10.1968.
[28] Ebd.

In Jugoslawien oblag die Weiterleitung der Vermittlungsaufträge an die Arbeitsämter der jugoslawischen Republiken dem „Bundesbüro für Beschäftigungsangelegenheiten". Die Auswahl der Arbeitsmigranten erledigte, so wie in Italien auch, eine Deutsche Kommission. Im Gegensatz zu Italien konnte jedoch keine zentrale Abwicklung der Anwerbung und Vermittlung von jugoslawischen Arbeitsmigranten stattfinden, weil alle Fragen des Arbeitsmarktes gemäß dem föderalistischen Prinzip in der Kompetenz der jugoslawischen Teilrepubliken lagen.

Die Migration der jugoslawischen Arbeitsuchenden entwickelte sich, begünstigt durch den Abschluss des deutsch-jugoslawischen Gastarbeitervertrages, zu einer Massenbewegung. Die Bundesrepublik Deutschland hatte im Jahr 1971 mit 66,1 % den weltweit größten Anteil der jugoslawischen Gastarbeiter angeworben (Baučić 1972: 1, Tab.1).[29] Die Auswanderungswelle der Arbeitsmigranten aus Jugoslawien erfasste über eine Million Menschen, davon waren etwa 860.000 Arbeitskräfte und 250.000 Familienangehörige (Schierup 1990: 100). Überrepräsentiert waren junge Menschen aus dem Agrarsektor, da hier die Arbeitslosigkeit am größten war, während Personen mit Gymnasial- oder Universitätsabschluss seltener abwanderten (Künne 1979: 136f.; 161f.). Das niedrige Lohnniveau in Jugoslawien veranlasste indes auch viele qualifizierte Arbeiter zur Auswanderung. Aus den statistischen Erhebungen der jugoslawischen Volkszählung von 1971 geht hervor, dass 45,6 % der Arbeitsmigranten qualifizierte Arbeitskräfte waren (Schierup 1990: 108).

Die von der jugoslawischen Regierung erwarteten positiven wirtschaftlichen Effekte stellten sich für den jugoslawischen Staat rasch ein. Die Maximierung der Arbeitsmigration führte zu einer immensen Entlastung des jugoslawischen Arbeitsmarktes. Außerdem stiegen die Geldüberweisungen der Arbeitsmigranten im Zeitraum von 1968 bis 1976 im Jahresdurchschnitt um 36 % und übertrafen bald die Deviseneinnahmen aus dem Tourismus – im Jahr 1976 um das doppelte (Künne 1979: 183ff.) Die Rücküberweisungen der Arbeitsmigranten entwickelten sich zu einer wichtigen Devisenquelle für die Finanzie-

---

[29] Zum Vergleich: Österreich (13,6 %), Frankreich (8,6 %), Schweiz (4,1 %), Schweden (3,3 %), Italien (1,0 %), Niederlande (1,0 %).

rung des permanent defizitären Handels mit dem Ausland. Insbesondere der Außenhandel mit dem wichtigsten Wirtschaftspartner, der Bundesrepublik Deutschland, profitierte von den Geldrückflüssen der Arbeitsmigranten. Auf den wirtschaftlichen Vorteil der Devisenzufuhr durch Gastarbeiterüberweisungen für die Bundesrepublik hat der Bundesminister des Auswärtigen bereits in der Kabinettsvorlage vom 5. Juni 1967 hingewiesen:

> Wer aber exportieren will, sollte dem Einfuhrland Möglichkeiten geben, die Importe auch zu bezahlen [...]. Unter außenwirtschaftlichen Gesichtspunkten sollte daher für die Jugoslawen die Möglichkeit bestehen, im Wirtschaftsverkehr mit uns mit den ihnen zu Gebote stehenden Mitteln, d. h. neben der Warenausfuhr auch durch die Abgabe von Arbeitskräften an uns, mitzuhalten.[30]

Dienten zu Beginn die Verhandlungen über einen deutsch-jugoslawischen Arbeitskräftetransfer der politischen Annäherung der Bundesrepublik Deutschland und Jugoslawien, so stabilisierten im weiteren Verlauf des Arbeitsmigrationsprozesses die Rücküberweisungen der jugoslawischen Gastarbeiter in ihr Herkunftsland den außenwirtschaftlichen Handel beider Staaten.

Besonderheiten und Unterschiede zwischen der deutsch-italienischen und der deutsch-jugoslawischen Anwerbe- und Entsendepolitik

War die Entsendepolitik Italiens und Jugoslawiens ebenso wie die bundesdeutsche Anwerbepolitik zu einem guten Teil Wirtschafts- und Arbeitsmarktpolitik, so spielten auch außen-politische Gesichtspunkte in den interessenorientierten Entscheidungsprozessen eine wichtige Rolle. Das deutsch-italienische Abkommen wurde im Jahr 1955 im Sinne einer „präventiven" Beschäftigungspolitik zweier künftiger EWG-Partner geschlossen, als die Bundesrepublik noch keinen dringenden Bedarf an zusätzlichen Arbeitskräften hatte. Auch im Fall der

---

[30] BA Ko B 149/6241, Der Bundesminister des Auswärtigen an den Herrn Chef des Bundeskanzleramtes, Anlage zur Kabinettssache des Auswärtigen Amtes vom 5. Juni 1967, Betr.: Fortsetzung der Verhandlungen über eine Anwerbevereinbarung und ein Sozialversicherungsabkommen mit Jugoslawien, Bonn, 05.06.1967, Bl. 4.

Neue Arbeit, neue Heimat? 233

Gastarbeiter-Anwerbung aus Jugoslawien trugen bundesdeutsche außenpolitische Interessen zum Abschluss des Abkommens bei. Nachdem 1965 die deutsch-jugoslawischen Anwerbegespräche abgebrochen worden waren, kam es 1967 erneut zu Gesprächen mit jugoslawischen Vertretern über eine mögliche Wiederaufnahme, obwohl sich die Wirtschaft der Bundesrepublik noch in einer Rezession befand. Die Initialzündung gab Brandts Ostpolitik, die mit einer Wiederaufnahme der Anwerbeverhandlungen nach einer politischen Annäherung an das sozialistische und blockfreie Jugoslawien strebte.

Während die italienische Arbeitsmigration zunächst staatlich geregelt und kontrolliert war, entwickelte sie sich in den 1960er Jahren hin zur Freizügigkeit der Arbeiter im Rahmen der EWG. Die jugoslawische Arbeitsmigration wurde hingegen in den 1950er Jahren noch als „systemfremde" Entwicklung in die Illegalität gedrängt, bis sie im folgenden Jahrzehnt nach und nach als Methode zur Reduzierung der Arbeitslosigkeit in Jugoslawien erkannt und fortan staatlich gefördert wurde. Wo sich der italienische Staat aus der Lenkung und Kontrolle des Arbeitsmigrationsflusses immer mehr zurückzog, verlangte der jugoslawische Staat nach weitestgehender Kontrolle aufgrund der Anwesenheit politischer Exilanten im Umfeld der jugoslawischen Arbeitsmigranten, der wirtschaftlichen Abhängigkeit von Devisenüberweisungen und nicht zuletzt wegen der ideologischen Verpflichtung für den im Ausland lebenden Teil der jugoslawischen Arbeiterklasse Sorge zu tragen.

Trotz des Anwerbestopps 1973 zeichnete sich ab, dass der Arbeitsaufenthalt von Arbeitskräften aus Italien und Jugoslawien in die Bundesrepublik Deutschland zu einem Dauerzustand wurde. Seit Mitte der 1970er Jahre waren die italienischen und jugoslawischen Migrationsflüsse vornehmlich charakterisiert durch Familiennachzug und die Tendenz zum dauerhaften Verbleib in Deutschland. Wurde Deutschland somit für die Arbeitsmigranten zur zweiten „Heimat"? Alle beteiligten Regierungen – sowohl die der Entsenderländer Italiens und Jugoslawiens als auch die Regierung des Anwerbelandes Deutschland – hielten in ihrer politischen Rhetorik über Jahrzehnte an dem Prinzip der „Zeitweiligkeit" des Arbeitsaufenthaltes der Gastarbeiter fest. Die Bedeutung dieser nationalstaatlichen Arbeitsmigrationspolitiken für die Konstruktionen von „Heimat" und „Identitäten" der Arbeitsmigranten, sowie ihre Beziehungen zum Herkunftsland und Aufnahmeland gilt es zukünftig in einem komparativen Projekt „Die Arbeitsmigration aus Italien und Jugoslawien in die Bundesrepublik Deutschland" zu untersuchen.

Literaturverzeichnis

Accordo fra il Governo della Repubblica Italiana e il Governo della Repubblica Federale di Germania per il reclutamento ed il collocamento della manodopera italiana nella Repubblica Federale di Germania, in: Gazzetta Ufficiale della Repubblica Italiana, n. 205/17, 1956, 3003-3018.

Amtliche Nachrichten der Bundesanstalt für Arbeit, Arbeitsstatistik 1973. Nürnberg 1974.

Anić de Osona, Marija: Die erste Anerkennung der DDR. Der Bruch der deutschjugoslawischen Beziehungen 1957. Baden-Baden 1990.

Bade, Klaus J.: Europa in Bewegung. Migration vom späten 18. Jahrhundert bis zur Gegenwart. München 2000.

Baučić, Ivo (1971/72): Socialno-ekonomske posljedice vanjskih migracija radne snage iz Jugoslavije, in: Geografski glasnik 33-34, 1971/72, 25-59.

Baučić, Ivo: The effects of emigration from Yugoslavia and the problems of returning emigrant workers, The Hague 1972.

Baučić, Ivo: Die Auswirkungen der Arbeitskräftewanderung in Jugoslawien, in: Lohrmann, Reinhard / Manfrass, Klaus (Hg.): Ausländerbeschäftigung und internationale Politik. Zur Analyse transnationaler Sozialprozesse. München 1974, 171-206.

Bundesamt für Migration und Flüchtlinge (Hg.): Ausländerzahlen. Nürnberg 2007.

Colucci, Michele: Lavoro in movimento, l'emigrazione italiana in Europa 1945-57. Rom 2008.

De Clementi, Andreina: „Curare il mal di testa con le decapitazioni". L'emigrazione italiana nel secondo dopoguerra. I primi dieci anni, in: <<'900>> 8-9, 2003, 11-27.

Favero, Luigi / Tassello, Graziano: Cent'anni di emigrazione italiana (1876-1976), in: Rosoli, Gianfausto (Hg.): Un secolo di emigrazione italiana: 1876-1976. Rom 1978, 9-96.

Graziani, Augusto: Lo sviluppo dell'economia italiana. Dalla ricostruzione alla moneta europea. Turin 2000.

Haberl, Othmar Nikola: Die Abwanderung von Arbeitskräften aus Jugoslawien. Zur Problematik ihrer Auslandsbeschäftigung und Rückführung. München 1978.

Herbert, Ulrich: Geschichte der Arbeitspolitik in Deutschland. Saisonarbeiter, Zwangsarbeiter, Gastarbeiter, Flüchtlinge. München 2001.

Heršak, Emil: Leksikon migracijskoga i etničkoga nazivlja, Institut za Migracije i Narodnosti. Zagreb 1998.

Künne, Wilfried: Die Außenwanderung jugoslawischer Arbeitskräfte. Ein Beitrag zur Analyse internationaler Arbeitskräftewanderungen. Königstein 1979.

Maier, Charles S.: „Voi Europei". Concetti regionali e ruoli nazionali nel quadro del piano Marshall, in: Aga Rossi, Elena (Hg.): Il piano Marshall e l'Europa. Rom 1983, 39-58.

Marković, Predrag: Verloren in der Transmigration? Der Einfluss der serbischen ‚Gastarbeiter' auf das Alltagsleben in Serbien, in: Roth, Klaus (Hg.): Arbeitswelt – Lebenswelt. Münster 2006, 239-256.

Mesić, Milan: Vanjske migracije i društveni razvitak. Zagreb 1991.

Niedermüller, Peter: Arbeit, Identität, Klasse. Der Sozialismus als Lebensentwurf, in: Roth, Klaus (Hg.): Arbeit im Sozialismus – Arbeit im Postsozialismus. Forost Arbeitspapier, Nr. 20, München 2004, 19-31.

Pugliese, Enrico: In Germania, in: Bevilacqua, Piero (Hg.): Storia dell'emigrazione italiana. Band II. Rom 2002, 121-132.

Romero, Federico: L'emigrazione operaia in Europa (1948-1973), in: Bevilacqua, Piero (Hg.): Storia dell'emigrazione italiana. Band I. Rom 2001, 397-414.

Schönwälder, Karen: Einwanderung und ethnische Pluralität. Politische Entscheidungen und öffentliche Debatten in Großbritannien und der Bundesrepublik von den 1950er bis zu den 1970er Jahren. Essen 2001.

Schierup, Carl-Ulrik: Migration, Socialism, International Division of Labour. Aldershot 1990.

Statistisches Bundesamt (Hg.): Bevölkerung und Erwerbstätigkeit. Wiesbaden 2007.

Steinert, Johannes-Dieter: L'accordo di emigrazione italo-tedesco e il reclutamento di manodopera italiana negli anni cinquanta, in: Petersen, Jens (Hg.): L'emigrazione tra Italia e Germania. Manduria-Bari-Roma 1993, 139-167.

Steinert, Johannes-Dieter: Migration und Politik. Westdeutschland – Europa – Übersee 1945-1961. Osnabrück 1995.

Sundhaussen, Holm: Jugoslawisch-deutsche Beziehungen zwischen Normalisierung, Bruch und erneuter Normalisierung, in: Haberl, Othmar Nikola / Hecker, Hans (Hg.): Unfertige Nachbarschaften. Die Staaten Osteuropas und die Bundesrepublik Deutschland. Essen 1989, 133-151.

Tanić, Živan: Ekonomska emigracija: klasno određenje i svest, in: Sociologija 14/3, 1972, 441-457.

Tosi, Luciano: La tutela internazionale dell'emigrazione, in: Bevilacqua, Piero (Hg.): Storia dell'emigrazione italiana. Band II. Rom 2002, 439-456.

Weber, Rolf: Problematische Jugoslawen, in: Der Arbeitgeber 21, 1966, 651-652.

Ann-Birte Krüger

Sprache und Identität – eine Untersuchung am Beispiel von Kindern mit Migrationshintergrund

Mehrsprachigkeit ist für viele Menschen zu einer selbstverständlichen Praxis des täglichen Lebens geworden und spiegelt sich auf verschiedenen Ebenen im familiären und öffentlichen Leben wider. Für mehrere westeuropäische Großstädte konnte im Rahmen des Multilingual City Project nachgewiesen werden, wie Sprachenvielfalt auch den Schulalltag bestimmt. Studien u. a. über Hamburg (Gogolin 2004) und Lyon (Akinci / De Ruiter / Sanagistin 2004) haben offenbart, dass mehr als hundert verschiedene Sprachen von Seiten der Schülerschaft vertreten waren. Häufig handelt es sich dabei um Sprachen, die sich aus dem Migrationshintergrund der Schüler ergeben. Welchen Platz nehmen jedoch diese Sprachen, die neben der Schulsprache von den Schülern beherrscht werden, tatsächlich im Leben der Kinder und Jugendlichen ein und inwiefern bestimmen sie deren identitäre Selbstzuschreibungen? Diese Fragen stellen sich insbesondere dann, wenn es sich um Kinder handelt, die bereits in dem Land, in dem sie zur Schule gehen, geboren sind. In der folgenden Darstellung soll dies am Beispiel der Kinder türkischer Herkunft in einem deutsch-französischen Grenzgebiet erörtert werden. Die Untersuchung gliedert sich in drei Teile: Zunächst werden Untersuchungsergebnisse über die Rolle der türkischen Sprache bei Migranten türkischer Herkunft in Deutschland und Frankreich vorgestellt. Im Anschluss wird der Begriff Identität in seiner Wechselbeziehung zu Sprachbiografie und Sprachgebrauch diskutiert. Darauf aufbauend werden im dritten und zentralen Teil der vorliegenden Studie die Ergebnisse einer empirischen Diskursanalyse dargestellt, welche sich auf Interviews stützen, die mit Kindern türkischer Herkunft im Elsass (Frankreich) und Baden (Deutschland) durchgeführt wurden und in deren Mittelpunkt die Sprachen standen, mit denen die Kinder in Kontakt sind, sowie Fragen, die die kulturelle(n) Identität(en) der Interviewpartner betreffen.

Türken und Türkisch in Deutschland und Frankreich

Türken stellen in Deutschland den größten Anteil an der ausländischen Bevölkerung (Fischer Weltalmanach 2007: 145) und gleichzeitig sind sie auch die Migrantengruppe, die im Straßenbild am sichtbarsten ist. Türkische Geschäfte, Reiseagenturen, Restaurants, aber auch Ärzte, Rechtsanwälte etc. machen es in manchen Stadtteilen möglich, ausschließlich mit Türken und auf Türkisch zu verkehren. Frankreich hat nach Deutschland die größte Zahl an türkischen Einwohnern (de Tapia 2003: 2). Ihre Anzahl unter den Ausländern in Frankreich hat nach den neuesten Angaben des INSEE[1] mit am stärksten zugenommen (INSEE 2006: 1). Sie bilden heute die viertgrößte ausländische Gruppe in Frankreich (Régnard 2006: 125), die sich in erster Linie auf die Regionen Paris, Ile de France, Elsass, Lothringen und Rhône-Alpes konzentriert (Yagmur / Akinci 2003: 110).

Kinder türkischer Herkunft leben oft bis zum Kindergarten oder spätestens bis zur Einschulung in einer rein türkischen Umgebung, die sie ähnliche Kompetenzen wie Einsprachige erwerben lässt. Bis zum Alter von 4 Jahren entwickeln Kinder türkischer Herkunft eine Sprachkompetenz im Türkischen, die sich von Monolingualen nicht unterscheidet. Die Sprachdominanz ändert sich mit dem Schulbesuch und springt etwa während des 8. Lebensjahrs auf die Landessprache um, dies haben Studien, die unabhängig voneinander durchgeführt wurden, für Kinder türkischer Herkunft in verschiedenen Ländern gezeigt (Pfaff 1993; Backus 2004). Die Sprachtreue zur Erstsprache bleibt auch später nachweislich stark ausgeprägt. Damit unterscheiden sich Türken wie auch andere moderne Arbeitsmigranten von der Theorie, die u. a. von Fishman für Migranten in den USA entwickelt wurde (Fishman 1975: 105-108), der zufolge nach drei Generationen ein Sprachverlust der Herkunftssprache eintritt. Akinci spricht von einer hohen Sprachvitalität für das Türkische in der Migration in Frankreich, die auf mehrere Faktoren wie Wohnsituation, innergruppale Kontakte und Heiraten, das breite Angebot an türkischen Medien, türkischen Vereinen und kulturellen Einrichtungen zurückgeführt wird (Akinci 2003: 132-142). Im Unterschied zu Monolingualen entwi-

---

[1] Nationales Institut für Statistik und Wirtschaftsplanung.

ckeln Zweisprachige und damit also auch Kinder türkischer Herkunft eine Code-switching-Fertigkeit. Sie schlägt sich in der Entwicklung von einer Mischsprache nieder, die neben Türkisch und der Schulsprache auch Einsprengsel aus anderen Migrantensprachen aufzeigen kann, genauso wie Kinder und Jugendliche nichttürkischer Herkunft türkische Einsprengsel in ihre Sprache oder ins Deutsche übernehmen können (Auer / Dirim 2003).

Ein Erklärungsansatz für die soeben beschriebenen sprachlichen Entwicklungen bildet ein noch relativ neues Migrationsphänomen, das unter dem Begriff Transmigration insbesondere in der deutschsprachigen Wissenschaft seinen Einzug fand (Pries 1997). Nicht nur in Deutschland, Frankreich oder Westeuropa sondern auch im globalen Rahmen beschreibt es ein ständiges Hin und Her bzw. einen ständigen Austausch von Menschen wie auch von Gütern und Dienstleistungen zwischen Emigrations- und Immigrationsstaaten, wobei diese Begriffe nur noch bedingt auf alle Länder anzuwenden sind, da viele Länder heute sowohl das eine als auch das andere sind – so auch die Türkei. Transmigration trifft damit auf die lebensweltliche Situation türkischer Migranten ebenso wie auf Migranten anderer Herkunft in Deutschland und Frankreich zu. Als eine Folge des Transmigrationsprozesses stellt sich in den Einwanderungsländern die aktuelle Lebenspraxis mehrsprachig dar (Gogolin 2002: 12f.).[2]

Dass es sich bei Migranten aufgrund der Migrationshintergründe in der Regel um mehrsprachige Sprecher handelt, muss nicht näher ausgeführt werden, stattdessen sollen einige Merkmale der Zwei- bzw. Mehrsprachigkeit durch Migration unterstrichen werden, die damit auch kennzeichnend für die sprachliche Situation türkischer Einwanderer sind. In Anlehnung an Lüdi und Py (2003) kann Bilingualismus entsprechend der Natur der Sprachen, der Sprachkompetenz des Sprechers, des Spracherwerbs, der Sprachnutzung sowie des Alters beim Zweitsprachenerwerb verschiedene Formen annehmen. Bei der Natur der Sprachen muss in diesem Zusammenhang darauf hingewiesen werden, dass Migrantensprachen sich in der Regel durch einen niedrigen sozialen Status in der Aufnahmegesellschaft auszeichnen. In der

---

[2] Inwiefern das auch auf Auswanderungsländer zutrifft, ist bisher noch nicht weiter untersucht worden.

Migration können Dialekte und Standardvarietäten gemischt und neue Varietäten entwickelt werden. Die Sprachkompetenzen und die Sprachnutzung variieren häufig zwischen den verschiedenen Einwanderergenerationen (Backus 2004: 717). Bei Bilingualismus durch Migration handelt es sich meist um individuelle Mehrsprachigkeit, die im kindlichen Alter sukzessiv oder seltener simultan erworben wird bzw. bei der ersten Einwanderergeneration im Erwachsenenalter oft ungesteuert erlernt wird. Eine schulische Unterstützung für einen gesteuerten Spracherwerb der Migrantensprache ist nur bedingt gewährleistet (Extra 2001; Gogolin / Reich 2001; Krüger 2007).

Aus den vorangehenden Beschreibungen zur Stellung der türkischen Sprache in der Migration in Deutschland und in Frankreich ergibt sich folgende Fragestellung: Welche Auswirkungen haben die starke Stellung des Türkischen in der Migration und die mehrsprachige Realität auf identitäre Zuschreibungen von Türken bzw. Menschen türkischer Herkunft, die in Deutschland oder Frankreich leben?

Identität und Sprache

Um zunächst näher zu definieren, wie der Begriff Identität im weiteren Verlauf der Untersuchung verstanden wird, soll insbesondere auf Arbeiten der französischsprachigen Sozialpsychologie von Ruano-Borbalan (1998), Lipiansky (1998) und Camilleri (1998) verwiesen werden, die folgende Aspekte herausgearbeitet haben:
- Identität ist *dynamisch*, sie entsteht in sukzessiven Schritten in einem Prozess, der nie abgeschlossen ist.
- Identität ist *interaktiv*: „Qui suis-je par rapport aux autres, que sont les autres par rapport à moi?"[3] (Lipiansky 1998: 26).
- Identität ist *kollektiv*, sie bildet und verändert sich im Austausch mit anderen: „Il n'est rien de plus collectif que l'indentité personnelle."[4] (Camilleri 1998: 253).
- Identität ist *individuell*, sie entsteht aus dem individuell Erlebten.

---

[3] Wer bin ich im Verhältnis zu den anderen, wer sind die anderen im Verhältnis zu mir.
[4] Nichts ist kollektiver als die persönliche Identität.

- Identität wird durch *Identitätsstrategien* bewahrt, verteidigt und verändert (Ruano-Borbalan 1998: 7).

Im Zusammenhang mit Migration und Integration wird auch über kulturelle Identität gesprochen. Sprache wird in der Sozialpsychologie als ein Teil und mögliches Ausdrucksmittel dieser kulturellen Identität betrachtet. Untersuchungen, die sich der Sprache als eines Ausdrucksmittels von Identität bedienen, interessieren sich sowohl dafür, wie etwas gesagt wird und damit z. B. für die Sprachwahl, als auch für das, was gesagt wird, d. h. den Inhalt einer Äußerung. Dabei können die oben aufgezeigten Charakteristika in sprachlicher Hinsicht zum Ausdruck kommen. So rufen z. B. interkulturelle Kontakte in Gesellschaften und Familien identitäre Strategien beim einzelnen Individuum hervor, die in der Sprachwahl ihren Ausdruck finden können. Diese Wahl kann u. a. aufgrund des gesellschaftlichen Status einer Sprache getroffen werden. Lüdi und Py zitieren Migranten, die ihre Herkunftssprache nicht in der Öffentlichkeit benutzen wollen und kommentieren, dass jemand, der versuche seine Identität zu verstecken, es kaum aus Stolz auf diese Identität mache (Lüdi / Py 2003: 86). Dagegen sind multikulturelle Musikbands oder Schriftsteller, die ganz bewusst Mehrsprachigkeit in ihren Texten praktizieren, ein Beispiel dafür, wie monolinguale Strukturen der westeuropäischen Gesellschaften durchbrochen werden (Billiez 1998). Eine Reduzierung der identitären Situation von Migranten auf die häufig vereinfachte Interpretation „zwischen zwei Stühlen zu sitzen", soll in der folgenden Darstellung, die Kinder mit Migrationshintergrund selbst zu Wort kommen lässt, aufgebrochen werden. Nachdem zumindest ansatzweise gezeigt werden konnte, wie Sprache und Identität eng miteinander verknüpft sind, soll anhand von einer Interviewanalyse hinterfragt werden, welche Identitäten Kinder türkischer Herkunft, die in Deutschland oder Frankreich geboren sind, sich selber zuschreiben und inwiefern diese mit Sprache in Verbindung stehen bzw. inwiefern der Sprachgebrauch und die Sprachbiografie Rückschlüsse auf identitäre Strategien zulässt.

Sprachbiografie und Sprachgebrauch von Kindern türkischer Herkunft im Vergleich

Die folgende Analyse stützt sich auf 20 Interviews, die von Mai bis November 2006 in insgesamt sieben Grundschulen in Baden und im Elsass durchgeführt wurden. Interviewpartner waren 9- bis 12-jährige Schüler aus der letzten Grundschulklasse. Ihnen ist gemein, dass beide Elternteile noch in der Türkei geboren sind, wogegen sie selber in Deutschland bzw. Frankreich zur Welt kamen und dort bisher auch gelebt haben. Außerdem nehmen alle Interviewpartner am muttersprachlichen Unterricht teil, der auf freiwilliger Basis in der Schule angeboten wird und ein bis zwei Wochenstunden umfasst.[5] Es handelt sich um teilstandardisierte Einzelinterviews von ca. 40 bis 55 Minuten, die in der Schule stattfanden und aufgezeichnet wurden, so dass sie im weiteren Untersuchungsverlauf für die Auswertung transkribiert werden konnten.

Für die vorliegende Analyse wurde eine qualitativ vergleichende Diskurs-Analyse der Sprach-Repräsentationen[6] herangezogen, die sich weitestgehend darauf beschränkt, was von den Interviewpartnern über Sprache und identitäre Selbstzuschreibungen gesagt bzw. nicht gesagt wird. Es sollen in erster Linie gemeinsame Tendenzen der gesamten Untersuchungsgruppe bzw. von Untergruppen, die sich herausbilden können, herausgearbeitet werden. Im Mittelpunkt der Darstellung stehen in einem ersten Schritt Aspekte der Sprachbiografie und Sprachnutzung und davon ausgehend in einem zweiten Teil identitäre Aspekte, die aus dem Diskurs hervorgehen.

Zunächst soll ein Überblick über die Sprachbiografie und die aktuelle Sprachnutzung der Interviewpartner im Hinblick auf Türkisch und die Schulsprache gegeben werden. Auf diese Weise kann ein Bezug

---

[5] Dieser Unterricht wird in Baden vom türkischen Generalkonsulat ausgerichtet und im Elsass gemeinsam vom türkischen Generalkonsulat und der Schulbehörde. Die Rahmenbedingungen sind jedoch in beiden Regionen dieselben, d. h. es handelt sich um Lehrer aus der Türkei, die für 1 bis 5 Jahre nach Deutschland bzw. Frankreich entsandt und von der Türkei entlohnt werden. Auch die Unterrichtsbedingungen und -inhalte unterscheiden sich kaum, wie eine vergleichende Analyse gezeigt hat (Krüger 2006).

[6] Vgl. zur Theorie und methodischen Anwendung von Sprach-Repräsentationen in der Soziolinguistik Bothorel-Witz 2008.

zum ersten Teil der Darstellung hergestellt werden, um zu erörtern, inwiefern die Ergebnisse anderer Studien zur Sprachbiografie und Sprachnutzung von Menschen türkischer Herkunft auch auf die gewählte Untersuchungsgruppe im deutsch-französischen Grenzgebiet zutreffen.

Aus den Interviews geht hervor, dass alle Kinder Türkisch entweder als Erstsprache gelernt haben oder aber mit dieser Sprache neben der Schulsprache durch die Familie seit frühester Kindheit in Kontakt sind. Die Schulsprache dagegen hat eine Mehrzahl (13/20) erst im Kindergarten / école maternelle gelernt, die übrigen waren auch mit dieser Sprache bereits im Familienkreis konfrontiert. Es gilt zu bemerken, dass zur Zeit des Interviews Türkisch in den meisten Familien zwar die Hauptsprache unter den Eltern und z. T. auch zwischen den Kindern und Eltern bzw. zumindest einem Elternteil darstellt, aber auch die Schulsprache dringt durchaus in den engeren Familienkreis vor und wird oft gleichzeitig bzw. von einem Viertel der Kinder sogar vorwiegend mit zumindest einem Elternteil benutzt. Die Hälfte erklärt, dass z. B. bei gemeinsamen Mahlzeiten oder Autofahrten beide Sprachen gesprochen werden. Dennoch ist hervorzuheben, dass mit einem Elternteil in der Regel fast ausschließlich Türkisch praktiziert wird. Das trifft häufiger auf die Mütter (7) als auf die Väter (3) zu, was insofern interessant ist, als dass in der Untersuchungsgruppe die Mütter wie auch die Väter erst später – in der Regel zur Hochzeit – nach Westeuropa gekommen sind. Die Väter scheinen aber zumindest teilweise durch die Berufswelt und freundschaftliche Kontakte mit Nicht-Türken eher mit der Schulsprache in Kontakt zu sein. In vielen Familien werden auch beide Sprachen im Kontakt zwischen Eltern und Kindern genutzt, was auf beide Elternteile etwa gleich häufig (bei 6-7 Familien) zutrifft. Weitere Kinder präzisieren, dass ein Elternteil zwar immer Türkisch mit ihnen spreche, sie jedoch auf beiden Sprachen antworteten, das betrifft erneut beide Elternteile. Es scheint, dass der Sprachgebrauch mit den Eltern u. a. von deren Aufenthaltsdauer in Deutschland und Frankreich bzw. von den daraus resultierenden Sprachkompetenzen abhängt. In nahezu allen Familien kann man unterschiedliche Kompetenzen der Eltern in der Schulsprache ausmachen, was darauf zurückzuführen ist, dass zumeist (18/20) nur ein Elternteil bereits seit seiner Kindheit in Frankreich oder Deutschland lebt. Die Schüler kennen und bewerten im Diskurs über die Sprachen und den Sprachgebrauch der Eltern deren Sprachkompetenzen. Dabei suchen einige Kinder unzureichende Kenntnisse in der Schulsprache aufzuwerten, andere stellen sie sehr direkt dar:

> Alb: (Meine Mutter kann) Türki:sch / u:nd ganz schlecht Deutsch // nicht gut // mein Vater // ganz gut Deutsch / und auch ganz gut Türkisch↑ / und er kann auch Englisch / auch gut↑

Die mangelnden Sprachkenntnisse eines Elternteils in der Schulsprache können als Argument dafür dienen, dass die Familiensprache Türkisch ist.

> Alb: Sonst versteht es Mama ja nicht↑ / und wenn Mama nicht dabei ist / sprechen wir mehr Deutsch // wir hören auch deutsche Musik und so // im Radio

Nur eine Minderheit (3/20) bedient sich im Austausch mit seinen Geschwistern mehr oder nur des Türkischen und in diesen drei Fällen gilt es hervorzuheben, dass es sich um jüngere Geschwister handelt. Bei den übrigen dominiert als Kontaktsprache unter Geschwistern die Schulsprache, was nicht nur im folgenden Beispiel auch während der Ferienaufenthalte in der Türkei beibehalten wird.

> Interviewer: Sprichst du in den Ferien in der Türkei nur Türkisch oder auch Deutsch?
> Elif: Also:↑ / ja / in der Türkei wo wir bei den Freunden waren die konnten ja gar nicht die können ja gar nicht Deutsch daher musste ich ja mit ihnen Türkisch reden / mit meiner Schwester und so habe ich dann immer Deutsch geredet

Hinzu kommt, dass mit einer Ausnahme alle Schüler weitere Familienmitglieder – häufig u. a. die Großeltern – haben, die in der Region leben und mit denen auch Türkisch gesprochen wird. Es fällt auf, dass in einigen Familien ganz bewusste Entscheidungen in Hinblick auf die Sprachpraxis getroffen werden und diese Entscheidungen müssen nicht unbedingt – wie man vermuten könnte – zugunsten der türkischen Sprache ausfallen, gleichzeitig betreffen sie nicht nur die Kinder sondern auch die Eltern.

> Interviewer: Und mit deinem Bruder sprichst du?
> Merve: / Türkisch // weil er kann's halt nicht so gu:t / und deswegen sagt meine Mama ich soll immer mit ihm Türkisch reden

> Interviewer: Et tes parents, ils préfèrent que tu leur parles en turc ou en français?

Seyma: Mon père / il veut que je parle en français / pour qu'il apprend / et ma mère ça va / elle est d'accord avec les deux[7]

Dabei scheint die Schule auf einige „sprachpolitische" Entscheidungen innerhalb der Familie Einfluss zu haben, was sich zeigt, wenn z. B. hervorgehoben wird, dass die Gefahr größer sei, sitzen zu bleiben, wenn man zu Hause nicht auch die Schulsprache benutzen würde.

Fast alle Kinder (19/20) haben u. a. auch türkische Freunde, und mit diesen sprechen sie manchmal bzw. z. T. auch regelmäßig bzw. überwiegend Türkisch. Auch in ihren Freizeitaktivitäten und -interessen sind die Schüler sowohl mit der Schulsprache als auch mit der türkischen Sprache in Kontakt, jedoch zeigen sich Unterschiede nach den Geschlechtern. Die Mehrzahl der Jungen (5/9) kommuniziert regelmäßig via Internet auf Türkisch mit Cousins und Freunden. Die Mädchen dagegen sind nach eigenen Angaben mit der türkischen Sprache über das Fernsehen und durch türkische Musik mehr als die Jungen in Kontakt. Türkisch in Buchform hat scheinbar weniger Einzug in die Kinderzimmer gehalten. Wenn auch 19/20 Kindern angeben, gerne zu lesen, so ist das nur selten auf Türkisch. Fünf Kinder geben gar an, noch nie ein türkisches Buch gelesen zu haben.

In den Freizeitbereich fällt auch, dass eine Mehrzahl (17/20) am islamischen Religionsunterricht teilnimmt bzw. früher teilgenommen hat. Dieser Unterricht wird außerhalb der Schule unter der Woche, am Wochenende oder im Elsass in Form von Ferienkolonien (8/10) besucht, was einen weiteren Kontakt mit der türkischen Sprache darstellt.

Regelmäßige Sommeraufenthalte in der Türkei wurden bereits im Zusammenhang mit dem Sprachgebrauch der Schulsprache unter Geschwistern erwähnt und tatsächlich unterstreichen 14/20, dass sie sich auch während der Ferien der Schulsprache bedienen. 8/20 betonen, dass sie stolz sind, dort den anderen Kindern ihre Sprachkenntnisse in der Schulsprache zu zeigen oder sogar diese Sprache ein wenig beizubringen. Einige Schüler erwähnen, dass sie Angst haben, die Schulsprache während der Ferien zu vergessen und nach den langen Som-

---

[7] Interviewer: Möchtest deine Eltern lieber, dass du mit ihnen Türkisch oder Französisch sprichst?
Seyma: Mein Vater will, dass ich Französisch spreche, damit er es lernt. Für meine Mutter ist es ok, sie ist mit beidem einverstanden.

merferien bei Schulbeginn, auf Schwierigkeiten in der Schulsprache zu stoßen, wie Esra beschreibt:

> Interviewer: Sprichst du denn während der Ferien nur Türkisch?
> Esra: Ja; ich hab dort fast Deutsch verlernt↑ / und dann bin ich hierher gekommen [LACHEN] / und hab fast Türkisch verlernt↑
> Interviewer: Ist das denn dann schwierig, wenn du nach den Ferien wiederkommst?
> Esra: Ja;

Wenn bis jetzt insbesondere der Platz der Schulsprache während der Ferienaufenthalte in der Türkei betont wurde, soll nicht vernachlässigt werden, dass diese oft wochenlangen Sommeraufenthalte im Kreis der Familie in erster Linie ein Sprachbad in der türkischen Sprache darstellen. Dieser Sprachkontakt führt bei 8/20 Schülern zu Bemerkungen, in denen die eigenen Türkischkenntnisse als minderwertig gegenüber denen in der Türkei lebenden Verwandten oder Spielkameraden eingestuft werden. Die Schüler heben ansonsten in erster Linie die Dinge hervor, die sie in der Türkei gerne mögen und die es in ihrem alltäglichen Umfeld in Deutschland oder Frankreich so nicht gibt. Die Ferienaufenthalte in der Türkei sind auch unter identitären Gesichtspunkten interessant, was im weiteren Verlauf der Untersuchung noch näher ausgeführt wird.

Man kann also feststellen, dass außerhalb der Schule Türkisch einen festen Platz im Leben der Schüler einnimmt, der Sprachgebrauch weit über den Kontakt mit den Eltern hinausgeht und sowohl den Freizeitbereich als auch den Austausch mit Gleichaltrigen umfasst. Gleichzeitig ist zu bemerken, dass sich das Familienleben keinesfalls einsprachig auf Türkisch gestaltet, sondern insbesondere mit Geschwistern aber auch mit zumindest einem Elternteil die Schulsprache zum täglichen Gebrauch gehört.

Diese Ergebnisse belegen zumindest teilweise, was im ersten Teil zu Türkisch in Deutschland und Frankreich dargestellt wurde. Auch wenn es sich um eine qualitative Methode mit einer relativ kleinen Untersuchungsgruppe handelt, kann man dennoch eine hohe Sprachvitalität des Türkischen im Migrationskontext anhand der im Interview angesprochenen Themen ausmachen. Eine Untersuchung der Sprachdominanz würde eine genauere Untersuchung der Sprachkompetenzen sowohl in der Schulsprache als auch in Türkisch erfordern, was nicht das Ziel der dieser Untersuchung zu Grunde liegenden Interviews war. Auch den Aspekt der Transmigration kann man zumindest ansatzweise in den regelmäßigen Kontakten mit Verwandten in der Türkei mittels verschiedener Kommunikationsmittel insbesondere des Internets sowie in den häufig alljährlichen Sommeraufenthalten ausmachen.

Die Interviewanalyse zeigt, dass Sprachwahl nichts Zufälliges ist, sondern eine ganz bewusste Entscheidung darstellt, die hier von den 9- bis 12-jährigen Kindern getroffen wird. Das wird noch umso deutlicher, wenn eine Sprache als Geheimsprache gewählt wird, wie Türkisch im Elsass und in Baden unter Freunden, oder aber die Schulsprache in der Türkei unter Geschwistern. Beide Male scheint die Sprache dadurch aufgewertet zu werden, dass sie als Ausschlussfaktor anderer dient.

Türke, Deutscher, Franzose?

Wenn zunächst die Sprachbiografie und die aktuelle Sprachnutzung Schüler türkischer Herkunft dargestellt wurde, sollen im abschließenden Teil Äußerungen, die die kulturelle Identität der Schüler betreffen, analysiert werden. Inwiefern drückt sich die mehrsprachige Realität in identitären Selbstzuschreibungen aus oder sind diese dominierend durch andere Faktoren bestimmt?

In zwei unterschiedlichen Zusammenhängen wurde während des Interviews nach identitären Selbstzuschreibungen gefragt. Einmal, als es um die Ferien in der Türkei ging, und einmal, als die Distanz und Nähe der türkischen und deutschen bzw. französischen Kultur erörtert wurde. Man kann zwar in beiden Zusammenhängen ausmachen, dass eine Mehrheit angibt, Türke bzw. Türkin zu sein, gleichzeitig ist auch eine gewisse Dynamik in der Positionierung der Schüler auszumachen. Ausschließlich in Frankreich erklären mehrere Schüler, Franzosen zu sein, was mit Sicherheit auch auf das unterschiedliche Staatsbürgerschaftsrecht in Deutschland und Frankreich zurückzuführen ist. Ein Mädchen wählt die Formulierung:

> Interviewer: Et quand on te demande, tu es quoi Française ou Turque, tu dis quoi?
> Esra: Je je dis ma religion c'est turc / et ma nationalité est française[8]

Diese Verbindung, die hier zur Religion hergestellt wird, ist in vielen Interviews anzutreffen, wenn es darum geht zu sagen: Warum fühlst du dich als Türke? Was ist bei dir zu Hause typisch türkisch? Wie unterscheiden sich Deutsche und Türken?

Einige Schüler, die sich in Deutschland oder Frankreich als Türken verstehen, machen im Zusammenhang mit den Ferienaufenthalten in der Türkei andere Aussagen.

> Interviewer: Und wenn du dort bist, fühlst du dich da eher als Türkin oder als Deutsche?
> Elif: E:m // ←mehr irgendwie: / so alle beide / ja nämlich ich tu da ja alle beiden Sprachen dann reden dann
> Interviewer: Kommt es auch mal vor, dass du dich auch ein bisschen fremd fühlst, weil du ja schon anders bist als die türkischen Kinder?
> Elif: Schon [LACHEN]
> Interviewer: Kannst du das ein bisschen erklären, wie du anders bist?
> Elif: Ja: / ich wohn halt in Deutschland / und irgendwie // halt ande:rs / nämlich die reden ja die ganz Zeit auch nur Türkisch / ←und das ist dann auch anders

Der Bezug zur sprachlichen Kompetenz ist kein Einzelfall, sondern wird von mehreren Schülern (6/20) hergestellt, wenn es darum geht zu beschreiben, ob sie sich in der Türkei vielleicht auch einmal „fremd fühlen" würden. Zum Teil wird zunächst eine kulturelle Zugehörigkeit bekräftigt und diese im Anschluss daran verändert oder abgeschwächt, wie das folgende Beispiel zeigt:

> Interviewer: Und fühlst du dich, wenn du in der Türkei bist, dort als Deutscher oder als Türke?
> Ferit: // Als / als Türke
> Interviewer: Ja?
> Ferit: Ja <!>
> Interviewer: Kommt es nicht vielleicht manchmal vor, dass du dich ein bisschen fremd fühlst, weil
> Ferit: nee:

---

[8] Interviewer: Und wenn man dich fragt, was bist du, Türkin oder Französin, was sagst du dann?
Esra: Ich ich sage meine Religion ist türkisch und meine Nationalität französisch.

Sprache und Identität 249

Interviewer: Weil du woanders herkommst?
Ferit: →Ehe: / aber meine Tante Luka kann Deutsch

Es ist interessant, dass hier plötzlich die Tante zitiert wird, und der kausale Zusammenhang kann eigentlich nur sein, dass diese deutsch sprechende Tante mit dazu beiträgt, sich in der Türkei zu Hause zu fühlen. Andere berichten, wie sie in der Türkei auf Ablehnung oder Begeisterung gegenüber der deutschen oder französischen Sprache und Kultur stoßen. Eda z. B., die sich selbst in der Türkei als „Touristin" sieht und erlebt, erzählt davon, wie ihr Großvater es vehement ablehnt, dass sie Französisch spricht und sie über diese Sprache als Französin identifiziert.

Interviewer: Et pendant les vacances tu parles la plupart du temps en turc?
Eda: C'est difficile à se d'habituer / mai:s si non mon grand-père / il ne comprend pas / et il n'aime pas trop quand on parle le français // et il dit vous êtes des Français et vous ne savez pas parler le turc /// et si non dehors on parle le français[9]

Es scheint, dass für viele Kinder identitäre Zuschreibungen in dem Land, in dem sie aufgewachsen sind, klarer und einfacher sind. Zumeist fühlen sie sich als Türken. Auch wenn sich ihr tägliches Leben ganz entschieden zweisprachig gestaltet, wie anhand des Sprachgebrauchs der Schüler dargestellt wurde, scheint es die identitären Zuschreibungen nicht zu bestimmen. Wenn es um die Türkei geht, sind die Aussagen weniger klar und es kommt zu Einschränkungen, die auffallend häufig mit der Sprachkompetenz in Türkisch verknüpft sind.

Schluss

Es hat sich gezeigt, dass die im zweiten Teil kurz dargestellten Aspekte des Identitätsbegriffs, die der vorliegenden Untersuchung zu Grunde liegen, sich in den zitierten Interviewausschnitten vielseitig wider-

---

[9] Interviewer: Und während der Ferien sprichst du die meiste Zeit Türkisch?
Eda: Es ist schwierig, sich daran zu gewöhnen. Aber sonst, versteht es mein Großvater nicht und er mag nicht so gern, wenn wir Französisch sprechen. Und er sagt, dass wir Franzosen sind und dass wir nicht Türkisch sprechen können. Und sonst draußen sprechen wir Französisch.

spiegeln. Insbesondere der dynamische Charakter von Identität, aber auch seine kollektive und individuelle Ausprägung, konnten im Diskurs herausgearbeitet werden. Die einleitend aufgeworfene Frage, ob man vom Sprachgebrauch ausgehend mittels der Interviews Rückschlüsse auf identitäre Strategien ziehen kann, muss – zumindest teilweise – offen bleiben. Auffallend ist, dass bei der gewählten Untersuchungsgruppe klare identitäre Zuschreibungen – insbesondere in Bezug auf eine türkische Identität – eindeutiger im zweisprachigen Umfeld des Landes, in dem die Schüler geboren und aufgewachsen sind, ausfallen, als in der Türkei, wo sie von der türkischen Sprache umgeben sind. Der angeführte Identitätsbegriff zeigt Erklärungsmuster auf: Identität muss als Interaktion auf das Umfeld verstanden werden, das identitäre Strategien als eine Art Selbstschutz oder Reaktion auf z. B. Ausgrenzungen hervorrufen kann.

Sprache bietet sich als Untersuchungsgegenstand für identitäre (Selbst)Zuschreibungen von Kindern mit Migrationshintergrund an, da sich durch bzw. über Sprache kulturelle Identitäten bilden und aufgrund von identitären Zugehörigkeiten Entscheidungen auf sprachlicher Ebene getroffen werden können, wie anhand der Diskurs-Analyse gezeigt werden konnte. Es gilt jedoch zu berücksichtigen, dass Sprache nicht nur durch kulturelle Aspekte der Identität bestimmt wird, sondern z. B. auch durch das Alter, das Geschlecht oder die soziale Herkunft der Sprecher. Ziel des Interviews und der Analyse war es insbesondere, die Schüler nicht auf kulturelle Identitäten nach Nationalitäten festzulegen, sondern die Dynamik der Identitäten sowie die Zugehörigkeit zu unterschiedlichen Identitäten herauszuarbeiten.

Transkriptionszeichen

/	kurze Pause (weniger als eine Sekunde)
//	etwas längere Pause (etwa 1 bis 2 Sekunden)
///	längere Pause (etwa 2 bis 3 Sekunden)
:	Dehnung
≈	Wiederholung einer Silbe, eines Wortes oder einer Äußerung
<!>	Ausruf
↑	steigende Intonation
↓	fallende Intonation
→	schneller (relativ zum Kontext)

← langsamer (relativ zum Kontext)
< lauter (relativ zum Kontext)
> leiser (relativ zum Kontext)
[LACHEN] «non-verbal»
(...) Auslassung in Transkription
(Mutter) Kommentar zum besseren Verständnis

Literaturverzeichnis

Akinci, Mehmet-Ali: Une situation de contact de langues: le cas turc-français des immigrés turcs en France, in: Billiez, Jacqueline (Hg.): Contact des langues: modèles, typologies, interventions. Paris 2003, 127-144.
Akinci, Mehmet-Ali / De Ruiter, Jan Jaap / Sanagustin, Floréal: Le plurilinguisme à Lyon. Paris 2004.
Auer, Peter / Dirim, Inci: Socio-cultural Orientation, Urban Youth Styles and the Spontaneous Acquisition of Turkish by non-Turkish Adolescents in Germany, in: Androutsopoulos, Jannis K. / Georgakopoulou, Alexandra (Hg.): Discourse Constructions of Youth Identities. Amsterdam 2003, 223-246.
Backus, Ad: Turkish as an immigrant language in Europe, in: Bhatia, Tej K. / Ritchie, William C. (Hg.): The handbook of bilingualism. Oxford 2004, 689-724.
Billiez, Jacqueline: L'alternance des langues en chantant, in: Lidil 18, 1998, 125-140.
Bothorel-Witz, Arlette: Le plurilinguisme en Alsace: les représentations sociales comme ressources ou outils de la description sociolinguistique, in: Les Cahiers de l'Acedle 5 – actes du colloque Acedle, janvier 2008, Strasbourg 2009 (im Druck).
Camilleri, Carmel: Les stratégies identitaires des immigrés, in: Ruano-Borbalan, Jean-Claude (Hg.): L'identité. Auxerre 1998, 253-257.
Der Fischer Weltalmanach 2007: Zahlen, Daten, Fakten. Frankfurt am Main 2006.
Extra, Guus: Der Status immigrierter Minderheiten und der Sprachen immigrierter Minderheiten im europäischen Bildungswesen, in: Landesinstitut für Schule und Weiterbildung (Hg.): Zweisprachigkeit und Schulerfolg. Bönen 2001, 17-45.
Fishman, Joshua: Soziologie der Sprache. München 1975.
Gogolin, Ingrid: Lebensweltliche Mehrsprachigkeit, in: Bausch, Karl-Richard / Königs, Frank G. / Grimm, Hans-Jürgen (Hg.): Mehrsprachigkeit im Fokus. Tübingen 2004, 55-61.
Gogolin, Ingrid: Diversité linguistique et nouvelles minorités en Europe. Conseil de l'Europe, Strasbourg 2002.
Gogolin, Ingrid / Reich, Hans H.: Immigrant languages in federal Germany, in: Extra, Guus / Gorter, Durk (Hg.): The other languages of Europe. Clevedon 2001, 193-214.
INSEE: Enquêtes annuelles de recensement 2004 et 2005. INSEE première, N° 1098, 2006.

Krüger, Ann-Birte: Sprachbildungspolitik und Migrantensprachen. Eine Studie am Beispiel des Türkischunterrichts in Rheinland-Pfalz und Baden-Württemberg, in: Revue d'Allemagne et des pays de langue allemande 39/1, 2007, 35-47.

Krüger, Ann-Birte: Sprachbildungspolitik am Oberrhein. Ein deutsch-französischer Vergleich am Beispiel der türkischen Sprache, in: Krüger, Verena / Olshevska, Anna (Hg.): Dem Raum eine Grenze geben. Ost-West Perspektiven, Band 6. Bochum 2006, 153-176.

Lipiansky, Marc: Existe-t-il une personnalité de base, in: Ruano-Borbalan, Jean-Claude (Hg.): L'identité. Auxerre 1998, 41-48.

Lüdi, Georges / Py, Bernard: Être bilingue. Bern 2003.

Pfaff, Carol W.: Turkish language development in Germany, in: Extra, Guus / Verhoeven, Ludo (Hg.): Immigrant Languages in Europe. Clevedon 1993, 119-146.

Pries, Ludger (Hg.): Transnationale Migration. Baden-Baden 1997 (=Soziale Welt, Sonderband 12).

Régnard Corinne: Immigration et présence étrangère en France en 2004. Ministère de l'emploi, de la cohésion sociale et du logement. Paris 2006.

Ruano-Borbalan, Jean-Claude: Introduction: La construction de l'identité, in: ders. (Hg.): L'identité. Auxerre 1998, 1-13.

Tapia, Stéphane de: La présence turque en Europe, in: Nouvelle Tribune. Revue d'information et de réflexion des communautés d'origine étrangère de Belgique 34, 2003.

Yagmur, Kutlay / Akinci, Mehmet-Ali: Language use, choice, maintenance, and ethnolinguistic vitality of Turkish speakers in France: intergenerational differences, in: International Journal of the Sociology of Language 164, 2003, 107-128.

Autorinnen und Autoren

Borzyszkowska-Szewczyk, Miłosława, Dr., Literatur- und Kulturwissenschaftlerin, Universität Gdańsk
Donig, Natalia, M. A., Osteuropahistorikerin, Universität Konstanz
Hoffmann, Frank, Dr., Historiker, Ruhr-Universität Bochum
Kandinskaja, Natalia, M. A., Theaterwissenschaftlerin, Freie Universität Berlin
Kasper, Tomáš, Dr., Erziehungswissenschaftler, Technische Universität Liberec
Kasperová, Dana, Dr., Erziehungswissenschaftlerin, Technische Universität Liberec
Krauss, Marita, Prof. Dr., Historikerin, Universität Augsburg
Krüger, Ann-Birte, M. A., Soziolinguistin, Universität Strasbourg
Liderman, Julia, Dr., Kultursoziologin und Medienwissenschaftlerin, Russische Staatliche Geisteswissenschaftliche Universität, Moskau
Nahlbom, Katharina, Fil. Mag., Germanistin, Universität Göteborg
Novinšćak, Karolina, M. A., Migrationswissenschaftlerin und Historikerin, Freie Universität Berlin
Olshevska, Anna, M. A., Slawistin, Ruhr-Universität Bochum
Pazuhina, Nadežda, Dr. Art., Kulturwissenschaftlerin, Baltic International Academy, Riga
Prontera, Grazia, Dr., Historikerin, Universität Salzburg
Scholl-Schneider, Sarah, M. A., Politik- und Kulturwissenschaftlerin, Universität Augsburg

Gesellschaft und Kultur
Neue Bochumer Beiträge und Studien
hrsg. von Prof. Dr. Dr. h. c. Paul Gerhard Klussmann, Dr. Dr. Sabine Meck, Silke Flegel M. A., Dr. Anne Hartmann, Dr. Frank Hoffmann und PD Dr. Klaus W. Tofahrn

Silke Flegel; Anne Hartmann; Frank Hoffmann (Hg.)
Wahl und Wagnis Migration
Beiträge des Promotionskollegs Ost-West
Dieser Band stellt die deutsche Debatte um Migration und Integration in einen historischen und einen aktuellen europäischen Rahmen. Seine Beiträge verfolgen Wege von Migrantinnen und Migranten im 20. Jahrhundert, und sie versuchen, bei allem Streben nach methodischer und disziplinärer Sorgfalt den nur wissenschaftlichen Zugriff zu transformieren, indem sie das Individuum ins Zentrum rücken. Dies entspricht dem Leitgedanken des *Promotionskollegs Ost-West*, aus dem diese Untersuchungen hervorgegangen sind. Einzelne Persönlichkeiten wie Rudolf Nurejew und Jiří Gruša geraten dabei ebenso neu ins Blickfeld wie ganz unterschiedliche ‚entwurzelte Gemeinschaften' in Europa und die steuernde Bedeutung der Medien für jede Beschäftigung mit Flüchtlingen und Zuwanderern.
Bd. 6, 2007, 248 S., 24,90 €, br., ISBN 978-3-8258-0436-7

LIT Verlag Berlin – Münster – Wien – Zürich – London
Auslieferung Deutschland / Österreich / Schweiz: siehe Impressumsseite